出版に寄せて

ハイパフォーマー大学職員「村上義紀」氏 が
実践してきた学びと歓び

学校法人 濱名山手学院専務理事・法人事務局長
第 7 期大学行政管理学会会長
元中央大学総合企画本部担当部長

横 田　利 久

　敬愛する村上さんを語るときに忘れられないのは、早稲田大学を退職する際に上梓された『みんな私の先生だった―ミネルヴァの杜の学生たち』(以下「同書」)の喜多村和之先生の寄稿文である。私は感銘のあまり当時、全文そのまま自分のディスクに入力した。大学職員は、こういう問いの前に立つことがないと、あるいは自らそういう問いを立て続けていない限り、厳しい競争環境におかれた今日でもなお、主観的にはともかくも客観的には、職員と事務組織いわばムラの論理で仕事をすることが許されてしまうからだ。

　少々長くて恐縮だが、私ごときが村上さんを語るのとは次元が異なり、「日本におけるアカデミック・アドミニストレーターの先駆者」として、村上さんを誠にあざやかに喜多村先生は評しておられるので、その一部を紹介する。

　「世の中には、何か仕事をしようとする時に、あるいはその仕事を進めていく過程で、『自分はなぜこれをしようとしているのか、その仕事が自分にとって、社会にとってどういう意味を持つのか』という、言ってみれば、自分の存在理由とか自分の行為の正当性ないしは意義を模索し、あるいは詮議せずにはいられない質の人がいる。そういった人は、単に食べるために仕事をするとか、待遇がまあまあならどんな仕事で

も構わないといったような割り切り方がどうしてもできにくい質の人物なのである。

（中略）大学という組織の中で、長年にわたって仕事をし、生活の糧を得ながら、大学とは何か、自分の仕事は大学にとってどういう意味を持つのかという基本的な問いかけに対する解なくしては、筆者は仕事に意義を感じたり、集中して仕事に当たることが出来なかったことを、この論文集は伝えている。

　筆者は早稲田大学に就職してまもなくの二十五歳の頃から、この問いに取り付かれてしまったようだ。『大学で職員として働くというのは大変難しいことでした』と初めから書いている。なぜか。具体的には、自分のアイデンティティ、すなわち『職員の存在理由がわからない』からであったという。こういう素朴で、しかも基本的なことに疑問を抱く人は多くはないかもしれない。幸か不幸か筆者は、その仕事の意義を自分自身が納得して仕事をしなければ、何のために仕事をするのかの情熱が生まれてこないという質の、不幸な疑問にさいなまれる、ある意味で『禁断の問いに罰せられた人』であった。」

「禁断の問いに罰せられた人」であり、「自分が納得しないとテコでも動かないところがある」村上さんに転機が訪れたのは、学生部に配属されていた20代後半に、当時はまだ外貨持ち出し制限があるような中で、早稲田大学職員研修制度として、半年間の渡米調査を行う機会が与えられ、アメリカの学生支援サービスを学んできたという経験ではないか。ついでながら、2000年代の初めころであったか、当時は早稲田の部長のこれまた敬愛する井原徹さんに伺ったところ、井原さんを含め早稲田の職員管理職の大半は、この海外研修制度で3カ月は海外武者修行を体験しているとのこと。早稲田経営陣の炯眼には頭が下がる。

　村上さんがケタ外れにスゴイのは、自らの問いや学びを、自分ひとりのものとせず、書き物にして皆に共有し、鼓舞し巻き込んで実践してい

る点だ。そしてご自身が並外れた勉強家であることだ。本書にも紹介されているが、今や伝説となっている、村上さんが主宰された「UNIVERSITAS研究会」の運営方法や内容には、改めて驚嘆する。最初から 10 年間継続と決めて、全 173 回にわたり開催し合宿だけでも 39 回重ねたこの勉強会には、経営陣から警戒されて動き出しにくかったり、最初は勢いがあっても様々な要因から途中でしぼんだり中身の伴わないものになりやすい「学内勉強会」の限界を超え続ける仕組みが随所に施されている。結果、(おそらくは) それを必ずしも目的にしたわけではないにもかかわらず、早稲田大学の常任理事が 4 人、理事が 1 人、そして他大学の理事長 1 名が輩出されたのである。

　「村上学校」ともいわれるこの研究会メンバーのうち多くの方々を私も存じ上げているが、いずれも一騎当千のすごい方ばかりである。そして、そこで育まれたワセダの職員の組織文化は、今に至っても継承されていると感じている。村上さんのこうした進め方は、学内にとどまらず、学外に向けても、私立大学連盟の研修委員長として研修システムの改革や、1997 年 1 月の大学行政管理学会創設に発揮されているのは周知のとおりである。そして現在に至るも、筑波大学の「大学経営人材養成」履修証明プログラムの受講生の研究発表において、鋭く大胆な視点からコメントをされ、受講生に大きな気づきと励ましを与えておられる。

　村上さんの数々の輝かしい業務上の業績の中で特筆すべきはやはり、早稲田大学の初代事務システム開発課長を務められ、全学規模の事務システムを開発・導入・推進したことであろう。当時、早稲田大学にはおよそ 1,000 人の専任教員と、1,200 人～ 1300 人の専任職員が働いていたが、システム化によって専任職員数を削減し 750 ～ 800 人規模にし、そして専任職員を 3 ～ 4 割減らすことで捻出した人件費予算で新規に教員を採用する、という構想を伺ったのは、確か 1983 年か 1984 年のFMICS の夏合宿シンポであった。小柄な村上さんが T シャツ姿で明るくユーモアたっぷりにそう熱弁された。すごいことを言い切るなァと思っ

たものだ。そのものすごいことを、無血で（職員の理解を得て）実現されたのである。現在では、専任教員数は任期付きを含めると 1,000 人から約 2,200 人へと倍増以上、専任職員は 800 人弱とのことで、明らかに学生の教育環境は大幅に向上したわけである。もちろん、このときに、事務部門の効率化をサポートする支援会社も発足させ、専任職員は何をなすべきかを問い推進している（現在の早稲田大学アカデミックソリューションの前身）。

　こうした一つ一つの学びと実践の取り組みを、村上さんはありがたいことに、すべて書いて残してくださっている。そしてそれが、後に続く者の学びの手がかりと励ましになっている。「書くということは自分の無知を確認すること」と村上さんは自らにも書くことを課し続け、職員に書くことを勧めておられる。私たち職員は、書いて明らかにすることに逃げたりひるんだりしてはならないと思う。

　「学生は私の鏡であり、学生が私の最高の教師である」と言い続けておられた村上さん。それにつけても、村上さんほど、大学それ自体の、またそれゆえ職員の仕事についても、その途方もない多様さ幅の広さと奥行きの深さに敢然と挑み、その醍醐味を堪能した職員はおられないのではないか。もちろん、それは「禁断の問いに罰せられた人」が、それに真摯に向き合い実践し続けた人にだけ与えられるご褒美ではあるものの、うらやましい限りである。

まえがき

　新しい仕事に直面するたびに、どうしてこの仕事をする必要があるか、と問うた。そうして納得して仕事をするため、事前に調査してノートに書き留めていた。本書はそれを取りまとめ、文章化したものである。したがって、研究論文ではなく、調査報告書というべきかと思う。

　半世紀以上も前のことになるが、大学は学生紛争の嵐に襲撃された。
　学生の「大学とは何か」の問いは、大学職員として働くわたし自身の無知を告発したのである。大学についての知識、いわば教養がなくて大学職員としての存在理由があるか、の問いである。
　その問いは、大学在職中も、退職後も続く。わかったことは、なお、今も、何もわかっていないことを知る。だが、わからないから、大学は面白い、と思えるようになった。

　若いころ出会った、忘れられない、二つの言葉がある。
　一つは、パスカルの言葉である。教科書で、「人間は考える葦である」の言葉は、学んだと思う。が、今一つ、理解ができなかったが、彼の著『パンセ』を求めて読んだとき、あの言葉の後に、こうあったのである。

　　人間は一茎の葦で非常に弱い存在だが、人間は自分が死ぬことと宇宙が大きいことを知っている。
　　しかし、宇宙は、自分が大きいことも死ぬことも知らない。そうだとするなら、我々のあらゆる尊厳は思考のうちにある。
　　だからよく考えよう。

　これは大学の職員として働くとき、よく考えて働こう、との指針になった。

　もう一つは、展覧会で見た、画家ゴーギャンの三部作、

　「我々はどこから来たか」「我々は何か」「我々はどこへ行くのか」

　この絵は、1897年、世紀の変わり目にタヒチの女性を描いたときのテーマであった。

　このテーマを、「我々職員はどこから来たのか」「我々職員は何か」「我々職員はどこへ行くのか」　と言い換えて、大学で働くときの指針にした。

　かくして本書は、20世紀後半に私学に生きた大学職員の記録を残しておきたいと、改めて調査ノートをめくり、在職中の仕事を思い出して書いた。

　筆者、齢80を超え、残り少なくなった。だが、なお、何も知らないことを知り、大学とは何か、を今も問い続けている。

　今、現場にある同士の方々よ。

　「大学とは何か」を問い続けて、よい教育、よい研究の場を新たに探し出して生きてくださらんことを……

　　　　　　　　　　　2023年8月7日　福岡にて

　　　　　　　　　　　　　　　　村上　義紀

目 次

●初出一覧

大学職員とは何か

～ 桜の木は知っている ～

村上　義紀

I　大学職員はどこからきて、どこへいくのか

1．21 世紀日本の大学とアドミニストレーター

　私立大学の発展を語るうえで、「私立大学を取り巻く環境の変化」があること、「私立大学経営の体制強化」が組織の存続と発展に重要なこと、そして経営体制強化のためには、職員の「戦略的組織集団」への転換が必要である。2022 年 10 月の大学設置基準改正も、まさにこの必要性からといえよう。本章では、すこし違った視点から大学アドミニストレーター養成の方向について述べてみたい。

(1)「教育と訓練」で学部学生に生きる力を

　大学は「教育と訓練（Education and Training）」の機関でありたい。

　日本の大学は教育する機関としての役割は果たしてきた。だが、世界の若者に選択される大学とはなっていない。このままでは日本の未来を担う俊才たちに見捨てられる。すでにその兆候が見える。

　近い将来、若者は全世界を活動の舞台とするに違いない。そう考えると、どこでも生きる力をつけてやる以外ない。そのためには日本の大学自らが、学生中心の教育（学び）ができるように、制度と組織を柔軟に編成し、学びやすい環境条件を設計していく必要がある。だが、それだけでは十分ではない。日本の大学に今、最も必要な「学びと訓練」をセットにした、学生中心のプログラムを開発し提供することでこの課題を克服したい。

　ここに、学生や教授陣の要望に応えうる教育・研究条件を整備するだけでなく、「学びと訓練」の場を「ともに創造する協力者（collaborator）」として、新しい任務を持った専門性の高い職員を必要とすることになる。

とりわけこの協力者は学部学生の教育・訓練のために不可欠となる。

（2）眠ることのない 21 世紀の大学院大学

　21 世紀日本の大学、なかでもこれからの大学院はどうなっていくだろうか。

　IT 化の進歩により、特に研究分野面では、365 日、24 時間活動している「眠らない大学」が目に浮かぶ。そこにいる大学の構成員は今よりはるかに多国籍である。そうでなければ国際社会の舞台に上ることはできない。優れた人材を世界から獲得しなければ、日本の大学は衰退の道を歩く。すなわち、その大学は、多国籍で、年齢層も幅広い人たちが、ともに学び、研究し、生活し、世界的規模で人が長・短期で激しく交流する学問協同体の大学である。

　これが競争力のある大学の姿である。いわば独立した自治能力を持つ大学である。したがって、この大学の経営は国際化した都市と同じようになる可能性が高い。当然そこには、今までの大学になかった新しい仕事の領域と専門的知識と技能を持つ職員を必要としよう。

（3）大学を統治し、経営するのはだれか

　すでに戦後 50 年以上経つ。この半世紀の間には激しいインフレーションと学生数の増大があった。特に私学にあっては、後追いでの度々の学費改定と教職員給与（賃金）の改定。教育・研究条件の物的整備と施設・設備の更新。そうして私学はますます拡大していく国立大学との学費格差等に直面した。

　この時代の職員は、日々の事務処理に従事すればよかった。理事会も教授会もまた、例年どおりのやり方で、その年限りの対症療法で凌いできたのである。

　戦後日本の高等教育は、目覚しく普及し、その量的な拡大によって全体の教育水準を向上させた。経済大国日本として、世界的な地位の引き

上げに貢献した。だが今日に至り、国際的な競争社会に耐えうる人材不足が問われることになった。現在予測されている世界的な社会変動は、大きな津波となって日本の大学にも早晩押し寄せてくるに違いない。そのとき、この波を乗り越えるため、だれが大学をどう統治し、経営するのか。

　私立大学にあっては、今、大学の教育・研究に直接に従事する教授陣の採用、教育評価そして研究評価をだれがするかが問われている。これは、大学を統治し経営にあたる理事会の責任であろう。しかし、理事会は、教育と研究の、それぞれの専門分野の知識専門家からなる教授陣の組織を、どう統治し経営すればよいのか。

　ここに理事会の政策決定のためにこれを常時支え、諸事業を企画・立案・決定・実現化し、そして運営・評価に至る各段階での組織をアドミニストレーションする専門家たちの力を必要とすることになる。かれらは、教育と研究の質を維持向上するために極めて重要な任務を負うことになる。とりわけその収入の大部分を学費に依存する私学にとって、緊急かつ重い課題である。高度の専門能力を持った新しい任務を担う専門家はどうしたら養成できるのか。採用、研修、大学を超えての人事交流などが大きな課題となる。そして、現に在職する職員の専門職化は可能であろうか。

(4) 大学のアドミニストレーションにかかわる新しい専門家たちの任務

　21世紀日本の大学が、国際的な競争社会に耐えうる人材を養成するため、各分野で専門的に取り組む人材の必要を述べた。

　そこで、各論では右に述べた課題を中心に、以下の論点からスケッチしてみたい。

　その第1は、学部教育における教授陣以外の専門家たちが、どのようにして教授（陣）と「学びと訓練」の場で役割を分担し、協力することができるか。いわゆる主に学部学生の「教育分野にかかわるアカデミック・

アドミニストレーションの任務」は何か。

第2に、卓越した研究成果を生み出すため、教授（陣）以外の専門家が、どのように大学院学生や研究者たちの研究に協力しサポートするか。すなわち「研究にかかわるアカデミック・アドミニストレーションの任務」は何か。

第3に、上記1、2を可能ならしめるため、大学全体の立場で「経営に関わるゼネラル・アドミニストレーションの任務」は何か、について取り上げ、どのようにしてアドミニストレーターとなる人材を養成、確保し、採用していくかを考えてみたい。

なお、大学アドミニストレーターの問題は、国公私立と区別しないで論じたい。大学の設置者が違うだけで基本的には同じだからだ。将来、大学アドミニストレーターの任務は、強化していくようになるだろう。

2. 激変増殖する大学と経営人材養成の前提

(1) 大学経営人材養成の必要性

21世紀の大学が直面するであろう諸問題の解決には、理事会の政策決定を常時支える組織が必要である。だがこの組織は、そのための諸事業を企画・立案・実現化し、運営するだけでは十分ではない。事業の評価に至るまで責任をもたねばならない。これらの各段階の組織をとりまとめて推進するには専門的な知識をもったアドミニストレーターを必要とするだろう。

大学理事会は自分が預かる大学の教育・研究の目標達成のミッション（使命または任務）を全学に明らかにして理解を求めなければ、その目標の実現はできない。もとより理解を求めるだけではできないから、その推進組織の必要を先に述べた。各組織はまた理事会の意を受けて果たすべきミッションを組織目標として掲げ、他の組織との相互の理解と協力

があってはじめて実現されよう。そうなるとアドミニストレーターたる
ものの第1の条件はなによりも大学全体を見渡して判断する力量が問わ
れることになる。大局観といいかえてもよい。大将、あるいは軍司令官
がジェネラルといわれる所以である。

　ここで大学全体というとき、大学内だけではなく国内外の高等教育事
情にまずは明るいという意味である。そうでなければ信頼される判断は
できないからである。

　では、アドミニストレーターたるものは、どんな資質、教養、あるい
は条件としてなにが必要かということになる。これは大きな論点の1つ
であろう。

　目標達成には優れた組織があってはじめて可能である。大学は営利事
業ではないが、いわば目に見えない価値である人を育てることを第1の
任務とする法人であるから、人を育てる、学生を育てるという明確な目
標に組織のミッションは収斂されなければならない。学生のいない法人
は大学といえないから、目標は常に明確である。問題は、学生が目の前
に存在するが教職員に見えていない、あるいは見ようとしない、かである。
学生の見える組織の実現は日本のアドミニストレーターに問われている
大きな課題であろう。

(2) 社会が変わると大学も変わった

　これからの大学はどういう大学かを問わずして「大学経営人材」の養成
は語りえない。もとより筆者にはこれからの大学の未来を予測しうる知
識も知恵もない。だか、これまで大学のミッションについては多くの識
者が論じているので、強く印象に残る大学論の上に立って考えてみたい。

　よくいわれるように、「大学はなんのために存在するのか」あるいは「社
会における大学の使命は何か」と識者が語るとき、たいていはエリート
養成を基本にする帝国大学の理念が語られた。その後、大学令による大
学群が生まれ、敗戦により新制大学令によって制度は一本化したが、中

身は混在、温存したまま今日に至ったように思われる。かくして時代は激変し大衆の高等教育から高等普通教育の時代に突入したようである。歴史は社会が変化すれば大学もまた変化したことを教えてくれるから、これからの大学の経営人材養成を論じる前に、大学の変化の歴史を理解しておきたい。人材養成にあたってはこれからの大学の方向への理解が望まれるところである。

「社会と大学の歴史をみれば、文字が発明されたのは、今から5,000〜6,000年前のメソポタミアのくさび形文字といわれている。その後、紀元前1300年ごろに「本」が誕生し、農業の発達で人口が増え都市が発達したことを背景に、中世の1150年頃ボローニア大学やパリ大学が創立された。その後パリ大学に学ぶ英国人教師や学生たちがオックスフォード大学をつくり、またケンブリッジ大学をつくる。

15世紀半ばにはグーテンベルグの印刷機発明によって、ヨーロッパ全土にボローニアやパリにつながる大学ができ、ヨーロッパの大学は大きく発展を遂げた。これは後にラテン語圏で現在のヨーロッパ共同体（EU）の世界に結びつく。ナポレオンに負けたドイツでは、近代大学の祖となるベルリン大学が1810年に創立され、アメリカのみならず多くの留学生がベルリン大学で学んだ。

18世紀半ばから19世紀にかけて起こった英国の産業革命は、工業都市と労働者層を拡げ英国の赤レンガ大学群が設立されるとともに、手工業から機械制工業に代わる働き手を養成する職業学校が多数生まれた。のちに専門知識を学ぶ職業専門学校ポリテクニクスとなる。

一方、アメリカでは、「モリル法」が制定されランド・グランツ・カレッジと呼ばれる大学ができる。州政府が土地を与え、農業・工学を合わせ持った州立大学が市民のための大学として新しい時代を画する。その後、1876年に最初の学部を持たない大学院大学、ジョンズ・ホプキンス大学が、1890年にはシカゴ大学が設立された。19世紀末の石油は灯油や照明への利用が高まり、その後、自動車産業の著しい発展があってオイル

の需要が非常に大きくなっていく時代で、このシカゴ大学はスタンダード・オイル創始者ジョン・ロックフェラー1世がほとんど全額寄付してつくられた大学である。

　1957年にソ連が人工衛星スプートニクを打ち上げ、全世界とりわけ自由主義陣営に衝撃を与えた。国家防衛のための教育や科学研究を行うため、アメリカでは国家防衛教育法が制定され、連邦政府は初めて科学研究に対する多額の資金を投入する。そこから、IRやURAが必要となり学会が創立された。英国においても、国家政策として新たにプレートグラス・ユニバーシティズ（Plate glass university　1960年代に設立または大学の地位に昇格した英国の大学のグループ）が設立されるなど、世界的に科学研究への投資が多くなされるようになった。

　そして第4次情報革命といわれるITの登場で、国家、社会、大学はみな情報化への競争となり、バーチャル・ユニバーシティも出現する。
（「大学とりわけ私立大学で働くよろこび」日本私立大学職員総合研修基調講演
（1998.7）「第1章われわれの大学はいつからあるのか」　より抜粋）

（3）付加されていく大学の機能
　では発展してきた大学はどんな機能としてあったのか。以下の10項目はかつてロナルド・ドーア教授（ロンドン大学）が、早稲田大学創立百周年（1982）記念シンポジウムの講演で語った機能の説明で、筆者の覚え書きによる。

　第1の機能は、知識を訓練して学生に伝達すること、

　第2に、知識の生産あるいはその範囲を拡大すること、

　第3に、知の開発、すなわち考える力、表現力、創造性の開発をすること。

　　ここから先が筆者には特に忘れられないが、

　第4に、社会安定制御機能。　これが希薄化すれば、愛国心が足りないなどと論議され、

　第5に、知が何たるかを教授し、その擁護者にするだけでなく、これを尊敬し保持するように仕向けること、

第6は、社会批判機能。 これは大学教授陣にもっとも大きく与えられ
ている機能であり、

第7は、社会秩序機能。政治的なエリートのなせる業は正当であると
考えるように仕向けて古い政治権力の温存をはかること、

第8に、国威発揚機能。たとえばノーベル賞の受賞はその最たるもの
であろうし、

第9には、だれも批判できないように能力を国家的に判定して公正さ
を担保し、それに落ちたものは能力がないと諦めさせる機能、

第10は、第9に密接に関係するが、大学入試に代表される序列・選
別するスクリーニング機能である。

講演から早や40年。だがこれらの機能はますます明確化した。大学が
発展しても従来の機能は失わず、さらに付加する形で大学はある。捨て
ないで発展するのが大学の特徴ではないだろうか。

時代は国境を越えて、学生はもとより大学人は今までになく多人数が
動く。しかも長期から短期の交流プログラムにシフトしてきた。それだ
けではない。 IT化により情報は瞬時に昼夜を問わず世界をかけ巡る。そ
の対応の遅れは致命的である。人、物、お金、情報が複雑に行き交い、
相互に協力しあいながらも競争関係にあるという従来にない世界が舞台
となれば、これからの大学は世界がキャンパスなのだ。

そういう舞台に立つ大学のアドミニストレーターが目に浮かぶ。各論
では、筆者在職中の経験を振り返りながらこれからの大学経営人とその
養成について考えてみたい。

Ⅱ　大学職員の教養として学んだこと

1. なぜ大学職員は大学のことを教養として 知る必要があるのか

(1) なぜ大学職員は大学のことを教養として知る必要があるのか
①大学の教養がなぜ必要か

　筆者は、51歳で財務部長に任じられた時、「教養とは、生の難破を防ぐもの、無意味な悲劇に陥ることなく、過度に品格を落とすことなく、生きて行くようにさせるところのものである」と講じたオルテガの言葉がよぎった(『大学の使命』オルテガ・イ・ガゼット著 井上正訳 桂書房)。

　早稲田大学(以下「学苑」という)の本部長職は大学理事会に常時出席して担当常任理事(副総長)を補佐して大学経営に実質的な執行責任を負っている。果たして大学を難破から救うような教養が筆者にあるかと自分に問うた。大学全体の将来について考え、書き、語り、交渉し、解決する責任がのしかかるからである。

　財務部長であれば、来年、再来年以降の財政政策を毎日考える職であり、学費依存度の高い現在の収入構造は変えられるか。学費以外の収入増・減を考え、一方では支出が適切か、削減できないかを考える。新規事業の資金を調達する必要上、当然のことである。

　だが考えるだけでは許されないのが経営責任があるアドミニストレーターである。例えば学費改定。部長会、理事会、評議員会等公式の決定機関の賛同だけでは不十分である。教授会、組合、在学生、あるいは父母等の学費負担者の理解をえない一方的な改定は、大学構成員の精神を荒廃させると考え、むしろ財政状況を公開して理解してもらうよい機会ととらえて進めたことがあった。諸計画も右肩上がりであれば予算も人も増やして

実行できたが、逆に右肩下がりでは、予算も人も減らし、サービスは向上させなければ敗者となる。当然仕事は増えるからよろこんで踊ってもらうわけにはいかない。これからそういう時代の政策となることを覚悟した。

②アドミニストレーターの心構えと十の覚悟

こうして財務部長就任後、心構えとして十の覚悟をしたのである。

（一）シナリオ実現にはさらなる教養と常識を自己啓発する覚悟

　　問題解決には何が問題かを発見し、問題作成能力が問われる。だが、それには学際的で幅広い教養と常識がなければ難しいことがすぐにわかった。教養なくして問題は感度の網に掛からない。諸案件の内容が常識的に判断できない。シナリオを描き得ないときは任務の終わりと覚悟した。事実、案件の山に自分の教養と常識が試された。

（一）シナリオ作成に魂をこめる覚悟

　　シナリオに魂をこめるとは自分自らが変わろうとするためであり、自分の気持ちを高めるためでもある。士気を高める熱情を感じないシナリオは心を打たないだろう。

（一）説得ではなく、自発的に行動を促す説明する覚悟

　　ひとは説得によって行動するときは、どうしてもやらされてしまった、との意識が残るものである。そうではなく、自発的に行動を促す説明の仕方を自分に問うと同時に情熱をもって語りうるまで心の準備（Readiness）をして臨むこと。

（一）自発的に動いてくれるまで待つ覚悟

　　急がば回れ、の諺がある。時間はかかるが、忍耐して待ってやること。それでその後の行動力は持続する。自分の意志で決めたのであるから、達成感となり、歓びとなるからである。

（一）発言したことには全責任を負う覚悟

　　言ったことに責任を取らない上司ほど迷惑なものはない。言った以上は実行する覚悟が必要である。勢い口数が減ったと言われてもそ

れをよしとしよう。

（一）信頼は嘘をつかない公正さから生まれるという覚悟

（一）私する心は徹底的に排除する覚悟

（一）判断に迷ったときは学生からの視点を最優先する覚悟

（一）汝自身の力を常に検証する覚悟

（一）後継者育成に心を配る覚悟

　以上、心構えの覚悟はしたが実行は難しい。だが、責任ある地位のリーダーの条件として自らを律し、戒める目標を課したのである。それがなければ判断の軸が揺れるからである。組織にとって腰の定まらないリーダーほど迷惑なものはない。

(2) 海図なき常任理事職

　また、常任理事（副総長）職は、海図のない海を航海することの多い地位である。予期せぬ事件が突然起こり、前例のない待ったなしの解決が迫られる。ルーティンの仕事はイエスかノーの世界となる。それだけではない。大学全体の将来について考え、書き、語り、交渉し、解決する責任がのしかかる。その判断は大学を代表するから、結果は、暗黙のうちに経営能力として評価される。職員出身の常任理事の辞任はすなわち退職であることを覚悟しておかなければならない。

　大学の教育・研究の本質を理解する教養がなければ専門家集団である教授陣の信頼と支持は得られない。大学の構成員にとって、よい教育、よい研究、よい運営のサービスがある時よいマネジメントである。そのとき大学は生きている。大学経営の理想は、最小の費用で最大の効果となる経営をすることである。それが大学のガバナンスにあたるものの責任である。今日の知識はすぐに陳腐化するからすぐに自己の知識の限界も知ることになる。それ故に、だれが何を知っているかを知る努力、教えを乞う謙虚さ、知らないことに正直であることが組織を健全にすると

自分を戒めてきた。

　これからは不透明な時代、海図なき航海を進む。座礁を防ぐには、学際的で幅広い教養と常識が必要だ。正しい判断力を下すには幅広い教養が必要であり、表面的な知識では役に立たないのである。

2. 大学職員にとって幅広い教養とはなにか

(1) 大学職員にとって幅広い教養

　では大学職員にとって幅広い教養とはなにか。それは、「大学とは何か」を追求することに尽きる。どう追求するかと言えば、ひとつは歴史の探求であり、法令から大学を捉えることも必要だ。IRを駆使して大学をデータで捉えることも可能であろう。海外の大学を生の目で見、体感することも大きな知識をもたらす。海外の進んだ大学の数々を実地調査すると、さらに日本の遅れを痛感し、自己啓発の動機となるからだ。筆者は20代後半で半年間、海外留学し、以後、自らの意思で海外の大学の実地調査を行った。

　このように筆者は自身で勉強してきたことを本書に披露する。決してこれを学べとは言わない。自ら大学について知りたいと望めば、自ずと次から次へと知りたいことが沸いてくるはずだ。その根底には、「いい仕事をしたい」「こういう仕事をここでしたい」というミッションを自ら課すことも必要である。また、仲間を作って勉強会を繰り広げるのも良いだろう。

　筆者は自主的勉強会を作り、大学の根幹を学んだ。それが「ウニベルシタス研究会」である。

(2) 自主勉強会「ウニベルシタス研究会」
①誕生の契機となった学苑の「大学問題研究会」

　大学紛争が激しかった頃、企画調整部（当時）が事務局となって、大

学紛争の要因を研究するため、学苑理事会が大学問題研究会を設置して諮問した。この時、筆者は外事課の職員であると同時に大学問題研究会の事務局メンバーとなり、研究員も途中から引き継ぎ、「大学の理念に関する研究」を行う第1研究部会を担当した。「大学とは何か」を問うこの第1研究部会は、各学部から選任された教授7〜9名、職員2〜3名を研究メンバーとし、理事も陪席・発言できる教職合同の部会であった。この部会は学生の位置づけに関わったため、学生担当常任理事（教授）と学生部長（教授）も加わった。

　教職合同で研究することになったのは、大学問題を理解するためには、大学の現状をデータでよく知る職員の協力なしには論じることができない時代になっていたからである。いわば教職協働の先駆けだったと言えるであろう。当時の国立大学では、事務職員は国家公務員であり、大学の構成員とは考えられていなかったと思う。しかし、私学である学苑では、教員・学生・職員と並んで校友（卒業生）も明確に大学の構成員として位置づけられた。

　大学問題研究会は研究報告書と関係資料を1,500部作成し、全教職員に配布して理解を求めた。この間、学苑では165日間にも及ぶ全学学生ストライキ（授業放棄）があった。1960年代から1970年代にかけての日本の大学の様相については、若い方々には是非一度勉強してほしいと思う。大学が大衆化へ大転換する序章の時代だったからである。

　この時以降、「なぜ大学には職員が存在するのか」という根本的な問題について本格的に考えるようになった。1人で勉強しようかとも考えたが、1人では怠惰になる惧れもあり、仲間を募って勉強した方がよいだろうと、電話（夏季休暇中のため自宅から）で呼びかけた。

　人事部の研修とは全く無関係に、手弁当の自主的勉強会を立ち上げたのは、「大学問題研究会」の報告書を配布し、解散した直後のことだった。それ以降、月1を目標に、自主的勉強会を続けた。

　1970年9月、30歳前後の職員の有志と共に全く自主的な研究会

を作り、当初は10年間勉強しようと申し合わせ、「ウニベルシタス（UNIVERSITAS）研究会」と名付けた。UNIVERSITASとは、「ユニバーシティ」の語源となるラテン語で、組合の意である。

研究会は月2回のペースで開いた。1回当たりアルコールなしで夕食を含んで約4時間。全部で128回、合宿を含めると総時間は500時間を超えた。500時間といえば大して長くはないが、発表者は自分たちの持ち回りであり、発表するには自宅での自主的な勉強が必要であるから、各自相当の時間を消費したと思われる。それができたのは、あるべき職員となるための「自尊心との戦い」に他ならない。

勉強会では、ある課題を決め、持ち回りで担当になったメンバーが調べて発表する。発表後の質疑に応答できなければ「次回にまた」となるので、1回の発表ではなかなか解放されない。報告することにより自分の力量、知識不足を知ることになる。ここに勉強会を開く直接の目的があり、己の力量を知ることが、自ら勉強しようとする力になり、仲間と学習を続けることが自分への励ましになる。

②テーマの決め方について

最初のうちは、勤務する学苑の現状の問題とはなるべく遠いところから勉強することにした。勉強会を作ったといえば、大概、上司から見れば「オレたちの抵抗勢力」と思われるのが普通である。そこで学内の問題点を取り上げることはせず、研究会の名称にもあるように、世界の大学の歴史から始めることにした。大学に関する数少ない文献によって研究発表等を重ね、当学苑について初めて取り上げたのは、5年後の第74回（1975年）だ。

1977年頃には、勉強会の仲間全員が、将来、留学生と対応する日が来るだろうと、アメリカの大学カタログ（英文要項）を読んだ。日本の大学との違いがわかるからである。アメリカではすでに科目ナンバリングがあり、成績評価の方法等が明示されていた。

　当時は、外国の大学事情を知るにはカタログ（冊子）を相手先大学に依頼して取り寄せる以外なかった。今ではネット検索で海外の大学の情報公開を知ることができ、恐ろしい時代になった。優れた大学は、その情報公開も幅広く、かつ深く、海外からの志願者を大いに惹きつけるであろう（筆者注　それは21世紀の現在には現実のこととなった）。

③勉強会の成果

　研究会仲間も10年近く経つと皆40歳前後になり、皆多忙になって休会が続き、1979年の第128回で解散することにした。メンバーのその後を見てみると、学苑の常任理事になった者が4名、理事が1名（後、実践女子学園、白梅学園の理事長になった井原徹氏）に。学苑本部部長会のほとんどが元メンバーだったこともある。部長職の人事は時の総長が決めていたので、勉強会の成果であったかどうかは判然としないが、大学のことについて教員と話すと、すぐに対等に対話ができたことで、仲間たちの力が認められたのだと信じている。

　職員としての責任を最大限に果たすためには、大学全体をどれだけ理解しているかが大切ではないか。換言すれば、「教養として」大学をどれくらい理解しているかが問われていると思う。教養はすぐに役立つものではないが、教員とともに質の高い仕事をするためには、大学の専門用語や教育に関する基本概念について知っておかなければ、教員との対話はできない。教員に理解してもらうためには、職員もまた勉強を続けなければならない。教員から信頼されなければ、教職協働は機能しないであろう。

（3）ウニベルシタス勉強会の運営と取り上げたテーマ

　ご参考までに研究会の記録を掲げる。当時は「職員ごときが、職員だけで"研究"をするのか」と陰で言われた時代であり、教員には、「職員が大学のことを研究するなど僭越だ」と胡散臭い目でみられた時代であ

る。そこで対外的には「研究会」ではなく、「勉強会」と称した。

〔会運営の申し合わせ事項〕

①研究会は月2回開催、時間は原則3時間とし、10年間続けることを目指す。

②会場は、学苑の会議室、または近隣の会議室を借りる。

③会の運営はすべて自弁とする。ただし、レジュメのコピーは企画調整部の了解をとる。

④会員は最大12名程度とする。

⑤会員は順繰りで、司会・発表・記録（まだ手書きの時代）を担当する。

⑥レポート発表のあと質疑応答をし、それに答えられない場合は次回までに調べてくる。

⑦この一連の作業を繰り返すことにより、自己啓発を習慣化する。

〔各回のテーマ（研究内容）〕

注：（　）内のローマ字は、発表者のイニシャルを示す。

◆ 1970（昭和45）年

第1回（9/25）	発起人より当研究会発足の趣旨を説明・討論
第2回（10/1）	研究テーマ「大学の歴史」及び分担の決定
第3回（10/19）	ソクラテス／プラトン時代の教育思想（M）及びイタリア・ボローニャ大学の起源（I）
第4回（11/4）	12世紀のヨーロッパの社会科学的背景（US）
第5回（11/17）	パリ大学史（その1）（H）
第6回（12/2）	パリ大学史（その2）（H）
第7回（12/15）	各メンバーから報告レポート要旨の説明

◆ 1971（昭和46）年

第8回（3/17）	英国の大学の起源とその内容（MZ）
第9回（4/16）	オックスフォード大学の学寮（カレッジ・理念）（MZ）
第10回（第1回課外）（4/23）	英国の大学（カレッジ・学寮）について（ゲスト：YZW氏）
第11回（5/12）	特別課外テーマ「就職戦線・これでよいのか」（就職新聞への寄稿文を元に論議））（IM）

第 12 回（5/26）	ナポレオンの大学政策（その 1）（CH）
第 13 回（6/16）	ナポレオンの大学政策（その 2）（CH）
第 14 回（6/23）	ドイツ大学史（歴史編）（YS）
第 15 回（7/7）	ドイツ大学史（解説編）（YS）
第 16 回（7/21）	ドイツ大学史（解説編その 2）（YS）
第 1 回合宿（8/6 ～ 9）	3 泊 4 日、長野 I 宅にて
第 17 回（9/22）	会員帰朝報告会／ 1 周年反省会
第 18 回（10/6）	17・18 世紀ヨーロッパ・その歴史的考察（T）
第 19 回（10/20）	アメリカ合衆国の歴史（S）
第 20 回（11/11）	アメリカ大学史（その 1）―植民地時代の大学（O）
第 21 回（11/24）	アメリカ大学史（その 2）―独立後の大学（O）
第 22 回（12/8）	ロシアにおける教育及び学校の歴史（IM）
第 2 回合宿（12/18 ～ 20）	2 泊 3 日、熱海・学苑の双柿舎にて

◆ 1972（昭和 47）年

第 23 回（1/12）	会員が希望図書を指定し、全員が購入して文献研究
第 24 回（1/26）	『問われている大学』ジョルジュ・ギュスドルフ著、片山寿昭・郡定也共訳、法律文化社（CH）
第 25 回（2/2）	『日本教育史』著者不明（S）
第 26 回（2/23）	『日本教育史』（発表者が所用で欠席のため自由討議）
第 27 回（3/15）	『大学の機能』田浦武雄著、福村出版（O）
第 28 回（3/29）	『現代日本の教育史』著者不明（T）
第 29 回（4/12）	『近代日本の教育史』著者不明（I）
第 30 回（5/10）	『明日への葬列』高橋和己編、合同出版（IM）
第 31 回（5/24）	『パーティ学』川喜田二郎著、社会思想社（M）
第 32 回（6/14）	『日本教育史』著者不明（U）
第 33 回（6/28）	ベア闘争・第 1 派スト延期に関する議論
第 34 回（7/5）	『大学の可能性』永井道雄著、中央公論社（YS）
第 35 回（7/19）	『問題としての大学』河野健二編、紀伊國屋書店（H）
第 3 回合宿（8/12 ～ 14）	2 泊 3 日、健保・学苑の熱海寮にて
第 36 回（9/26）	新会員 2 名に活動状況を説明
第 37 回（10/2）	英国大学史―近代以降（I）
第 38 回（10/17）	英国大学史―ニュー・ユニヴァーシティについて（M）
第 39 回（10/31）	フランス大学史―ナポレオン以降の改革以前まで（CH）
第 40 回（11/21）	フランスの大学―教育制度の改革とフォール改革（H）
第 41 回（12/5）	ベルリン大学以降のドイツ大学史（YS）
第 4 回合宿（12/16 ～ 18）	2 泊 3 日、熱海・学苑の双柿舎にて

◆ 1973（昭和 48）年

第 42 回（1/9）	ドイツの高等教育機関（その 1）（T）
第 43 回（2/13）	ドイツの高等教育機関（その 2）（T）
第 44 回（3/20）	アメリカ合衆国の高等教育（その 1）（O）
第 45 回（4/25）	アメリカ合衆国の高等教育（その 2）（O）
第 46 回（5/9）	モリル法と土地給付大学について（OG）
第 47 回（5/23）	明治・大正前期の教育（その 1）（U）
第 48 回（6/20）	明治・大正前期の教育（その 2）（U）
第 49 回（7/4）	大学令公布から終戦まで（その 1）（UE）
第 50 回（7/18）	大学令公布から終戦まで（その 2）（UE）
第 5 回合宿（8/17 〜 19）	2 泊 3 日、伊東・妻良にて
第 51 回（9/19）	大学令公布から終戦まで（その 3）（UE）
第 52 回第 2 回課外（10/3）	日本の戦後教育史―資料編（M）及び日本の戦後教育史（ゲスト・YZ）
第 53 回（10/31）	日本の戦後教育史―概説編（M）
第 54 回（11/14）	中国における高等教育（S）
第 55 回（11/28）	ソビエトの高等教育（IM）
第 6 回合宿（12/16 〜 18）	2 泊 3 日、熱海・学苑の双柿舎にて

◆ 1974（昭和 49）年

第 56 回（2/6）	日本における大学理念論―高坂正顕の大学理念論（S）
第 57 回（3/13）	森有礼と帝国大学（U）
第 58 回（4/17）	マルティバーシティの理念（M）
第 3 回課外（5/15）	学苑の総長選挙規則について（ゲスト：NKYM）
第 59 回（5/28）	ジェファーソンとバージニア大学の理念（O）
第 60 回（6/12）	ベルリン大学の理念（その 1）（YS）
第 61 回（6/20）	ベルリン大学の理念（その 2）（YS）
第 62 回（7/10）	ヤスパースの大学の理念（その 1）（K）
第 7 回合宿（7/21 〜 24）	3 泊 4 日、山形県白布・福島県猪苗代翁島にて
第 63 回（上記合宿中）	ヤスパースの大学の理念（その 2）（K）
第 64 回（9/25）	ドイツの新大学―ボッフム大学（T）
第 65 回（10/9）	G・ギュスドルフの大学論／『問われている大学』（その 1）（CH）
第 66 回（10/23）	G・ギュスドルフの大学論／『問われている大学』（その 2）（CH）
第 67 回（11/13）	フランスの高等教育基本法（H）
第 68 回（12/4）	『科学革命と大学』―エリック・アシュビー（その 1）（I）
第 8 回合宿（12/21 〜 23）	2 泊 3 日、伊豆・戸田にて

◆ 1975（昭和 50）年

第 4 回課外（1/16）	オックスフォード大学マートン・カレッジに学んで 講師：J 氏（日本政府国費留学生）
第 69 回（2/19）	『科学革命と大学』―エリック・アシュビー（その 2）（I）
第 70 回（3/12）	『科学革命と大学』―エリック・アシュビー（その 3）（I）
第 71 回（4/2）	オルテガの大学論―『大学の使命』（その 1）（UE）
第 5 回課外（4/23）	日本私立大学連盟について（ゲスト：NZK 氏）
第 72 回（5/21）	オルテガの大学論―『大学の使命』（その 2）（UE）
第 73 回（6/4）	ソビエトにおける高等教育の理念（IM）
第 74 回（7/2）	『学苑の創立八十年史』を読む　第 1 章／第 2 章（UE）
第 75 回（7/16）	同上　第 3 章～第 6 章（I）
第 9 回合宿（8/1 ～ 4）	3 泊 4 日、長崎・壱岐の島にて
第 76 回（10/1）	『学苑の創立八十年史』を読む　第 7 章／第 8 章（O）
第 77 回（10/15）	同上　第 9 章～第 11 章（S）
第 78 回（10/29）	同上　第 12 章（S）
第 79 回（11/12）	同上　第 13 章／第 14 章（S）
第 80 回（11/26）	同上　第 15 章（M）
第 81 回（12/10）	同上　第 16 章（M）
第 10 回合宿（12/14 ～ 16）	2 泊 3 日、箱根にて

◆ 1976（昭和 51）年

第 82 回（1/14）	『学苑の創立八十年史』を読む　第 17 章／第 18 章（CH）
第 83 回（2/18）	同上　第 19 章／第 20 章（HR）、第 21 章／第 22 章（K）
第 84 回（4/14）	自由討論―学苑職員の人事行政について
第 85 回（4/26）	今後の研究テーマ「学苑における諸問題について」を決定
第 86 回（5/10）	学苑の予算（昭和 51 年度）について（学苑広報より）（K）
第 87 回（5/24）	学校法人会計基準及び学苑経理規程について（学苑広報より）（SN）
第 88 回（6/21）	学苑の決算（昭和 50 年度）について（学苑広報より）（SN）
第 89 回（7/5）	私学助成について：私立学校振興助成法（CH）
第 90 回（7/19）	学苑のカリキュラム：科目登録について（UE）
第 91 回（10/18）	放談会（出席者不足による）
第 92 回（10/25）	学苑職員制度問題懇談会答申について（I）
第 6 回課外（11/8）	学苑における人事制度（ゲスト：INUⅠ氏）
第 93 回（11/25）	学苑の国際交流（図書館・国際部）について（US、O）
第 94 回（12/8）	学苑における図書行政について（U）

◆ 1977（昭和 52）年

第 95 回（1/17）	1977 年度テーマ決定「学苑を取り巻く＜法律・政令・内部規約＞」
第 96 回（3/14）	アメリカの大学財政の現状―帰朝報告（K）
第 97 回（5/9）	日本国憲法・教育基本法（その 1）（I）
第 98 回（5/23）	日本国憲法・教育基本法（その 2）（I）
第 99 回（6/6）	大学設置基準（その 1）（SN）
第 100 回（6/27）	大学設置基準（その 2）（SN）
第 101 回（7/4）	大学設置基準（その 3）（SN）
第 102 回（日付不明）	100 回記念の会
第 11 回合宿（日付不明、8月）	2 泊 3 日、蓼科山荘にて
第 103 回（9/26）	大学院制度に関する法律改正について（U）
第 104 回から 114 回まで 11 回分の記録紛失	

◆ 1978（昭和 53）年

第 115 回（6/5）	学校法人会計基準（CH）
第 116 回（6/19）	私立学校法（YS）
第 117 回（7/3）	私学助成に関する法規について（OT、US、YMO）
第 118 回（7/17）	助成に関する法規（U）及び今後の予定を論議
第 119 回（日付不明、9月）	『オレゴン大学英文要項』を概観する（O）
第 120 回（10/9）	『オレゴン大学英文要項』（アドミッション）（GT）
第 121 回（日付不明、10月）	同上（クレジット）（GT）
第 122 回（日付不明、12月）	同上（アドミッション）（K）
第 123 回（12/4）	同上（アドミッション）（K）
第 124 回（日付不明、12月）	同上（ノン・レジデント・フィー）（SN）
第 12 回合宿（12/10 ～ 13）	3 泊 4 日、掛川・戸田にて

◆ 1979（昭和 54）年

第 125 回（1/10）	『オレゴン大学英文要項』（奨学援助）（YMO）
第 126 回（1/22）	同上（エンロールメント）（発表者不明）
第 127 回（2/5）	同上（ディグリー）（UE）
第 128 回（3/12）	同上（学費等）（SN）

　　1979 年 3 月以降、全員年齢的にも多忙となり休会が続き、足掛け 10 年となったこともあり解散した。研究会は 128 回。課外研究会 6 回。合

宿 12 回 27 泊 39 日。合計 173 日。1 回に投じた時間を 3 時間余りとすると、合計総時間は 519 時間余りになる。

3.　自己啓発の勧め

　筆者にとって、20 代から 30 歳になるまでの仕事といえば、クラブ活動をする学生幹事から大学の問題の数々を聞く毎日。そして留学生を相手にする職場では、毎日が個々の留学生との対話と悩み相談。留学生から相談を受けても、なぜ解決できないかを留学生に説明することになる現実。大学の立場として自分はすぐには応えられないからである。

　そうして 30 代になってからは、大学のことを何も知らないで働いていることを自覚した。「自分は学生の授業料に値する仕事をしているか」と。

　この問いが、私的勉強会を作る動機になったことも 1 つだが、自主的研究会を促したのは、筆者が 27 歳の時に学苑のアメリカ研修を経験したことが大きい。

　このことは、筆者が大学職員として成長する上で大いに活かされたと思う。知るほどに、海外の大学制度への関心が深くなっていった。日本の中で閉じた大学であってはならない。世界とつながった大学でなければいけないことを痛切に感じた。

　実際に、外国の大学事情をある程度知っていなければ、教員にも学生にも対応することはできなかったであろう。先生方は大抵留学経験があって、視野が非常に広い。これからの大学は、国際交流に関わる職員だけが留学生に関わるという時代は過ぎ去る。どこの職場にあっても、できるだけ大きな視野を持って、学生にも教員にも対処しないと、相手にされない時代になる。これが、私的勉強会を作ろうと思った動機である。

　与えられた上からの研修ではなく、自ら研修課題を決めて、自発的に

学習することの方が面白いのではないだろうか。

　大学職員は、自己の大学、日本の大学を代表して語り得るためにも、大学についての一般的な基礎知識、「"大学"学」とも言うべき教養を常識としなければ、大学経営はもとより教育研究および学生サービスの質は低いものになる。これでは国際競争には勝てない。

　時代の変化が激しい今日、現在いる職員の仕事の質を維持し、専門性を向上させるには採用後の継続的な国内外の研修プログラム再構築が必要である。専門職の採用はやがて日常的になろうが、その専門的知識でさえもすぐに陳腐化するであろう。

Ⅲ　欧州の大学の歴史に学ぶ

1.　歴史を学ぶことがなぜ必要なのか

　歴史は、社会が変化すれば大学もまた変化したことを教えてくれる。これからの大学の方向を見据えて、この不透明な時代を進むには、大学の変化の歴史への理解が望まれる。

　大学の歴史の流れを概観してみよう。

　大学発展の第 1 の段階の大学は、中世の主要な諸組合の徒弟制度で学者、僧侶、法律家が訓練され、教授免許状が授与された（当時の免許状は貴重な羊の皮に書かれていたと筆者は記憶している）。

　第 2 の段階は、上流社会、はっきりいえば貴族社会に属する人々の教育機関となった。欧州の 15 世紀から 19 世紀ころまで、日本では 18 世紀、19 世紀にあった昌平校、弘道館、明倫館などの藩学校が挙げられる。

　第 3 段階は、フランスのナポレオンが設立させた専門家養成のためのグランゼコールである。19 世紀の中葉にはこれは本格化し、アメリカでは神学部は農工学部にとってかわられた。モリル法で設立されたランド・グラント・カレッジ（土地付与大学）としての州立大学の出現である。かくして大学は、第 1、第 2 に加えて第 3 の段階では工業化に必要な技術や学問による訓練機関となった。

　第 4 段階は、日本の大学の歴史を振り返ると、日本の大学はビューロクラシーといわれる資本家や政府公共機関の官僚体制の養成機関として抜きん出たとされる。

　しかし筆者は思うに、現在も依然として一部機能は担っているが、高度成長後の日本の停滞は、この役割の終焉と新しい大学のかたちを暗示

しているのかも知れない。20世紀の100年間に日本が築いてきた社会の仕組みや規範崩壊の足音はひたひたと大学にも及び、昔のしがらみから離脱できないまま大学は21世紀を迎え、そのまま濃霧のなかを飛行しているように思われる。

　大学経営に責ある人にはとりわけ先見性、洞察力が問われるように思われる。それには歴史の教訓に学ぶ、幅広い、深い教養が必要だ。how toものであっては、たちまち時代の遅れをとる。これからの大学はどの方向に向かうべきか、歴史が示唆してくれるであろう。

2. 大学の起源　─大学はどこからきたのか

(1) 大学はどのようにして生まれたのか

　そもそも大学はどのようにして生まれたのか。世に広く知られた文献、『大学の起源』(C. H. ハスキンズ (1870-1937) 著／青木靖三・三浦常司訳　法律文化社、1970年)ならびに『大学の起源〜ヨーロッパ中世大学史〜』(H・ラシュドール (1858-1924) 著／横尾壮英訳　東洋館出版社、1968年)によれば、それは12世紀に遡る。

　学問そのものはプラトンのアカデミアにみるように古代ギリシャを発祥とし、紀元前まで古代ギリシャ・ローマ文化が栄えていたが、610年にアラビアでムハンマドが起こしたイスラム勢力の西方征服が拡大するなかで、ローマ帝国は次第に衰退しヨーロッパは暗黒の時代にはいった。一方、イスラム圏の文化は栄え、古代ギリシャの知識文化をもアラビア語で吸収し継承されていく。しかし、12世紀に入り、十字軍の遠征でイスラム圏から物品や文化が流入され、イスラム独自の文化やそれまでイスラム圏で保存されていた古代ギリシャ・ローマの学問が見直され、それをアラビア語からラテン語に翻訳し、文化の復興運動がヨーロッパに起こった。この動きを14世紀のルネサンスの前哨として「12世紀ルネ

サンス」と呼ぶ。この時にイスラム文化や古代ギリシャ・ローマの知識を学ぼうという知識層が結成した「組合」組織が大学の起源となった。もちろん、その背景には、ヨーロッパでは農業革命（麦の作付け）により人口が爆発的に増え、自治権のある都市が多数でき、知識層が生まれたことが大きい。

　こうした流れのなかで、イスラム圏との接触が多い北イタリアのボローニャ大学（法学）、南イタリアにあるサレルノ大学（アラビア医学）、パリのノートルダム大聖堂の付属神学校が昇格しパリ大学ができた。最古の大学の誕生である。

（2）12世紀以前の教育機関はなぜ大学といわないか―大学の定義

　では、それ以前の紀元前4世紀に作られたプラトンのアカデミィ、その弟子、アリストテレスもアテネ近郊のリュケイオンを紀元前3世紀に作った。教会が各地に作った大聖堂附属学校も存在する。

　イスラム圏では10世紀に創設されたアズハル大学、日本では670年の天智天皇の時代の大学寮（官僚育成機関）など、世界各地で教育機関は存在していたが、何故それらを大学といわれないのか。『大学の起源』を著したラシュドールもハスキンズもそれらを大学としては認めていない。彼らは以下の3点を大学の定義とし、他の教育機関と区別している。

①その学校が特定の国・地域に限らず（＝建物を持たず自由に移動する）学究する人々（学生、教師）のギルド（同業組合）である。（ボローニャ大学の学生のギルド、パリ大学の教師のギルド）

②神学・法学・医学の少なくともその1つを教える学校であること。聖職者、法曹、医者からなる組合は、まず教養として7自由学科（リベラル・アーツ）を学び、修得後、神学・法学・医学を学ぶ。後にこれに哲学が加わる。工学は永らくノンアカデミーとして扱われた。

③修了した証（知識の到達の証）として「学位（＝教授免許）」を付与する。

こうしてみると、ハスキンズの次のことばは、心におちる。

「20世紀の大学が中世のボローニャやパリの直系の子孫であるという事実に変わりはない。それらはわれわれが切り出された母岩であり、われわれが掘り出された採掘場の穴である。根本的な組織は同じであり、歴史的連続性は断ち切られていない。」（ハスキンズ、p.4）

これは21世紀にあっても同じであろう。今ある大学、我々が奉職する大学が中世の大学の直系の子孫であるならば、先祖がどんな大学であったかを知りたくなるではないか。

（3）「大学の自治」はどのようにして生まれたのか

大学が生まれた背景には、農業改革による人口の増加と都市や知識層が出現したことも一因であると先述したが、この都市と都市の間を当時の大学は、校舎をもたず自由に移動していたことの意味は大きい。

大学は、教師あるいは学生の集団「ギルド」として存在し、固有の建物をもたず、都市に時々に滞在し、学ぶ。そのため、これらの集団は同地の市民権をもたない。いうなれば市民権をもたない外国人だったので、生活するうえで不利益や危険があるなど、当地の市民といわゆる差別があったり、衝突した（「タウンとガウンの戦い」と称される）。そのため学生たちは自衛と相互援助のために組合をつくって市当局に権利の要求をした。これが大学自治の始まりといわれている。では、どのように要求を市にのませたのだろうか。

「大学の初期は、固有の建物を持っていなかった。この事実は、大学の特質と歴史を理解するのに、根源的な重要性をもっている。大学の機能は全く、町から町へと移動できる手軽さに起因し、ひとたびその全体ないし大部分がある町を引き払えば、もはや、町の当局者にそれを引き止める手はなかった。」（ラシュドール、p.173）

大学集団が滞在すれば、都市に知識と経済的メリットをもたらす。そのため市やその地区を管理する司祭はできるだけ長い滞在を望んでいる

ので、学生ギルドは市当局が彼らの要求を聞き入れないならばオサラバするということで、要求をのませたのである。このため、市や教会は、教師や学生集団（ギルド）の要求を受け入れ彼らを保護し、市民としての義務を免れる特権を与えた。すると、今度は市民からは逆差別として軋轢を生んだ。また当時の学生たちは、今の知識層と違いかなりバンカラだったようで、市民（タウン）と学生（ガウン）の間で諍いを起こすこともしばしばあったという。そのことがその後の英国のケンブリッジ大学等の創設に関わってくる。

（4）大学職員の先駆者―大学職員はどこからきたのか

　教師のギルド、学生のギルドがあって、では職員はいつからいるのか。ボローニャの大学団の中には、大学職員の先駆者と思われる人たちがいた。ラシュドールの『大学の起源』（前掲　pp.173-177）にその記述をみつけたとき、「そうか、職員は、中世の時代から連綿と続く仕事を担ってきたのか」と。この事実を知ったときは実にうれしかった。

　先述したように、ボローニャにおける学生大学団は、ボローニャ出身以外の学生が作ったものだったので、ボローニャで生活するには、ギルドを作り、特別に政治的、身分的保護を受ける必要があった。ボローニャの初期の教授群は、教授職の実質的特権を市民たる仲間に限定したことから、大学団［ウニベルシタス］のメンバーから当然に除外され、学生団と対立したといわれる。この対立がかえって、学生による大学支配の成長を助長させ、その結果、教授たちは、学生団に隷属する状態に陥った。この伝統は、今日のイタリアの大学の特色として受け継がれているといわれる。

　ボローニャでは２つの大学団があり、１つは「アルプス以南組合」で、３つの国民団に分かれる。さらにこの国民団は地方的単位に分かれ、その各々が１人か２人の代議員を選出した。もう１つの「アルプス以北組合」も、1265年には、14の国民団に分かれ、各々が１人、たまには２人の

代議員を選出した。学頭［レクトル］と代議員で大学団の執行部を構成
した。学頭は2年ごとに間接選挙の方式で選ばれた。5年間法学を勉強し、
24才以上に達し、独身で、僧衣をまとった在俗僧であればよかった。学
頭になると、2人の「召使い」を持つことが義務づけられていた。

　大学組織の中で最も珍しいものの1つは「写本係」であった。6人い
たという写本係の任務は、本屋の監督であった。本屋が持って来た写本
を写本係が監査し、誤写1ヵ所ごとに罰金を払わせる係だった。誤写が
あれば1ヵ所5ソロリティの罰金を査収したという。それだけではなく、
学生が書き誤りを発見したときは、本屋を告発する義務があり、違反す
れば偽証罪に問われたという。本屋本来の業務は学生に本を賃貸するこ
とで、一定の手数料を得ていた。

　次に、大学団の残りの役職の中で最も重要だったのは、「家賃評価係」
であった。かれらは、都市の指名した仲裁人とともに、学生の借りた家
屋の使用料を決定した。こうした係は、アメリカの都市の大学における
ハウジング・オフィスの仕事として今日でも見られることは興味深い。

　その他、大学の雇用者で、学生団の選出によらなかった役職があった。

　すなわち、2人の「マッサリウス」［会計係］、「ノタリウス」［公証人］、［シ
ンディクス］［共通弁護人で学頭の法律顧問を兼ねた］ならびに大学団ごと
に1人の「公ビデル」がいた。

　ビデルの役割は、例えば、公の場で学頭を先導したり、総会で票を集
めるといったことのほかに、各教場を歩き回って総会の決定した規則を
布告したり、学生による講義関係の公示、本屋や学生個人の売る書物の
リスト、その他一般に関係のある事柄を読み聞かした。かれの報酬は、
全学生の慣例による「拠金」によった。

　筆者は、ラシュドールの次の一文をとくに忘れないだろう。すなわち、
「ビデルは、大学の役職の中でも、おそらくは、学頭職と同じ位、最も古
いものの1つであった。それは、例外なしに、どの中世大学にも存在し
た。実際、『ビデル』への言及は一般に［一定不変ではないが］その学校が、

本当に大学、つまり『ストゥディウム・ゲネラーレ』であったことを信頼させる十分な証拠なのである。」

　これは、我が大学に例をとれば、教務課長、あるいは庶務課長の職であろうか。

「公ビデルすなわち大学ビデルのほかに、教授はおのおの、自分の『特別ビデル』を持っていた。かれはその教室を管理し、［教授の出入りに際して、その］ドアを開閉し、月に２度清掃し、冬には床にわらを敷き、また、そこに、教授の書物を運ぶ者であった。かれの報酬は、その教師の弟子による『拠金』であった。葬式その他、大学の行列に際しては、公ビデルと特別ビデルが一諸に、学頭を先導するのであった。」

　一方、パリの大学団の先達にもラシュドールは触れている（pp330-331）。

「大学の事務職員は［教師や学生でなくても］、学徒の全特権を享受するものであった。その最も重要なものは以下の諸役であった。

　①ボローニャのビデルと非常に似た任務をもったビデル

　②大学団全体のプロクラトル・アド・リチムないしシンディクス、後にプロモトル・ウニベルシタスと呼ばれたもの。大学団常任の主要な役職で、その法律顧問、事務弁護士の仕事と、今日記録係が担当する仕事の一部を兼ねた。

　③後には、このシンディクスと別に、書記が任命された。大学の初期には、記録係の仕事が学頭によって行なわれ、学頭は、大学団公金の収集、保管者でもあった。

　④この公金の収集・保管が後には、会計係に一任された。

　③と④とは15世紀初頭までは現われない。なお、国民団と学部とは、長い間、それぞれ独自の会計係を持っていた。」

　以上のような歴史を知ると、職員が、大学における「必要悪」ではなく、大学を大学であるとする証拠としての存在であり、かつ、われわれの仕事が、中世から今日に至るまで受継いでいる、最も長い伝統のある職業

の１つであることに、驚きを禁じえない。中世ルネッサンス時代のビデルたちが、近しい人たちにさえ思われる。学ぶものの同志であるウニベルシタスの一員として、それが起源するときから職員が存在したというだけでなく、同じ特権をも共有していたことを忘れまい。

3. 欧州の最古の大学

(1) 欧州で最古の大学は

　欧州で最古といわれるのは。イタリアのボローニャ大学である。では、いつできたのか。ハスキンズは、1923 年のブラウン大学に招かれての講義で、12 世紀半ばの 1158 年頃としているが、ボローニャ大学のホームページ・アーカイブスでは、11 世紀末の「1088 年に学生によって、学生のために設立された」とあり、相当の差がある。同大学の 900 年祭に招かれた方が、「なぜ今年が 900 年祭か」と聞いたところ、「100 年前に 800 年祭をしたから」と返答がきたという新聞記事を読んだ記憶がある。ともあれ、創立年については今でも論争になるくらい古い大学である。

　ボローニャ大学は後に「学生の大学」の模範と評されたが、なぜかというと、その起源が「学生の組合」だからだ。ボローニャ大学の歴史のなかで一番面白い史実だ。最高権威たる皇帝やローマ教皇、あるいはその後の大学のように国家によって創設されたわけではない。また、カリキュラムも全体組織も修学年限も創設から決まっていたわけでもない。

　ボローニャ市はローマの北 300 キロくらいの、アルプスに近いイスラム圏との交通の要所に位置することから、そこがローマ法やイスラム文化の接点となり、アルプス以北組や以南組などの学生団が法学の勉強をしに来た。この学生団は、いわば外国人学生であるから市民に対して身を守るために結成した外国人学生組合が基となっていて、教師は学生が支払う授業料に頼っていたために学生に従属していたとされる。

大学固有の建物を持たず、野外授業をしたり、教会を利用したり、今日の塾のようなものであろう。フランスの法学者パキエ（1529-1615）の言葉、「中世の大学は人びとでつくられていた」（ハスキンズ、p.4）が思い出される。ひとが集まり、学ぶとき、そこには大学があるのだ。

（2）パリ大学—フランスの大学史
①イスラム圏から遠いパリになぜ大学ができたのか

　パリ大学は 12 世紀に「教師の組合」として始まり、その名声は北ヨーロッパ全域に広まった。すなわちパリ大学モデルの普及である。地政学的にイスラム圏とは遠く、12 世紀のルネサンスである「イスラム文化や古代ギリシャを学ぶ」には不利であろう。

　ラシュドールもハスキンズもパリ大学の創設の年号を記していないが、以下のように述べている。

　「ヨーロッパにおいては、大学の起源は、パリのノートルダム司教座聖堂学校に求めなければならない。…学問はもはや修道院専有のものではなく、司教座聖堂の付属学校が学問のもっとも活発な中心になっていた。」（ハスキンズ、p.17）

　「…パリの強みは 1 つには地理的、1 つには新しいフランス王国の首都としての政治的なものであったが、幾分かはアベラルドゥス（1079-1142。フランスの哲学者、神学者）という偉大な教師の影響力のせいにしなければならない。」（同上、p.20）

　つまり、パリ大学は、ボローニャ大学と違い、教師も学生も聖職者であるか、または聖職者とみなされる存在であったので、共に市民権はなく、自衛のため教師と学生でギルドをつくった。その運営を握ったのは、アベラルドゥスという偉大な哲学者を含む教師集団であったことから、「教師の組合」といわれている。イスラム圏とは程遠いが、スコラ哲学の基礎を築いた神学者アベラルドゥスのもとには、当時 3,000 人もの学生が

集まったという。このギルドは、神学を学びにドイツからきた学生たちがパリ市民と諍いを起こすと、国王フィリップ2世に掛け合いパリ市警の権限が大学に及ばないよう約束させた（『世界の歴史9　ヨーロッパ中世』鯖田豊之 1989　河出書房　p.344）。またローマ法王の庇護を受け、パリ司教の関与からも独立し、大学の自治権を得た。そして1257年にルイ9世の宮廷司祭であったロベール・ド・ソルボン（Robert de Sorbon）が貧しい神学部学生のためのソルボンヌ学寮（Collège de Sorbonne）を設立し、その後、ソルボンヌ学寮の周辺がパリ大学の代名詞となり、カルチェ・ラタン（ラテン語を話す人達が住む地区）が生まれたのである。

②パリ大学の沿革

　パリ大学は、1211年にローマ教皇インノケンティウス3世により、法的に「大学」として認められた。また。神聖ローマ帝国より、教皇勅書によりストゥディウム・ゲネラーレ（国際的な高等教育機関）として認定を受けた。この勅書は当初、ボローニャ大学やパリ大学という特定の大学にだけ特権を授与されていたため、欧州の領主や貴族の子息はパリに留学した。その後13世紀末には、ローマ教皇は試験を受けることなく全ての大学で講義を行うことができる免状（ius ubique docendi: 万国教授資格）をだすようになり、欧州の各地で大学が設立されることとなる。

　自由学芸の3学（文法、修辞学、論理学）と4科（リベラル・アーツ：数学、幾何学、天文学、音楽）を教え、学士号取得者にはさらに修士号、博士号への道を開く専門課程（神学部、法学部、医学部）へ進む制度を作り、他の欧州の大学もこれに倣った。ところがいつまでもその独占的な効力が続いたわけではない。他国に支配されないような独立国となれば、自国でも大学を創設して自国で教員を養成しようとするのは世の常である。

　ルネッサンス以後は、パリ大学は近代科学の進展についていけず、1790年代のフランス革命議会に糾弾され、大学の名称が禁止された。しかし、ナポレオン1世によって帝国学制で復活、しかも国に代わって学

位を授与する権利が認められたが、同時に教会との結びつきが消滅した（1806）。（小学館『日本大百科全書（ニッポニカ）』、三省堂『大辞林 第三版』）

③パリ大学の否定とグランゼコールの出現

　パリ大学はフランス革命（1789-1799）の時には、時代遅れの大学になっており民衆に眠らされる。この前後から、ユニバーシティとは別の範疇の高等職業教育機関、すなわちグランゼコールを国家がつくっていく。今では少人数の超エリート養成の学校として知られている。

　この種の学校の歴史を遡れば、1747年創立の国立土木学校（ENPC）を皮切りに、グランゼコールの多くは18世紀に設立された。いわゆる理工系を柱に発展し、政治、経済、軍事、芸術等の高度テクノクラートの養成は大学（ユニバーシティ）では行わないことが伝統となった。ちょっと毛色の違う文系の高等師範学校（ENS：エコール・ノルマル・シュペリウール）は1回潰れるが、ナポレオンが再興して、現在では「官界や学界で立身するための登龍門となる教育機関」になっている。

　面白いことに、グランゼコールには医学と法学、神学の分野はない。そういえば、パリ大学の影響を受けて発展したヨーロッパは、理工系を中心とする人材養成はユニバーシティではなく、グランゼコールのような高等職業教育機関で行われている。したがって、フランスをはじめ、欧州の高等教育制度はユニバーシティとグランゼコールの2つがあることを、記憶しておく必要がある。高等職業教育機関は大学の範疇にカウントされない時代があったが、最近は大学に統合されたり、学位授与権が与えられている。

　フランスと同種の機関は、ドイツや英国にも18世紀末から普及しているが、国立の理工系の建築・土木系の高等専門学校は、近年、大学（ユニバーシティ）の範疇に組み入れられている。英国の一群の33のポリテクニクスは、驚くことに1992年の法改正によりユニバーシティになっているが、その前史は100年近くもある。

④パリ大学の衰退

パリ大学の場合は「教師の組合」であるが、ジャック・ヴェルジェが書いているように、大学を管轄下におきたい教会・教皇による過干渉と大学側のその後の軋轢もあったようである（前掲『中世の大学』『大学の歴史』）。パリ大学がだんだんと衰退していったのは、そういうこともあるのではないかと考えている。

先述したように、1793 年のフランス革命以降、フランス全土の大学は閉鎖され、1808 年、ナポレオンの第 1 帝政時代に帝国大学（Université de France 又は Université impériale）令により全国は 16 の大学区（アカデミー）に分割される。パリ大学区には 5 学部（神学・法学・医学・理学・文学）がおかれた。1896 年、新制パリ大学が発足し、現在は、パリ大学は、1970 年以降、統合や分離がなされている。

4. 英国大学の歴史

（1）アンシェント・ユニバーシティ（古代の大学）
―12 世紀、英国は 4 つの王国だった

英国とアイルランドにおいて、創立が中世から 1600 年以前であり現在も存続する 7 つの大学はを、「アンシェント・ユニバーシティ」（Ancient Universities 「古代の大学」）と呼ばれている。

この 7 つの大学うち、2 つはイングランド国（現英国）で最古の大学としても数えられる。4 つはスコットランド国（現英国）、1 つはアイルランド国にある。

なお、当時はまだ英国は、連合王国になっておらず、イングランドとスコットランドが同じ王朝の統率下になるのは、1603 年にスコットランド王ジェームズ 1 世が後継ぎのいなかったエリザベス 1 世のイングランド王を兼ねるまで待たねばならない。したがって、英国全体でみれば 3

番目に古い大学はセント・アンドルーズ大学であるが、イングランド国で３番目に古いというと、1826 年に王室から勅許状 を取得したロンドン オブ ユニバーシティ、または、議会よる大学設立認可順では３番目に設立されているダラム大学（1832 年）となる。

イングランド国

オックスフォード大学 - 1167 年創立（明確な年は不明だが、1096 年に講義が行われた記録が残っている）

ケンブリッジ大学 - 1209 年創立（オックスフォード大学を去った学者がケンブリッジに新たなギルドを形成）

スコットランド国

セント・アンドルーズ大学 - 1413 年創立（教皇勅書によって設立）

グラスゴー大学 - 1451 年創立（教皇勅書によって設立）

エディンバラ大学 - 1583 年創立（ジェームズ１世により設立）

アバディーン大学 - 1495 年創立（教皇勅書によって設立されたキングス・カレッジが後マーシャル・カレッジ（1593 年）と統合）

アイルランド国（当時はイングランド国の支配下　1919 年 1 月 21 日にアイルランド共和国の独立を宣言）

ダブリン大学 - 1592 年創立（エリザベス１世により設立、ただし大学となったのは 1857 年の特許状）

（2）オックスブリッジとパリ大学の関係は

　英国最古のオックスフォード大学の HP には「1096 年には存在していた」と記述されているが、正式にはヘンリー２世がフランスへの渡仏を禁止した 1167 年とされている。当時ヘンリー２世と対立するトマス・ベケットカンタベリー司教がフランスに亡命したことから、王は 1167 年にパリへの留学を禁止したため、パリにいた学者や学生たちが帰国しオックスフォードに集まり、この地にギルドが形成されたのである。

　ケンブリッジ大学の創立が 1208 年というのは明確である。これはオックスフォード大学のスカラー（ガウン）と市内居住者（タウン）との間で政争があり、スカラーの一部がケンブリッジに移動して大学を創設したという。昔は両大学の対抗意識は強く、非常に仲が悪かったようだが、今はしばしば「オックスブリッジ」とひとくくりにして呼ばれるように、学術交流が盛んで、1994 年に英国訪問したときは両大学間には毎日、定期バスが走っていた。

（3）オックスフォード、ケンブリッジのカレッジ制度

　オックスフォードやケンブリッジは、イギリス特有のカレッジ（College）制を採る。カレッジは「学寮」とも訳され、全ての学生は学部生・大学院生を問わず、1 つのカレッジに所属する。オックスフォードには 39 のカレッジがあり、ケンブリッジには 31 のカレッジがあり、そこで学生には、カレッジ内のチューター（担当指導員）が割り当てられ、学部（department）で行われる授業とは別に、個別又は少人数で学習指導が行われる。また学生生活するのも、部活もカレッジで行われ、校舎や住居のほかに、カレッジごとにサッカー場やクリケット場のほか図書館などがある。

　一方、学部や研究所を管轄する大学（University）は、学位授与機関であり、学部のカリキュラムを修業し学位が与えられる。現在の授業はカレッジではなく、学部・学科が中心となって行われる。授業には 2 つの形態があり、1 つは学部・学科の提供するもので多くの学生が集まって聴講する講義形式の授業、もう 1 つはカレッジの責任で行われる「スーパービジョン（supervision）」と呼ばれる個人または少人数形式の授業である。

　カレッジは独立採算で私立であるが、学部には、国からの補助金で賄われ、いわば国立と私立の二重構造となっていて、日本の国立大学法人とは違う。

　さらに、教師や学生は University に入学するのではなく、カレッジ

＜ケンブリッジ大学を歩む＞

　筆者は 1995 年暮れの 22 日から翌年の 15 日まで、管理職リフレッシュ休暇を利用して渡英した。ケンブリッジ大学は新年早々に訪ね、現地で朝食付きの宿屋を探して予約、1 週間滞在することにした。学寮（カレッジ）を、これも予約なしでひたすら歩き回り、数えてみたら 31 あるカレッジのうち 26 カレッジを訪問していた。ケンブリッジ大学で印象に残っていることを 2、3 お話ししたい。

　大きな中央図書館、数多くの博物館、ユニバーシティが管理する教室、ラグビー場（カレッジ対抗戦用、他大学対抗戦用）等がある一方で、各カレッジには専用の図書館、ラグビー場やテニスコート等があるので驚いた。もっとも、31 のカレッジのなかでも、豊かなカレッジと貧乏なカレッジがある。

　学寮の門番・受付（ポーターズ・ロッジ）の前を通り抜けて、中庭とチャペルには大体入ることができる。トリニティ・カレッジ（1546 年創立）の図書館は、昼食時には許可を得て見学できた。卒業生のアイザック・ニュートン（1643-1727 年）の自筆の万有引力についてのノートやバイロン（1788-1824 年）の詩作のノート、バートランド・ラッセル（1872-1970 年）の哲学研究ノートがあった。エドワード・ギボン（1737-1794 年）のノート（彼はケンブリッジの卒業生ではないが、特別資料として彼の本の寄贈を受けている）には、ギボンが 1764 年、ローマのカンピドリオの丘に建つサンタ・マリア・イン・アラチェリ教会への階段を上り、振り返ってローマ市街を見下ろして、『ローマ帝国衰亡史』を書くことを決意した、と記してあった。帰国して調べたら、丘の高さは海抜約 50 メートル。そこから教会までの階段は 122 段あるそうだ。こんな歴史に残る偉大な人物たちとともに学生たちは日常的に本を読んでいる。伝統の重みを感じた。

ごとに選考が行われ、カレッジに入学・就職する。合格後に希望する University の学部に配属される。したがって、同窓会では、所属の学部よりどこのカレッジだと聞かれるのだという。

(4) イングランドではなぜ 600 年間オックスブリッジの 2 大学だったか

イングランド王国ではその後、実に 600 年もの間、オックスフォード大学、ケンブリッジ大学の設立後、大学は創設されていない。

イングランド王国で 3 番目とされる、ロンドン オブ ユニバーシティもダラム大学も、その設立は 19 世紀に入ってからである。

すでに 13 世紀以降のヨーロッパ大陸では、大学が領土の発展をもたらすという認識から、領主たちはローマ教皇からこぞって勅許状（Charter）を得て次々と大学を設立していった。その数、ざっと 100 大学という。にもかかわらず、なぜ英国ではただ 2 つの大学の寡占状態が続いたのだろうか。

歴史学者ウィリアム・ホワイトは、大学と教会（教皇）と国家（国王）の利害が一致し、両大学以外の設立をこの三者が阻んだからだと解説する（『The Medieval University Monopoly』オックスフォード大学出版局、2015 年）。

まず教会も国家も、大学は改革の気運が生まれる場所であると危険視しており、教会にとっては大学で行われる神学上の論争や神学者らなど、国家にとっての王朝への反体制派たちを管理・監視するには、2 つの大学だけのほうが好都合であったからである。大学側も、そもそも成り立ちが「同業者組合（ギルド）」の一種なので、ギルドが権益を独占するのは合理的であり、オックスブリッジは「学位」「教育」の提供を寡占することで多大な権益を得ることができた。この権益を守るために、「オックスフォード大学とケンブリッジ大学の卒業生は、両大学以外で講義を一切行わない」と全卒業生に誓わせ（「スタンフォードの誓い」という）、ほかの大学が設立される動きを封じ、卒業生が郷里に帰って塾のように

教えることをも、文字通り力づくで、妨害してきた。

　力づくで、というのは卒業生が地元や田舎などで学問を教えるなど「スタンフォードの誓い」を違反したと知れると、オックスブリッジの教師たちが押し掛け、違反した卒業生を衆前で火あぶりの刑に処した。そうした迫害を恐れて、また厳しい締め付けに反発しアメリカに渡り、教師となったものもいるという。

　15 世紀になると、ローマ教皇は、英国国教会の長にとって代わられる。15 世紀に宗教革命が起こりローマ教皇庁の力が弱まり、またイングランド国王ヘンリー 8 世は、自らの離婚問題から、離婚を認めないローマ教皇庁から離別するため、1534 年の首長法（国王至上法）で英国国教会を設立したからである。国王自ら英国国教会唯一の首長となり、イングランド国における学位授与権も国王が掌握し、国王と教会と大学の同盟はより強化されていく。しかし国による他宗教への弾圧が相まって 17 世紀にはいると、英国革命が起こり次第に権力を弱めたイングランド国王室は、19 世紀にはいると大学の設立を認めていく。それまでロンドンオブ ユニバーシティもダラム大学もオックスブリッジの強力な反対にあい、挫折を繰り返してきたのである。

（5）ユニバーシティ・カレッジ・ロンドンの創設がもたらしたもの
①ユニバーシティ・カレッジ・ロンドンの創設の衝撃

　先述のとおり、英国では、古典的というか伝統的と訳すべきか、「アンシェント・ユニバーシティ」（Ancient Universities）と呼ばれる大学群は、オックスブリッジに妨害され、イングランド国には 12 世紀以降、大学は設立されてこなかった。

　しかし、1826 年に漸くユニヴァーシティ・カレッジ・ロンドン（University College London、UCL - University of London）が設立される。建学の父である哲学者ジェレミ・ベンサム（1748-1832）の「すべての人に開かれた大学を」という理念のもとに創設された、神学部のない、

ロンドンではじめての大学である。

　設立当初は「ロンドン・ユニバーシティ」と称したのだが、既得権益を失うことを恐れたオックスブリッジは、様々な圧力をUCLにかけ、大学としての地位を剥奪しようとし、はじめから「ユニバーシティ」と名乗るのはおこがましいと批判した。また、イングランド国教会も、その無宗教にもとづく設立を理由に、学位を授与するのに必要な勅許状（Royal Charter）を認可することに反対した。そのため、あとから「ユニバーシティ・カレッジ・ロンドン」に改称している。

　この大学の創設は、後述するベルリン大学（1810年創立）の学問的な影響を強く受けたに違いない。産業革命は18世紀後半から綿工業にはじまり、19世紀には動力としての蒸気機関の発明があり、それは製鉄業や機械工業を生み、1830年代には蒸気機関車を石炭で走らすなど第1次エネルギー革命のただ中にUCLができたのである。

　ここにはオックスブリッジにない特徴があった。神学部を設置しなかったというだけではない。当時のオックスブリッジは、男性・英国国教徒・貴族出身者という差別的な入学条件を設けていた。UCLは「すべての人に開かれた大学を」という理念をかかげ、最初に貴族ではない一般市民を受け入れ、人種も問わなかったのである。だから、幕末に伊藤博文、井上馨、のちに初代文部大臣となった森有礼が、また明治時代には夏目漱石らが留学することができたのだ。そして、この卒業生を介して日本の議会や万人に開かれた大学などの近代化に大きな影響を与えた。マハトマ・ガンジーもUCLの卒業生である。また、1856年に開始されたロンドン大学通信教育課程は、継続教育に大きな役割を果たしてきたことを付言しておきたい。ネルソン・マンデラも獄中、通信教育で学ぶなど、世界に影響力のある人物を多く輩出している。

　また、学生による学生のための組織『Student Union』を初めてつくる、初めて女性を受け入れる、夜間クラスを開始するなど「1826年以来の破壊的思考」と、UCLのHPの扉に堂々と掲げてあるほど、画期的な大学であっ

た。英国だけでなく大陸でも多くのセンセーションが巻き起こされたと当時の証言が残されている。(Barnerjee、Jacqueline　phD. The University of London: The Founding Colleges The Victorian Web 2007 年 5 月)

②ロンドン大学（連合）（ユニバーシティ・オブ・ロンドン）へと組織化に

　オックスブリッジは英国国教会のための大学であるが、UCL は宗教に関係しない最初の開かれた大学となる。そのため UCL は「ゴッドレス・カレッジ」と非難され、英国国教会とオックスブリッジは「新しい施設が世俗的でありながら、大学の地位を執拗に主張している」と怒ってUCL に対抗し、3 年後の 1829 年にゴッド、神様のいるキングズ・カレッジ・ロンドン（KCL）をテームズ川岸につくった。もちろんこのカレッジには派手なチャペルが大学の中心に据えられている。

　両カレッジは、1836 年にロンドン大学（連合）（ユニバーシティ・オブ・ロンドン）という学位認定機関の傘下に置かれることになり、両大学ともにこのロンドン大学連合を代表するカレッジとなる。現在ではロンドン大学を構成するカレッジは、2023 年には 18 校あり、各カレッジは高い独立性を維持している。時には結束して政府に対してロビー活動を展開する。ロンドン大学の傘下にはいる大学は、以下のとおりである。

校名	加盟年
ロンドン大学	1826 年
ユニバーシティ・カレッジ・ロンドン（UCL）	1836 年
キングス・カレッジ・ロンドン（KCL）	1836 年
ロンドン大学セント・ジョージズ（SGUL）	1838 年
ロンドン大学ロイヤル・ホロウェイ（RHUL）	1900 年
ロンドン・スクール・オブ・エコノミクス（LSE）	1900 年
ロンドン大学ゴールドスミス校（GUL）	1904 年
ロンドン大学クイーン・メアリー校（QMUL）	1915 年
王立獣医学校（RVC）	1915 年
東洋アフリカ研究学院（SOAS）	1916 年
ロンドン大学バークベック校（BBK）	1920 年

ロンドン大学衛生熱帯医学大学院（LSHTM）	1924 年
コートールド美術研究所（CIA）	1932 年
ロンドン・ビジネス・スクール（LBS）	1964 年
ロンドン大学癌研究所（ICR）	2003 年
王立音楽アカデミー（RAM）	2003 年
ロイヤル・スクール・オブ・スピーチ・アンド・ドラマ（RCSSD）	2005 年
ロンドン大学シティ校（CUL）	2016 年

工・医学で世界的に名高いインペリアル・カレッジ・ロンドン（ICL：Imperial College London）は、UCL や LSE などと同じロンドン大学のカレッジとして 1907 年に設立されたが、同校 100 周年時の 2007 年にロンドン大学の傘下から独立した。ICL は、100 年余りで 14 人のノーベル賞授賞者を輩出していることを参考までに述べておく。

③英国の大学は設立年と学位授与権取得年は別

UCL は、枢密院から独自に学位授与できる権限を得たのは、2005 年 9 月。キングス・カレッジ・ロンドン（KCL）は 2007 年。傘下の 1 つであるロンドン・スクール・オブ・エコノミクス（LSE）も 2007 年、そしてロンドン大学東洋アフリカ研究学院（SOAS）は創立 100 周年の 2016 年に独自に学位授与権を得ている。

日本と違い、大学を新設しても大学独自に学位を出せるまで長い時間がかかるのが英国の特徴である。これは、どの大学を卒業しても学位の評価は同じだとする考え方からだと筆者は理解している。そこで思うことは、宗教も階級も人種も信条も問わず、女子の入学を認めた UCL（1841 年にロンドン大学クインズ・コレジが最初の女子大　平塚益徳 著「女子教育の問題点」、真橋美智子 編『日本の女子教育』日本図書センター、1965 年。または Barnerjee, Jacqueline　Ph,D. Queen's College and the "Ladies' College" The Victorian Web）は、大学の理念が非常に開放的で、自由主義を標榜して、幅広い人たちを迎え入れたという。これはアメリカの州立大学創設の理念につながっていくのではないかと推察している。

　UCL の無宗教性は、英国と大学と学問の発展にも大きな影響を与えている。例えば、当時のキリスト教思想を真っ向から否定するチャールズ・ダーウィンの『進化論』は、オックスブリッジで発表することは許されず、当時唯一の無宗教大学の UCL で発表することができた。こうした開放性からであろうか、なんと UCL は現在までノーベル賞授章者を 29 名も輩出し、ケンブリッジ、オックスフォードに次ぐ。研究大学として学部学生が 1 万 3 千人弱、大学院が約 1 万人。合計 2 万 3 千人余りの大学で、THE の世界ランキングも 10 位以内にある。

（6）15 世紀にレッド・ブリック（赤レンガ）大学ができた背景
①赤レンガ大学群とは

　19 世紀から 20 世紀初頭、英国の主要な産業都市に大学が設立され、こういった大学を赤レンガ大学群、レッド・ブリックと称する。この大学群は、ビクトリア（1880）、バーミンガム（1900）、リバプール（1903）、マンチェスター（1903）、リーズ（1904）、シェフィールド（1905）、そしてブリストル（1909）の 7 大学であり、技術者養成のカレッジとして発展してきた。皆、都市のなかに設置され、いまや研究型総合大学になっている。英国大学行政職員協会（AUA）のオフィスがマンチェスター大学にあるのは興味深い。

　ロンドン大学の傘下にある、ロンドン・スクール・オブ・エコノミクス（LSE；1895）、クイーン・メアリー（1907）、東洋アフリカ研究学院（SOAS；1916）はレッド・ブリックと同時代の設立であるが、このレッド・ブリックには該当しない。

　石造りのゴシック様式の校舎に対比して、赤レンガ造りの校舎ゆえに赤レンガ大学群という。

②赤レンガ大学の起源

　19 世紀の英国は、産業革命の後に大きな変化を遂げ、大きな産業都市

ができた。そこでは、新しい経済の需要を満たすために、技術的にも、科学的にもスキルを備えた労働力が出来るだけ早く必要だったため、国であったり資産家たちが出資し、新たに大学が作られた。この大学群を指して赤レンガ大学という。

(7) プレートグラス大学の創設
①プレートグラス大学（板ガラス大学）とは

　プレートグラス大学（Plate glass university：板ガラス大学）とは、第2次世界大戦後、設立された大学または戦前からあったカレッジから大学に昇格した大学のグループ名である。

　1961年にできたサセックス大学が最初である。その後ヨーク（1963）、イースト・アングリア（1963）、エセックス（1964）、ランカスター（1964）、ウォーリック（1965）、ケント（1965）及びアストン（1966）の7校が短期間に設立された。当時これらの新構想大学は「ニュー・ユニバーシティズ」と呼ばれていた。

　サセックスとランカスターは1981年に訪問したことがある。広い緑のキャンパスをもった開放型のアメリカの大学を思わせた。

　なお、この一群にキール（1962）、ストラックライド（1964）、バス、ブラッドフォード、ブルネル、シティ大学ロンドン、ヘリオット・ワット、ラフバラー、サリー（以上1966）、サルフォード（1967）、スターリング（1967）及びアルスター（1968）の12大学が同時期に新設、これらも先のプレートグラス大学群に加えられることがあるようだ。

　要するに、赤レンガの建物から一気にガラス窓のある近代的な建物の新構想大学を英国政府はつくったのである。因みに「プレートグラス・ユニバーシティズ」と呼ばれるようになったのは、弁護士のMichael Beloffが1968年に出版した著書が最初である。これらの大学は、比較的人口の多い都市の郊外にできている。

②なぜプレートグラス大学は作られたのか

　これほど多くの大学が、なぜ短期間につくられたか。

　東西冷戦下にあったとき、共産主義ソビエト連邦共和国（現在のロシア連邦以前）が1957年10月4日、人工衛星スプートニクの打ち上げに人類史上初めて成功した。まさか共産主義の国がと、いわゆる資本主義・自由主義陣営は驚愕し、科学技術の立ち遅れにショックを受け、英国は一群のプレートグラス大学を国家政策でつくったのである。

　このような国家政策を行ったのは英国だけではない。アメリカを筆頭に自由主義陣営において、科学技術立国の立ち遅れとともに大学改革の必要性が叫ばれた。日本も例外ではなく、それが1973年創設の、既存の国立大学とは異なる研究・教育体制をもつ筑波大学（前身は東京教育大学）である。日本ではこの新構想実現のために1963年の閣議決定から10年をも要したことを忘れてはいけないと思う。

(8) ポリテクニクスの大学化（1992年以降の大学）

　英国の産業革命は18世紀半ばから19世紀にかけて緩やかに進展したとされるが、この間、各地域に手工業から機械制工業に代わる働き手の職業教育学校ができる。例えば紡績工場の機械化、あるいは石炭を燃やして蒸気機関で汽船や汽車を動かす時代になると、新しい仕事の担い手となる人の養成が必要になる。農村の人たちが町に出てきて人口が増大する。そこにはやがて大学ではなくて職工業専門の学校ができるというのが、大体の歴史的な流れではないだろうか。日本も同じであろう。明治政府はまず、専門技術をもった職工長や教員の養成のため、東京職工学校をつくった。これが現在の東京工業大学である。

　英国の職工業専門学校はポリテクニクスになり、2000年紀を前に英国は再度、大学改革が論議されて、1992年に、継続・高等教育法によって、ポリテクニクスをすべてユニバーシティ（大学）にしようとなるわけである。

　それには「エラスムス計画」の影響があったと思われる。すなわち、欧州内の競争力向上のために、域内の学生交流を促進する「エラスムス計画」が 1987 年に開始され、1993 年の EU 発足後は「ソクラテス計画」（総合的な教育交流計画）として高等教育分野に組み込まれた。そのような時代背景のなかで、ポリテクニクスは大学に昇格した。

　エラスムス（ソクラテス）計画は今なお進行中のため、注視する必要があると思う。

　余談になるが、筆者は 1981 年、ロンドンから列車で約 30 分、郊外の住宅街にあるキングストン・ポリテクニクスを訪問したことがある。当時は小規模の学校だった。歴史を聞くと、なんと 82 年前の 1899 年に工業技術系のインスティテュートとして創立され、その後、1957 年に教育省認可の地域工科大学となり、1970 年に美術大学と再統合してキングストン・ポリテクニクスになったとのことだった。

　そして、1992 年の「継続教育・高等教育法」によって創立 93 年目にユニバーシティの認可を受けて国立大学になっている。2016-17 年度の学生数を調べたら、学部生約 19,500 人、大学院生 4,500 人、合計 24,000 人の大学になっていて驚いた記憶がある。

(9) ラッセル・グループについて

　ラッセル・グループは英国で最も有名な大学グループ名である。レッド・ブリックと古代大学を含む研究型総合大学は 1994 年、当初 17 大学（現在 24 大学）がロンドンのラッセル・ホテルで、政府や議会に対する援助金要望・圧力団体を発足させたことから、「ラッセル・グループ」と称されている。1992 年のポリテクニクスの大学化の翌々年に発足しているのは意味深い。

　このグループだけで、英国の全大学研究費予算の 80%以上が投入されている（EducationGuardian.co.uk　2021）。

（10）　大学職員として押さえておきたい英国大学

　以上、英国大学の歴史を見てきたように、英国の大学を語るとき、一筋縄ではいかないことがわかるであろう。以下、押さえておきたい点を箇条書きに示す。

①英国国家の成立

　英国、正確には United Kingdom of Great Britain and Northern Ireland は、イングランド、スコットランド、ウェールズ、北アイルランドの連合王国であり、1801 年に 合同法により国家となる。それぞれに大学を管理する法や補助金配布機関等が違う。教育省は勿論英国ひとつである。

②大学設立の法的根拠

　大学設立の法的根拠となる法も、勅許状、個別法、1988 年教育改革法（第 121 条）、1992 年継続・高等教育法（第 76 条）、会社法等と様々である。特に 19 世紀に神のいない大学、UCL が創設されたことは大きな意味がある。教皇や国家権力と結びつかず（勅許状をもたない）、大学の自治を守り、学問の自由を確保してきた英国の大学は生き残ったといえよう。

③学位

　大学の学位は、通常、ディグリー（Degree）といわれ、日本の学部卒に相当する初等学位（first degrees）「学士（bachelor）」と上級学位（higher degrees）に分類される。学士は BA（Bachelor of Arts）、BSc（Bachelor of Science）、BEng（Bachelor of Engineering）と表現される。スコットランドの伝統校（St Andrew's、Glasgow、Aberdeen そして Edinburgh）では、文系の場合、MA（Master of Arts）で違うことに留意したい。（http://www.ipc.hokusei.ac.jp/~z00153/uk_univ_1.html）

④大学の修業年限

　大学の修業年限は、3年乃至4年であるが、学部や所轄によって違う。スコットランドでは4年が修業年限である。

5. ドイツの大学の歴史
―ナポレオン占領下で生まれたベルリン大学

(1) 教皇による万国教授勅書～13世紀のドイツの大学

　12世紀まで「学位（教授免許）」修得者は、授与するギルドが管理する大学の中でしか教えることはできなかったが、1233年、ローマ教皇グレゴリウス9世により、教皇が認めたところであれば欧州全体に通用する「学位（万国教授資格）」を付与するとしたため、欧州の国王や領主たちはこぞって教皇の勅許を得て自らの領地に大学を設立した。

　領内に大学をつくれば、パリ大学など他国に子孫や領内の貴族たちの子弟を留学させる必要はなくなり、自国の安全圏内で領内の貴族の子息の教育ができ、また、他の領土からの学生が集れば、学生が落とすお金で経済的利益も得て、領土が発展するからである。

　こうして13世紀から16世紀にかけて、欧州の各地においてカトリック教会中心に、国家もしくは領主と結びついた大学が設立されていった。

　ドイツも例外ではない、といっても、1701年にはプロイセン王国ができるまで、群雄割拠の常態であり、それぞれの領主が大学を設立した。現存するのは、ハイデルベルグ大学、ルートヴィヒ・マクシミリアン大学ミュンヘンなど。13世紀欧州では大学が次々と設立されていった。

　大学は都市間を自由に往来するものではなく、国または教会の人材育成機関となっていったのである。同時に、国家や教会という権力に結び付いた中世の大学は、学問の自由を失い衰退をしていく。

（2）ベルリン大学を創設の背景は

　1810 年はベルリン大学創設の年である。ベルリン大学は近代大学の模範となる重要な大学である。

　創設の背景にはナポレオン帝国が関係する。1806 年、プロイセン王国は、ナポレオンに攻撃され、「イエナの戦い」で完敗する。ナポレオンに占領され、国土を多く喪失したプロイセン王国は、国家存亡の危機に陥る。同時に、ナポレオンの支配は、貴族の封建的特権の廃止、内閣制度などの官僚制政治体制、営業の自由、そして人権と自由という近代社会の理念をプロイセン社会に持ち込み、大きな影響を与えた。プロイセン国王は、敗戦の要因を古い国内体制にあると考え、フランスの進んだ面を取り入れようと、プロイセン改革を配下に命じる。（市民革命を経たフランスと違い、王による上から目線のプロイセン革命は、旧体制を残したままで不完全であったという）。

　このとき哲学者フィヒテが、当時はラジオもなかった時代であるが、「ドイツ国民に告ぐ」の連続講演（1807-08）をして、このままではこの国は亡びるとドイツ国民を啓蒙し、ドイツ民族独立と文化の再建を説いたという（『日本大百科全書』の解説、高山守）。そこで、国王から教育改革の命を受けた教育改革者で言語学者であったウイリヘルム・フォン・フンボルトの指導でベルリンにフリードリッヒ・ヴィルヘルム大学、通称ベルリン大が 1810 年に創設される。初代の総長はフィヒテであった。（なお、フンボルト大学ベルリンに改称したのはドイツ再統一後である）。フィフテは、「ドイツ国民はドイツ語で学び、記録しなければならない」とも説いている。

　国家存続の危機意識が、ベルリン大学を生んだのである。

（3）ベルリン大学が近代大学の祖と言われる理由

　ベルリン大学は近代大学の始まりだといわれている。何を推して「近代」というのか。

　ベルリン大学は、国家からの学問の自由を掲げて、研究者と学生が自主的に研究する制度をとったからである。これは今では当たり前のことだが、中世の大学は永らく国家と宗教と結びついていたことは前章でみたとおりである。フンボルトは、宗教や国家からの「学問の自由」と「学習の自由」を掲げ、実践したのである。このことは当時では革命的であった。

　また、フンボルトは、科学の独立、人文科学と自然科学の統合、そして教育と研究の統一を求め、数学、物理学等の自然科学を学び、いわゆる哲学部を重視した教育と専門の学問研究を進めた。特に自然科学についてはこれまで職人領域であるとして、アカデミックとはみなされていなかったのである。しかし、フンボルトは、哲学者カントの理論を基礎に、伝統的な学問である法学、神学、医学だけではなく、自然科学の基礎である数学、物理学等を理論的に研究する哲学を重視し、いわゆる教養を学んだうえで専門の学問を研究する、研究と教育を一体的に行う機関にしたことは重要である。

　かくて、大学を学問研究の場として講義だけなく、ゼミナールや実験室も備えたベルリン大学は、各国の近代大学の模範となった。明治の日本もベルリン大学を手本にして帝国大学を設立した。

　ベルリン大学のHPには、今でもフンボルトの次の言葉が掲げられている。

　　「やがて、ベルリンは最初の天文台、最初の化学研究所、最初の植物園、超越数学の最初の学校を持つことになるでしょう。それが統一された絆を生み出すための私の努力の目標です。」

　　　　　　　1827年　　アレクサンダー・フォン・フンボルト」

（フンボルト大学ベルリンの歴史 ― フンボルト大学ベルリンHP

https://www.hu-berlin.de/de/ueberblick/geschichte/abriss#idee）

(4) ベルリン大学の波及効果は

　東京大学をはじめ、後述するアメリカのジョンズ・ホプキンズ大学も、

ベルリン大学から大きな影響を受けた。明治 19（1886）年に創設された帝国大学はベルリン大学をモデルとしたと言われるが、後に森鷗外や北里柴三郎、寺田虎彦らが留学している。

　「ベルリン大学は一方において国家によって計画され、また財政的にも全面的にサポートされた大学であった。しかし他方で、理念のうえではそれは、社会からは独立して真理を探究する使命を与えられ、「自由」を与えられた機関、つまり大学の運営は教授会の自治に任されるものとされた。いいかえれば、政府との関係においては、一方において完全な依存、他方において自律、というきわめて矛盾を含んだ構造をもっていたといえよう。

　具体的にいえば一方で、財政・施設の側面においては、大学は政府の１つの施設であり、他方でその内部の管理は教授会によって運営される、という二面をもっていたことになる。こうした国家施設型大学のモデルは大陸ヨーロッパに普及し、さらに日本の国立大学にも受け継がれることになった。」

（金子元久「第 9 章 大学の設置形態 － 歴史的背景・類型・課題 」『大学の設置形態に関する調査研究』2010 年国立大学財務・経営センター研究部　所収）

　時代は下って 1901 年からノーベル賞が始まるが、最初の頃はベルリン大学の卒業生が多かったことを『ノーベル賞の 100 年　自然科学三賞でたどる科学史 』（馬場錬成著（中公新書）　2017 年）で読んだ記憶がある。

Ⅳ　米国大学の歴史

1.　アメリカ最初の大学の創立

　1492 年にコロンブスがアメリカ大陸に上陸してから 200 年もの間、ヨーロッパ諸国による植民地の争奪が繰り広げられる。スペイン・ポルトガルが南米を征服していったように、英国はアメリカ東海岸を主に、国の勅許会社や富裕層からの資金を得た会社などの支援を得て植民地化した。その数は 13 あり、13 植民地と呼ばれる。

　当時の移民は、産業革命の囲い込みにより農園から追われた小作農民や大飢饉など経済的な理由による移民層や、宗教的迫害を逃れて信仰の権利を求める入植者層であったり、またアフリカ人奴隷はじめ貧しいヨーロッパ人の年季奉公民などが強制的に連れてこられた層などであり、それぞれ入植する植民地は分かれていた。

　英国国教会による弾圧を逃れてきたピューリタン（清教徒）は 1620 年に、現在はマサチューセッツ州のボストンに入植する（因みにクエーカー教の入植集団はペンシルバニアに 1675 年から入植）。粘り強く開拓を進め、3 年後には共有制を私有制に切り替え、総督ウィリアム＝ブラッドフォードを選出し、住民全部が参加するタウン＝ミーティングを基礎とする、マサチューセッツ湾植民地議会（自治体）を造った。このタウンの自治は他の 13 植民地全体に広がり、一定の自治が認められていた（最終的な権限は総督を通じて本国政府が持っていた）。

　新たな土地に自らの宗教の牧師や地域のリーダー育成と富裕層の子弟教育を目的に 1636 年にマサチューセッツ湾植民地議会は「学校またはカレッジ」新設のために資金 400 £を支出することを議決した。教養を

幅広く身につけ、決断力を養い、リーダーシップをとれる人間になる教育をする（リベラルアーツ教育）、リベラルアーツ・カレッジ、ハーバード大学の始まりである。

　アメリカ国家の形成前に設立されたこのカレッジは、それ以降、大学の資産の管理を寄付者から委託された理事会（Board of Trustees）と州政府の代表によって管理された。カトリックの影響下にない本国英国のケンブリッジ大学の伝統を受けて、宗派や国家ではなく、大学の寄付者が理事会に運営を委託する設置形態となった。

2.　ハーバード大学の創設

(1) ハーバード大学の成り立ち

　1639 年、清教徒派の牧師ジョン・ハーバードが遺贈した財産と蔵書をもとにカレッジとしての活動が本格的に稼働し始め、同時に「ハーバード・カレッジ Harvard College」という名称が用いられるようになった。

　「なぜハーバード大学というのか？」と聞かれたら、「ハーバードという人が創立したから」と答えるのではないだろうか。しかし、実際は寄附者の名前を付したのであって、ハーバード大学の創設は、実は明確ではない。1636 年 9 月 18 日に招集されたマサチューセッツ湾植民地議会で「学校またはカレッジ」新設のために資金を支出することが議決されたため、この年が創立年とみなされている。

　ハーバード大学の HP には、「大学の将来の同名であり最初の恩人であるジョン・ハーバード」と記されている。1638 年にジョン・ハーバードの遺贈 400 冊の本と彼の財産 1/2 を受けて、議会で承認を得た「学校またはカレッジ」は本格的にカレッジ活動を始め、1639 年に「ハーバード・カレッジ」と名称される。

　しかし、ジョン・ハーバードが、いつ、どこに生まれ、どこで教育を受け、どんな仕事をしていたかあまり知られていない。筆者も全く知らなかった。

(2) ケンブリッジ大学を訪問　―ジョン・ハーバードが卒業生と知る

　前述したように筆者はリフレッシュ休暇を使い、プライベートで英国大学を訪問した。その際に、エマニュエル・カレッジ（1584年創立）の図書館も許可を得て訪問した。その後、チャペルへ行くと両サイドのステンド・グラスの窓に卒業生の肖像画があり、左側の2番目に、「ジョン・ハーバード（1607-1638）：ハーバード大学ファウンダー」をみつけた。

　彼がケンブリッジの卒業生とは知らず、驚いた。後で知ったのだが、このカレッジは、英国国教ではなく清教徒のカレッジであったのだ。あぁ、だからハーバード大学のある地名を「ケンブリッジ」にしたのだな、とそれで分かった（筆者注：ハーバード大学は米国マサチューセッツ州ボストン近郊（約5キロ）のケンブリッジにある）。

(3) シェイクスピアとハーバード・ハウスとジョン・ハーバード

　ケンブリッジ大学の後は、シェイクスピアの生まれ故郷のストラトフォード・アポン・エイボンを訪ねる。ここで「Harvard House」とある家を発見する。閉鎖中で入れなかったが、後にこの家でジョン・ハーバードが生まれたことを知った。ジョンの母の実家だったのである。

　ジョンの父親のロバートは1605年、ロンドンからジョンの母親となるキャサリンを訪ねているが、この出会いをセットしたのはシェイクピアという説があるそうだ。なぜなら、ロバートもシェイクスピアも同じロンドン・ブリッジに近いセイント・セイバー教会（現サウスウォーク・キャセドラル）の会員であったので、その可能性もなくはない。

　1605年4月、キャサリン21歳のときに、2人は結婚し、1607年11月26日に生まれたジョンは、ロンドンの聖救世主教会（現在のサザーク大聖堂）で洗礼を受けている。　シェイクスピア（1564-1616年）はこの地に生まれ、ハーバード・ハウスの前にあるグラマー・スクールに学んでいる。青年時代にロンドンに出て俳優となり、のちには座付き作家

になった。ジョンはシェイクスピアが亡くなったとき9歳であるが、両親との関係から、この2人は会っているに違いない、と思いを廻らした。

　ハーバード・ハウスは1908年、卒業生が買い取り、翌年、ハーバード大学に寄贈。現在はシェイクスピア財団に管理を委ねている、とハーバード・ガゼット紙（1999年6月10日）が報じていた。

(4) なぜジョン・ハーバードは財産を遺贈できたのか

　ジョンは1632年にケンブリッジ大学を卒業して学士、1635年修士を得る。1636年4月、アン・サドラー（1614-1655年）と結婚。1637年の春か夏に、新妻とともにピューリタンの使命を負って米国ニュー・イングランドに渡る。そしてマサチューセッツはチャールズ・タウンの教会牧師アシスタントとして1年仕えたが、1638年9月14日に肺結核の病で亡くなる。30歳の若さであった。

　ジョンは、所有する土地の半分とお金の半分（600ポンド）は妻に、残りの土地とお金及び全蔵書230冊（筆者注：ハーバード大学の「FACTS」では400冊）を1636年に創立されたばかりのカレッジに寄贈したい、と遺言した。

　カレッジ理事会は、ジョンの遺贈に謝して、1639年にハーバードの名を冠するカレッジとする決議をし、以来、ハーバード・カレッジで学んだ学生たちは、「ジョン・ハーバードの息子たち」と言われるようになった。

　なぜジョンはそんなに若いのに、大きな財産があったのであろうか。ジョンの父ロバートはロンドンのサウスウォークで肉屋を営み、地域の人たちから敬愛されて財をなし、また母キャサリンはストラトフォード・アポン・エイボンの資産家の娘であったといわれている。ところが1625年、サウスウォーク地域で流行したペストで父と兄弟3人を1度に亡くし、母は2度再婚するも、1635年、2千ポンドの財産を残して亡くなる。また、ただ1人生き残っていた兄弟のトーマスも1637年に逝く。そしてジョンも、ハーバード家の財産を1人で受け継いだものの1638年に亡くなり、ハー

バード家はここで絶えた。当時のかの地の衛生状態が思いやられる。

　以上は、『ハーバードの世紀─アメリカを創った名門大学─』（著者：R. N. スミス　訳者：村田聖明・南雲　純発行所：早川書房 1990 年 1 月 31 日初版発行）を再読し、記述したものである。この本は 539 頁にも及ぶハーバード大学長の列伝である。最後に紹介された学長は、原書出版時の 1971 年にはまだ現役だった第 25 代デレク・ボック学長である。（在任は 1991 年まで）。一読するにはなかなか根気が要るが、歴代の総長が発した言葉には心打たれた。

　参考までに上述の『ハーバードの世紀』と『ヒストリカル・ファクツ』に基づき、時系列でハーバード大学の歴史を辿りたい。

(5) ハーバード大学 380 年余の歩み

　本書と以下に示す「ヒストリカル・ファクツ」から、興味深い年代のみを抜き出して紹介したい。

『ハーバード・ヒストリカル・ファクツ』（年代の（　）内は筆者注）

（About Harvard/Harvard at a Glance/History/ Historical Fact　https://www.harvard.edu）

　因みに、ハーバード大学の 2018 年現在の学部生は 6,700 人、大学院生は 16,250 人。大学院生が学部生の 2 倍強いる研究大学である。

＜創立から 19 世紀前半まで＞

1636 年	ニュー・タウン（翌 1637 年にケンブリッジに改称）にニュー・カレッジと称して創設。しかし、1638 年までは運営できず、1639-40 年度は閉鎖（この 1639 年、ハーバード・カレッジと命名している）。
1640 年	初代カレッジ・プレジデント（学長）に任命されたのは、牧師のヘンリー・ダンスター（Henry Dunster、1609-1659 年没）。ケンブリッジ大学マグダレーン・カレッジ卒。31 歳で学長になり、14 年奉じる（在任 1640-1654 年）。
1642 年	最初の卒業生は 9 人。
1654 年	第 2 代チャールズ・チャウンシー学長(Charles Chauncy、1592-1672 年没、在任 1654-1672 年) もケンブリッジ大学トリニティ・カレッジ卒。

1654 年 （つづき）	第 3 代以降の学長を調べた。第 25 代までは全員、ハーバード大学の卒業生。20 世紀末の第 26 代ネイル・ルーデンスタイン学長（Neil L. Rudenstine、1935 年生まれ～、在任 1991-2001 年）からは、学部は他大学の卒業生で、大学院はハーバード卒となっている。20 世紀末にハーバードは変わったのだ。
1692 年	インクリース・マザーにハーバード大学初めての神学博士号（Doctor of Sacred Theology）を授与。なお、彼は第 6 代学長（在任 1681-1701 年）を務めている。
1764 年	創立時のハーバード・ホール焼失、収集蔵書約 4,000 冊全焼。但しジョン・ハーバードからの遺贈本の中の 1 冊は辛うじて残ったとある。
1780 年	医学教育を開始。マサチューセッツ憲法で「ユニバーシティ」と称することを正式に認可。これ以降、主に専門職のスクールを設置。
1782 年	メディカル・スクール設置。
1810 年	第 14 代ジョン・カークランド学長（John Thornton Kirkland、1770-1840 年没、在任 1810-1828 年）時代は、「ドイツ式の研究方法の影響が教室にあらわれ……若手の学者たちが自主的にドイツを視察して、学生が自分でカリキュラムを編成できるドイツ式の選択科目制度の改革運動をしたが……ほとんど果たさず終わった（スミス；p.37）」とある。
1816 年	ディヴィニティ・スクール（神学校）設置。
1817 年	ロー・スクール設置。
1829 年	第 15 代ジョサイア・クインシー学長（Josiah Quincy、1772-1864 年没、在任 1829-1845 年）の時、「ハーバードは、前任のカークランド学長とともに見事に開花した（スミス；p.39）」が、……「クインシー学長（この間にエベレット学長が 4 年在任）の後の第 17 代ジャレット・パークス学長（Jarrett Parks、1789-1866 年没、在任 1849-1853 年）は、クインシー学長が一時的に関心を寄せた選択科目制に背を向け、ハーバードは失速したようだ（スミス；p.54）」とある。

＜第 21 代エリオット学長 40 年の時代＞

1852 年	イェール大学とのボートレース（ウィニペソーキー湖）があった時、エリオットは講師になっていた。 「エリオットはエネルギーのはけ口にボート・クラブに入会。ライバル大学の身なりのよいクルーをみて、……深紅色（クリムゾン*）のスカーフを買ってきて、ハーバード・クルーが一目でわかるようにした（*「ハーバード・クリムゾン」という学生新聞がある）。 以来、これがハーバードを象徴するスクール・カラーになった。エリオットは……暇を見て化学の教科書を著し、評価を高め、ハーバードで最初の専任の講師になったが、5 年で罷免。くじけることなく、妻子とともにヨーロッパに旅立ち……古い世界の教育の成果を視察したが、……新しい世界

1852 年 (つづき)	(アメリカ)の教育の優秀さに意を強くして、……1865 年に帰国後、新設の MIT の教員になった。この頃、……コロンビア大学学長がアメリカの大学の就学数が低減傾向にある(筆者注：ギリシャ語とラテン語が必修だったかららしい)と発表して、……(エリオットは、)選択科目制度の復活の可能性についてかつてないほどの関心をもった(スミス；pp.57-59)」という。 自由選択科目制度の先覚者はエリオットと普通論じられているが、1810 年創立のベルリン大学からの影響を受けて、先に試みた学長たちがいた。その上で、後にエリオットがようやく実現させていることを知った。このことを思うとき、大学のリーダーには強い信念と実現のためには相当の忍耐力が必要だな、と感じ入った。
1862 年	人文・科学研究スクール設置。第 20 代学長トーマス・ヒル牧師(1843 年度卒業)。選択科目制を推進し、広く他大学からの教授陣の任命を開始。
1867 年	デンタル・スクール設置。
1869 年	第 21 代チャールズ・ウィリアムス・エリオット学長(Charles Williams Eliot, 1834-1926 年没)は在任 40 年(1869-1909 年)、最長の学長であった。ハーバードで化学を学び、学長になる前は MIT で分析化学の教授をしていた。就任にあたり 105 分の演説をしている。 「この大学は、文科と理工科の間に真の対立があるとは認めない。数学か、古典か、科学か形而上学かという視野の狭い選択にも賛成しない。われわれは、これらすべてを尊重し、しかもそれぞれの最高のものを取り入れる(スミス；p.61)」と、自由選択科目制を前学長よりも強力に進めた。 それだけではない。選択科目が増えれば教師が不足する。「1840 年の大学案内では 32 名の教授と 73 の科目だったのが、40 年後は講師だけでも 169 名になり、科目数は 400 に増え、……成績をアルファベット順で示す制度に変えた(スミス；p.73)」。そして、教授の陣容を揃えるため「高名な学者に"召集令状"を出した(スミス；p.20)」。科目数が増えて科目に番号、いわゆるナンバリングを付したといわれる。 ※なお、自由選択科目制についての詳細は、後掲する福留氏の論文を読んでほしい。
1879 年	ラドクリフ・カレッジ(女子大学)に 27 人入学。
1894 年	ラドクリフ・カレッジを法人組織化。
1903 年	全米最初のコンクリートのフットボール・スタジアム完成。
1908 年	ビジネス・スクール設置。

<第 22 代ローウェル学長 24 年の時代から 20 世紀末まで>

1909 年	エリオットの後任、第 22 代アボット・ローレンス・ローウェル学長(Abbott Lawrence Lowell、1856-1943 年没)は在任 24 年(1909-1933 年)。政

1909 年 （つづき）	治学者であり数学者でもあったようだが、エリオットの自由選択科目制を批判し、いわゆる今日の「専攻」制度と幅広い教養科目の選択による教育を推進。それを効果あらしめるために、チューター制度と少人数教育を導入して学寮を建設し、1 年生の入寮を義務化した。さらには全学生にも学寮化を進めて、ともに住み、ともに食事をして学習し、チューター及びファカルティ（教員）とともに過ごす環境を創った。思えば、英国のケンブリッジ大学の学寮制度を取り入れたようで、今日みられるハーバード学苑を作り上げた観がある。そういえば、ワイドナー図書館をはじめ、化学実験室、博物館、音楽館、室内競技場の建設はローウェル学長の時代。
1913 年	パブリック・ヘルス・スクール設置。
1915 年	ワイドナー家からの寄附金でワイドナー図書館開館。
1920 年	ビジネス・スクール設置。エデュケイション・スクール設置。
1933 年	第 23 代ジェイムス・B・コナント学長（James B. Conant、1893-1978 年没、在任 1933-1953 年）は化学者で、ハーバード創立 300 年祭を執り行う。女性の大学院入学も初めて許可しているが、彼の最大の業績は、1930 年代末から始まった「アップ・オア・アウト（Up or Out）」政策、すなわち研究基準を厳格化し、8 年間で基準を満たしていない者は再契約しないことにした。また、後継の教授陣の身内からの採用をやめて、学外の専門家グループの意見を聞いて公開採用を始めている。
1944 年	IBM MARK 1 コンピュータ運用開始。
1968 年	ケネディ・ガバメント・スクール設置。
1969 年	学生ストライキ、ユニバーシティ・ホール占拠。
1975 年	学部入学条件を男女同じにする。
1978 年	コア・カリキュラム制度がこの年開始されているが、2000 年代になってこの制度の見直しがあった。2004 年 4 月、文理学部は評価報告書を出し、以来、論争が続いた。この研究は、大学行政管理学会会員、深野政氏が、「ハーバードのカリキュラム改革―5 年間の軌跡」（https://researchmap.jp/?action=cv_download_main&upload_id=29531）と題して発表している。
1979 年	第 25・27 代デレク・ボック学長（Derek Bok、1930 年生まれ〜、在任 1971-1991 年及び 2006-2007 年）はスタンフォード大学出身。学位は 1954 年にハーバード・ロー・スクールで J.D.（法務博士（専門職））、1958 年にジョージ・ワシントン大学で A.M.（Master of Art）を取得している。その後、ハーバード・ロー・スクール学院長を経て学長。開学以来最大の募金キャンペーンを開始。
1999 年	ラドクリフ・カレッジを併合し、女子のカレッジを閉校。

＜第 28 代ファウスト学長の時代＞

2007 年	工学・応用科学スクール（学部・大学院）設置。

2007 年 （つづき）	ドリュー・ギルピン・ファウスト（Drew Gillpin Faust、1947 年生まれ～）第 28 代学長就任。ブリンモア・カレッジ卒。ペンシルベニア大学大学院修了後 24 年間、同大学でアメリカ南北戦争史の教授。2001 年にラドクリフ高等研究所長。初めて他大学の学部卒、大学院卒で、しかも女性初めての学長に就任。
2010 年	ファウスト学長と海軍長官、学部学生の ROTC プログラム（予備役将校訓練課程）再開にサイン（ベトナム戦争の激化で約 40 年中断していた。なお、翌 2011 年から入隊資格をゲイ及びレスビアンでも可とする連邦議会の改正があった）。
2011 年	卒業式を前に死去したネイティブ・アメリカンの学生に学位（学士）を授与。
2013 年	ファウスト学長、高等教育界最大の「ハーバード・キャンペーン」開始。ファイナンシャル・エイド、3,000 万ドルを得て、トータル 1 億 8,200 万ドルになる。
2014 年	89 年度卒業生からハーバード・カレッジに 1 億 5,000 万ドルの寄附及びモーニングサイド財団からパブリック・ヘルス・スクールに 3 億 5,000 万ドルの寄附があり、T. H. Chan の名前をスクールに冠した。
2015 年	80 年度 MBA 卒業生から、開学以来最高額の 4 億ドルの寄附。寄附者の名前を冠する John A. Poulson 工学・応用サイエンス・スクールに改名。

＜第 29 代バコウ学長＞

2018 年	ローレンス・S・バコウ（Lawrence S. Bacow）、第 29 代学長に就任。MIT で理学士（経済学）。ハーバード・ロー・スクールから J.D.（法務博士（専門職））、同ケネディ・ガバメント・スクールから M.P.P.（公共政策修士）、そして同大学院アート・サイエンス・スクールから Ph.D. を取得。MIT で 24 年、環境学研究の教授として教え、同大学学長（Chancellor）として 3 年。その後、タフツ大学の学長を 3 年務めた後、ハーバード大学学長就任。研究分野の広さは驚異的である。

＜第 30 代クローディン・ゲイ学長（現職）＞

2023 年	クローディン・ゲイ（Claudine Gay）、2023 年 7 月 1 日に第 30 代学長に就任。MIT で理学士（経済学）。黒人（配置系）として初めて就任する、女性としては 2 人目の学長となる。 　2000 年から 2006 年までスタンフォード大学政治学部の助教授、その後ハーバード大学へ移り、2015 年 7 月にはハーバード大学社会科学部長。2018 年 7 月、ハーバード大学人文学部教授会のエッジャリー・ファミリー学部長に就任し、2023 年より現職

　以上、ハーバード大学で主な改革に取り組んだ学長を中心に、時系列にみてきた。エリオット学長の40年に及ぶ任期は例外的ではあるが、時代とともに短くなっていく。それ以前の1800年代初めまでは、8人もの学長が驚くことに執務室で亡くなっていて、当時の厳しい環境が偲ばれる。この時代の多くは牧師が学長になっていた。

　初代学長のヘンリー・ダンスターと第2代のチャールズ・チャウンシーはケンブリッジ大学卒であるが、第3代のレオナルド・ホア学長はハーバード卒業後、1671年にケンブリッジ大学に留学（M.D.（医学博士））し、第4代のユリアン・オークス学長はハーバード卒業後、英国で教会のポストを得てグラマー・スクールの校長を務めたのち、母校の学長になっている。

　このことからも、草創期からハーバード・カレッジは英国流、ケンブリッジ大学流で教育し、牧師を養成したと思われるが、エリオット学長就任後に大きくハーバードは発展した。特に21世紀になってからの資金調達力は目覚ましいものがある。

(6) 学士課程カリキュラムの自由選択科目制

　ところで、エリオット学長が導入した自由選択科目制と科目のナンバリングについては、以下の論文がある。これは、エリオット学長退任後のローウェル学長による自由選択科目制の見直しについての論考である。

　「20世紀前半におけるハーバード大学のカリキュラムの変遷―自由選択科目制から集中―配分方式へ―」大学経営政策研究第5号、福留東土（東京大学大学院教育学研究科准教授）http://ump.p.u-tokyo.ac.jp/resource/04-福留（第5号）.pdf

　エリオットの40年もの長きにわたる学長職の後を務めたのは、政治学者のアボット・ローレンス・ローウェルである。自由選択科目制の見直しを行い、学士課程カリキュラムを「集中―配分」の方式に変えた学長である。

　エリオットの学生時代はまだ古典中心主義で、ギリシャ語もラテン語も必修で、しかも暗記中心主義に辟易していたようである。原則、学生は与えられた科目をとるだけで、自由に選択できなかった。

　エリオットは学長になると、たくさんの科目の中から選んで学びなさいという改革を推進する。しかし、できの悪い学生が増えたり、横着な学生は易しい科目ばかり取るという、われわれの学生時代と同じことをしたらしい。時代が違っても学生の考えることは同じだ。

　そこで「これではダメだ」とローウェル学長は、集中（concentration）して学び、且つ幅広く配分（distribution）して学ぶ方式に大改革をした。通常、集中は「専攻」、配分は「一般教育」と理解されている。

　戦後の日本の大学のカリキュラムの組み立てはこれに近い気がするが、カリキュラムはいつの時代も論争の種だ。どうしたらよい教育ができるかが問われるからである。職員は教場に立たないので関心が低く、カリキュラム改革に関しては「また仕事が増える」と消極的になる傾向がありはしないかと心配である。学生の成長を統計的に判断し、より効果的な学習のあり方の論議に職員サイドからも参加できることが必要とされる時代が来るのではないか、いや、そうでなければと思うこの頃である。

3. モリル法による州立大学の誕生と A&M・ROTC

(1) アメリカにおける Land Grant Act による州立大学の創設
①モリル法とは

　モリル土地付与法（モリル・ランドグラント法：Morrill Land-Grant Act　以後　モリル法と略す）とは、連邦政府の所有する土地を各州政府に与え、各州政府はそれを基礎として州立大学を創設することができる法であり、上院議員ジャスティン・モリルの構想である。南北戦争が始まった翌年の 1862 年に制定され、リンカーン大統領が署名している。

　これまでも州立大学は設立されていたのだが、連邦の直接関与はなかった。モリル法により、州立大学として連邦政府下の政策となり、各州政府は、与えられた土地（基本金）に州立大学を設立し、一部の売却益を運用し大学運営に活用することも可能とした。その運営への財政的なサポートはそれぞれ州政府が負うものであり、運営に連邦政府は関与しない。

　以後の連邦政府の州と大学に対する補助措置の関係を位置づける重要な法案となった。これは、すでに私立大学では、理事会によって寄附金は管理され運用に寄与するというモデルが確立していることから、州立大学においても、大学の運営には州政府は直接には関与せず、その理事会に州政府ないし公益代表が参加して、過半数をしめる、という形態がとられることになったものである。

②なぜ南北戦争中にモリル法は制定されたのか

　モリル法は南北戦争時であり、リンカーン大統領であったからこそ、議院を通過できた。というのは、18世紀後半には、欧州は産業革命による世界的な経済成長の拡大に応じて、人材育成の必要性が喫緊の課題となる。独立戦争を終えたばかりの新興国アメリカにおいても例外ではなく、地域の農業、工業発展の人材を養成する高等教育機関の需要は高まっていた。にもかかわらず、1857年にこの法案は議会で1度、審議されたが、議会の抵抗にあい、最後は保守的な大統領に却下され、頓挫する。

　なぜ、5年後のこの時期に、法案成立へ転換されたのかというと、もちろん1861年にリベラルなリンカーン大統領に代わったことが大きい。しかし、それだれだけではなく、以下の点が関わるという。

　1）前述したように入植時から州ごとに自治体が組織され、英国からの独立のためにそれら自治体が集まった大陸会議（のち連邦政府）より強い立場であり、連邦政府は権力も財政も弱い連合体であった。しかし、独立戦争に勝利したことにより、1783年パリ講和条約により英国王領であった多大な土地がアメリカ連邦政府にもたらされた

ことは大きい。この戦争にかかった他国への借金返済は 1800 年に入る前に完済される。

2) 私立大学は植民地時代に 9 校、18 世紀末に 15 校であったが、1860 年には 246 校まで増加した。それに対し、州立大学はわずか 20 校の設置数であった。しかし、私立大学は特定の宗派の管理下の基に設立され、所在も東部に偏在し、授業料も高い。伝統的なリベラル・アーツ・カレッジであり、農業・工業教育を求める社会の需要にそぐわなかった。

3) 南北戦争が始まると、政府はこれまで南部の議員たちに反対されていた「自営農地法」（ Homestead Act）を 1862 年制定し、アメリカ西部の未開発の土地、1 区画 160 エーカーを無償で払い下げた。南部は自身のプランターを守るため、西部の農地開発を拒んでいたが、戦争により議会を欠席したことにより、議案は可決された。これにより、東部は西部の州を味方につけ、南北戦争を有利なものにした。モリル法についても、同じ論法であることは想像に難くない。

（以上　「モリル法とアメリカの州立大学」　大浦　毅

『教育学術研究』32 号　第 2、3 合併号）

(2) 州立大学と ROTC （予備役将校訓練課程）

州立大学（当時はまだカレッジ）は、1868 年に ROTC （Reserve Officers Training Corps)、すなわちカリキュラム中に予備役将校訓練課程を置くことが定められた。もっとも、それ以前に陸軍士官学校（1802 年設立。所在地の地名から「ウェストポイント」と呼ばれる）や海軍兵学校（1845 年設立、1850 年アナポリスに移転）が連邦政府の下で将校を養成しているが、それ以外にも予備役将校の養成が求められたのは、戦争を経験したからであろう。

ROTC のことは、あまり日本では知られていないように思うので、付記すると、筆者が 1967 年に初めてアメリカの大学を訪問した頃は、

まだ徴兵制度があり、ベトナム戦争が激化していた時期だったので、ROTC は微妙な位置にあった気がする。徴兵制度が廃止されてからの ROTC の現状には不案内であるが、戦時体制になると志願者が増える傾向があると聞いた。ともあれ、アメリカの州立大学を想起するときは、ROTC、すなわち予備役将校訓練課程が併設されていることを忘れないようにしたい。

　モリル法により、軍事訓練がカリキュラムに含まれたことは、第 1 次世界大戦参戦の際に大いに役立だったという（Keith & Bagley The Nation and the Schools 1962）。

4.「ランド・グラント・カレッジ」

　1862 年に制定されたモリル法は、1890 年にはアフリカ系アメリカンのため、1994 年にはネイティブ・アメリカンのために改正されている。

　モリル法は大学をつくるための土地の提供をする法律である。「連邦政府から土地を供与された大学は、宗教とは無縁の A&M（Agriculture & Mechanic）、すなわち農学と機械技術の学部を作りなさい」と定めたのである。

　これにより設立された大学を「ランド・グラント（土地を付与された）カレッジ」という。2014 年のランド・グラント大学リストによれば、現在、合衆国全体で 76 大学がリスト・アップされている。モリル法の恩恵を受けた私立大学と州立大学は、以下のとおりである。

①コーネル大学とマサチューセッツ工科大学（私立）

　コーネル大学（1865 年設立）は私立であるが、ニューヨーク州の援助を受けてモリル法による学部を創設している。コーネル大学はアイビーリーグの中では最も若い大学である。私立ではもう 1 つ、職工業人材養

成を目的とするマサチューセッツ工科大学（MIT：同年設立）もランド・グラント大学である。

MIT 以前の 1863 年に、モリル法によるマサチューセッツ農科大学（現：マサチューセッツ大学アマースト校）が設立されている。規模の拡大により農科の名が消え、1931 年に州立カレッジ、1947 年にユニバーシティになっている。因みに、1876 年に新島襄の紹介で、同校を休職して札幌農学校（現：北海道大学）に赴任したのがクラーク博士である。

コーネルも MIT も私立大学として設置されているが、州政府から資金的なバックアップがあったようである。実学の教育を行う MIT は、設立当初はハーバードに相当バカにされたらしいのだが、"University" ではなく理工系の "Institute" と称し、世界に冠たる大学として今の地位を築いた。現在ではハーバード大学との共同研究や学生の単位互換制度も盛んである。

② A&M の名を今も残している大学

A&M の名を今も残している大学もある。例えば、Texas A&M University（TAMU：1876）、Florida A&M University（FAMU：1878）、Alabama Agricultural and Mechanical University（AAMU：1890）など。

③バージニア工科大学

1872 年創立のバージニア工科大学は、ランド・グラント大学である。公式には "Virginia Polytechnic Institute and State University" といい、「ポリテクニク」という大学名を残している。因みに、"Virginia Tech" という名称も 1990 年以降公式に使用されている。もう 1 つ、1882 年創立のバージニア州立大学もランド・グラント大学である。創設当時はアフリカ系アメリカンのための大学で、今もアフリカ系の学生が主流である。

ニュージャージー州のラトガーズ大学の前身はクイーンズ・カレッジで、植民地時代の 1766 年、オランダ改革派教会の支援で創立されたア

メリカで8番目に古い大学である。

　1825年に篤志家の名前を冠したラトガーズ大学に改名し、1864年にランド・グラントによりサイエンス学部を設置。従来からあったリベラル・アート学部と並列する大学になり、1945年に州立とすることが定められるが、1956年に州議会はこれを破棄した上で新たに州立大学にする決定をしている。なお、明治維新後の日本の近代化に大きな貢献をしたフルベッキ(1830-1898年)はオランダ生まれで、後にアメリカに移民。ニューヨークの神学校を卒業し、宣教師として来日した後、日本から留学生を多数送ったのがラトガーズ大学であった。その功績で同大学は1874年(明治7年)、フルベッキに神学博士号を授与している。日本の近代化に大いに関係した大学であった。

　同じバージニア州にあるウィリアム・アンド・メアリー・カレッジ（通称W&M。今もカレッジという）は、植民地時代の1693年、英国国王ウィリアムⅢ世と女王メアリⅡ世から認可を受けた、ハーバード大学に次ぐ古い大学である。私立から現在は州立になった大学であるが、ランド・グラントの提供は受けていない。それ以前に、先に掲げたランド・グラントによる2つの大学が州内にあったからだ。W&Mの歴史をみると、「1906年3月5日に同大学協議会は財産をバージニア州に移管する決定をし、州政府の援助を受ける州立となり、1918年には男女共学となった」とある。（History of William & Mary　https://www.wm.edu/）

④モリル法より前に設立された州立大学

　ランド・グラントより先に設立された州立大学がある。「最初の公立のインステイチューションとして1795年に学生を迎え入れ、最初の卒業生を1798年、"18世紀に"送り出したのは、ノース・キャロライナ大学チャペルヒルである」と同大学史にある、（https://www.unc.edu/）

5. カリフォルニア州の大学システム

(1) 州の旗艦大学である州立大学

　今日、各州にとってランド・グラントによって設立された州立大学はその州にいくつかキャンパスをもつフラッグ・シップ（旗艦）大学となっている。中でも代表的なのが 1868 年創立のカリフォルニア大学バークレー校（University of California、Berkeley：略して UCB）である。

　カリフォルニア大学バークレー校（UCB）*は、州立のカリフォルニア大学（英：University of California）の発祥校・旗艦校であり、10 大学からなるカリフォルニア大学システム（UC システム）の中で最も古い歴史を持つ。1866 年創立の私立カレッジが母体である。その後 1864 年創立の私立医学校を 1873 年に併合する（UC バークレーの D. C. ギルマン "学長" 時代。後に 1876 年創立のジョンズ・ホプキンズ大学の初代学長になる）。

　州立のカリフォルニア大学にはその後、医学系の大学院学生だけのサンフランシスコ校（UCSF）*、1908 年のデイビス校（UCD）、1909 年のサンタバーバラ校（UCSB）*、1919 年のロサンゼルス校（UCLA）*、1954 年のリバーサイド校（UCR）、1960 年のサンディエゴ校（UCSD）、1965 年のアーバイン校（UCI）とサンタクルス校（UCSC）、そして 21 世紀に入って 2005 年のマーセド校（UCM）の合わせて 10 校がある（*印は筆者が訪問したことのある大学である）。第 2 次世界大戦後の 1954 年から 65 年までの短期間に 4 校も設置されているのは、進学者の増大があったことの証左であろう。

(2) 州立大学には 2 つのパターンがある

　なお、カリフォルニア州には、カリフォルニア州立大学（California State College（University）もあり、University of California を州立だからといってカリフォルニア州立大学と訳すと全く違う大学を指してしま

うので注意されたい。

　カリフォルニア州で「州立カルフォニア大学」と称する大学は、ティーチャーズ・カレッジが母体となった大学で、初めは学部卒業後の専門職課程は持っていなかったので、「ステイト・カレッジ」と称していた。州立大学といっても、カリフォルニア大学とは違う。モリル法により払い下げられた土地の利用法は州に委ねられていることから、カリフォルニア州は、カリフォルニア大学を設立後、その余剰金から州自体の意志で州立大学を設立した。このような州自体の意志で、土地またはそれから生じる利潤から設立された州立大学と、モリル法によるランド・グランドである大学、つまり連邦政府の大学育成策の中に組み入れる大学とは、はっきり区別されている（Cubberly; State School Administration、P40）。

　ともあれ、大学名を訳するときに、カリフォルニア州に限らず、大学名に「州立」を入れるか入れないかは注意が必要かと思う。訳すときは、HP で確認する。これは大学職員として常識であるべきだと自戒してきた事柄である。

（3）カリフォルニア大学バークレーの学生運動

　カリフォルニア大学は、他の地域に拡大する前に、新たな社会的トレンドとなる公民権運動の先端を走ってきた。

　1964 年に起きたカリフォルニア大学バークレー校で学生運動が興り、急激に世界中に広がり、現在もいくつかの点は継続している。

　1964 年にバークレーの学生は何に抗議したかというと、フリー・スピーチ・ムーブメント、公民権運動、大学の大衆化に伴う学生数の増大と、授業・講義方法への批判等があったことは事実である。しかし、最も学生たちを抗議に走らせたのは、アメリカ政府のベトナムへの介入だった。成績でグレード・ポイントの悪い学生は徴兵リストに上げられた。それに抗議してコンピューターセンターを破壊する。あるいは成績評価を PASS（可）と FAIL（不可）だけにして、成績の良し悪しを分からなくした大

学もあった。

　それだけではない。教師が親に代わって面倒を見るという従来の「ロコ・ペアレンティス」の指導方法は、特に戦場から帰還してきた学生に「甘っちょろいことを言うな、教えるな」と批判されていた。すなわち従来のSPS（Student Personnel Services）では立ち行かなくなり、この頃からファカルティ・ディベロップメント、スタッフ・ディベロップメント、スチューデント・ディベロップメントの三者が「ともに成長する」必要があるとされ、その後のアメリカの教育界に大きな変革をもたらした。日本では半世紀後の今になってようやくこの問題が論じられ、実施を促されるようになったことは周知のとおりである。

　学生の抗議に大学執行部は、学内での政治活動を禁止する。これに対して言論の自由を求める学生が座り込む抗議運動を4ヶ月間展開した。その後も活発な学生運動は1970年代初頭まで続き、1969年のPeople's Parkに於ける抗議行動では参加した教師が解雇された。

　（小杉亮子「1960年代アメリカの学生運動の形成要因―バークレー闘争を例に―」社会科学年報 No.41（2012）https://www.jstage.jst.go.jp/article/tss/41/0/41_67/_pdf/-char/en）

　筆者が1967年に同大学を訪問調査した時は、かの有名な1964年の4ヵ月に及ぶシット・イン（学生の座り込み抗議運動）の余韻があった。まだベトナム戦争は終わっていなかったからである。

　ベトナム戦争はさらに激化していた。どこの大学を訪問しても、日常的に至るところに星条旗、星条旗、星条旗が掲げられていたが、一方で抗議の波は全米に広がっていることを目撃した。東西冷戦下「明日は我が身」で、学生の関心はいやが上にも高まったのである。自由主義諸国に共通する問題であったので、世界的な若者の抗議運動に展開したと思う。

　1973年1月、ベトナム戦争和平協定成立によって徴兵制度は廃止され、学生の抗議運動は沈静化。75年3月には選抜徴兵登録も廃止された。し

かし 80 年 7 月に復活、18 歳〜 25 歳のアメリカ人及び永住権のある外国人男性は徴兵登録が義務化されている。

（4）カリフォルニアの高等教育マスター・プラン

　また、大学教育に関する考え方の進展を、過去 60 年間、科学政策やその提供において世界を牽引し、先導してきたのもカリフォルニア大学である。質の高い公立大学の集中度という点で、カリフォルニア高等教育マスタープランは比類をみない。これは、1960 年、カリフォルニア大学システムの総長（1958 〜 1967 年）であったクラーク・カー博士（労働経済学者）の主導のもとに計画されたものである。

　策定、実行に当たったクラーク・カーは、カリフォルニア州の高等教育制度を 3 階建てのシステムにして、大学の質の確保と大衆化を乗り切りった。このプランはその後、他州にも大きな影響を与えたという。

　すなわち、最上階の 3 階を州立の学部と大学院修士・博士課程を設置する研究大学（University of California）に位置付けたのである。研究大学は人口の多い地域に 9 校（現在は 10 校）あり、これを「UC システム」と呼んでいる。クラーク・カーはこのシステム全体の代表であり、プレジデント（総長）と称し、各大学のトップはチャンセラー（学長）と称して区別している。入学資格は高校成績上位 12.5％のトップ・クラス、いわばエリート型の大学である。

　次に 2 階が、4 年制の学部段階を真ん中に置く CSC システム（現在は CSU システム）。これはもともとあった初等・中等教員養成の学部カレッジを母体に、例えば当初は "California State College Long Beach" という具合に「州立」と表示している。教育関係の修士号を主に授与（博士号は UC 校との共同プログラムで可能）できるようになってからはユニバーシティを名乗ることが認められ、「CSU システム」と称している。

　入学資格は高校成績上位 33.3％、マス型の大学の始まりである。因みに、1967 年にロング・ビーチ校を訪問した時は新キャンパスを建設中で

あった。キャンパス・プランの設計担当者は、その中央に図書館とスチューデント・ユニオンを置く見取り図を見せて、実に楽しそうに語ってくれた。現在、CSU システムの大学はカリフォルニア州の北から南まで 23 校ある。

　そして 1 階の基礎に当たるのがカリフォルニア・コミュニティ・カレッジ・システム（CCC システム）である。コミュニティ・カレッジは居住地域にあり、学生はそこから通学している。このカレッジは高校卒、18 歳以上は無試験で入学できる。サンフランシスコ空港を見下ろすサン・マテオ・コミュニティ・カレッジも 1967 年に訪問したことがあるが、地域住民に愛されるコミュニティ・センターの感があった。

　CCC システムのカレッジでは成人一般を対象に、職業教育の提供だけでなく、学部前半の教育と英語ができない移民等に英語の補習教育をするとともに、4 年制大学の学部 3 年編入コースでは、準学士を得た卒業生は成績に応じて CSU または UC システムの学部 3 年生に編入する道が開かれている。この上級学部へ上がることのできる制度は、学生にインセンティブを与えた。このコミュニティ・カレッジの設置は大学のユニバーサル化を促したと言われている。

　（高橋洋平「カリフォルニア大学の比類なき特徴—自律的ガバナンスと機能別分化の効用—」2015 年（平成 27 年）5 月　http://www.jspsusa-sf.org/news/wp-content/uploads//report_Univ.California.pdf）

(5) コミュニティ・カレッジ・システム

　なお、カリフォルニア州の高等教育法は 1965 年に改正され、2 年後の 1967 年に州立の「2 年制コミュニティ・カレッジ・システム」が制定されている。カリフォルニア州では 2017 年現在、115 校の CC カレッジに 210 万人が学んでいると CCC システム協議会「Facts」は報じている。

　この制度の特筆すべきところは、上級の研究大学の間に別組織の 4 年制学部（カレッジ）があって、またその下に別の組織のコミュニティ・カレッジがあるというだけなく、一貫した制度であることだ。コミュニ

ティ・カレッジを終えた優秀な学生は CSU または UC の 4 年制の学部 3 年生に編入できると先に述べたが、これはすなわち修得単位を認めるということであるから、単位の評価基準が相互に認められていることになる。これはお互いに評価に対する信頼がなければ成立しえない。それが教育の情報公開に進むわけである。

　アメリカにおけるコミュニティ・カレッジについて記したもので、下記の書籍を興味深く読んだ。また、「ビジネス報告の書き方」の見本にもなると思う。

（浅川光子「米国コミュニティカレッジに見る地域教育のあり方―生涯を通じて学べる学校―」LA-34 駐在員事務所報告 国際部、日本政策投資銀行ロサンジェルス駐在員事務所（2001 年 11 月）https://www.dbj.jp/reportshift/area/losangeles/pdf_all/034.pdf）

（6）カリフォルニア高等教育システムの普及

　このカリフォルニア州における高等教育システムの展開は他州にも広がっていく。その促進を促したのは、やはりスプートニク・ショック以降の国家防衛教育法による連邦政府の援助が始まってからである。

　これまでは土地の下附による支援であったが、多額の補助金を交付されることにより、その使途等の説明責任が生じ、大学の経営責任者や URA や RI などアドミニストレーター制度が必要とされたのである。

　この制度を最初に日本に紹介したのは、有名な教育社会学者の永井道雄氏（1923-2000 年）である。余談だが、氏は母校の京都大学助教授着任当初に、2019 年 2 月に亡くなられた日本文学者のドナルド・キーン氏と一緒の下宿になり、一度夕食の席を共にしてからは毎晩するようになって、「終生の友になった」と『私と 20 世紀のクロニクル』（中央公論新社）に書いている。「初めて東京に出かけたとき、永井さんは、幼馴染で中央公論社の嶋中さんに紹介状を書いてくれた。嶋中さんは木下順二さんを…と広がった」と。永井氏の紹介からキーンさんの世界が広がっていくのである。永井さんはその後東京工業大学に転じ、退職して朝日

新聞社の論説委員となり、三木内閣で民間から文部大臣になって高等教育行政に尽力する。

　朝日に転じる前の 1969 年に出版した『大学の可能性』は、大学関係者に大きな影響を与えた。その中に「アメリカの大学にはアドミニストレーターという専門の職員がいて大学を経営しているようだ」とあったと思う。1967 年に渡米した時、何人もの学生部長、副学長等に会ったが、彼らがアドミニストレーターと呼ばれているとは知らなかった。

　1964 年カリフォルニア大学で大紛争が起こる前に UC システム総長になっていたクラーク・カーは、「現代の University は Multiversity だ」という言葉を使った。要するに、1 人の総長が運営できないほど巨大になってしまったと。それまでのカレッジは 1,000 ～ 2,000 人程度の規模だったものが、モリル法によってできた州立大学は、広大な土地を供与されて、州民の高等教育進学への高まりを引き受けて学生数が大規模になったからである。筆者の勝手な推測であるが、日本の大規模の私立大学は教育の質を問わずに、この州立大学の考え方を結果的に受け容れたのではないのか。同時に、なぜ国立大学は進学者の増大を受け入れなかったのかという疑問。敗戦したこともあるが、モリル法を考えると、日本の高等教育政策は進学者の増大を私学に委ね、相当に安上がりでやってきたものだと思う。

6. 世界最初の研究大学
　　ジョンズ・ホプキンズ大学の創立

　アメリカの大学における大学院大学の先駆けと言われるジョンズ・ホプキンズ（Johns Hopkins）大学について触れないわけにはいかない。ワシントン D.C. から北東へ約 60 キロ、メリーランド州のボルティモアにある私立大学である。1876 年の創立で、同大学の歴史を読むと、「ドイツのハイデルベルク大学の理念、すなわち教育と研究を統合する理念を

もとに大学院大学として創立された」とあり、「ベルリン大学の理念（教授と研究の自由）」と書いていないところに興味深いものがある。

　ハイデルベルク大学はドイツ最古の 1386 年の創立。アメリカ最初の研究大学と言われ、特に医学分野では世界をリードしてきた大学である。同大学のホームページによれば、2016 年度の研究費は 25 億ドルとあるから、桁が違う。

　初代学長のダニエル・コイト・ギルマン（Daniel Coit Gilman）は 1831 年生まれ、1852 年イェール大学卒（学士・地理学）。同級生に後のコーネル大学初代学長のアンドリュー・ディクソン・ホワイト（Andrew Dickson White）がいた。ギルマンは、カリフォルニア大学第 3 代学長時代にはサンフランシスコ市内にある医学校を U.C. バークリー校に吸収合併、大学院学生のみのサンフランシスコ・メディカル・スクールにした後、ジョンズ・ホプキンズ大学の学長として 25 年間率いた。

　ギルマンは、設立の前にフライブルク大学他複数のドイツの大学を訪問調査している。調査の結果、教育と研究を統合するためには、大胆に、また前例にとらわれない学術研究と実験をしようと決意している。相容れない考えは無視することにしようと。「最高の教師は、図書館や実験室で独創的な研究成果を生み出すために、常に、自由にして、かつやり遂げる力と意志力を持っている」と述べている。まさにベルリン大学の理念である。

　彼がその考えを実現するためにしたことは、当代における最高の研究者を集めることであった。すなわち最高の数学者、生物学者、物理学者、古典学者、経済学者、そして化学者たちを世界からリクルートしたという。これができたのは、ジョンズ・ホプキンズ氏からの創設遺贈資金が合衆国史上最高額であったからであろう。優れた大学創設の要諦はここにある。因みに、スカウトした化学者の 1 人は 1901 年に第 2 代総長になった。

V　日本の大学の歴史

1. 明治初期の教育制度　—近代教育制度の始まり

(1) 明治初期の教育制度

　日本の教育を語るうえでは、明治の時代から大正、そして 1945（昭和 20）年の敗戦前後までの高等教育を中心に概観しておかないと、戦後日本の教育の形がどう変わったかがわかりにくいのではないか、と思う。

　筆者が生まれる前の明治、大正となると、感覚的には別の遠い世界になるが、考えてみると、明治の終わりに生まれた父母は、明治初期の時代に生まれた祖父母の影響を受け、そして筆者の父母はまた大正時代の教育を受けて成長し、その影響を受けた筆者がいる。大正時代の教育については、成長してからであるが、父母によく聞いたものだ。そうすると、明治、大正時代の教育制度はにわかに近しいものになり、もっと知りたくなった。

　筆者は日本の私立大学に学び、かつ働いた身ではあるが、日本最初の大学である、国立の東京大学の創設の経緯について知る必要があることは明らかである。

(2) 東京大学の創設に至るまで

①岩倉使節団の役割

　日本がヨーロッパの大学の存在を意識し始めたのは、幕末からである。

　ペリー来航（1853（嘉永 6）年）後、洋学研究の必要を痛感した幕府は、洋学所を 1855（安政 2）年に設置して洋書の翻訳・研究を行わせ、さらに翌年の 1856（安政 3）年に蕃書調所と改称した（「日本における大学の

形成 と「戦後の学制改革」太田明『愛知大学史研究』創刊号　2007）。

　特に、幕末から明治維新後にかけて蕃書調所から頻繁に名称を変えているのは、生みの苦しみかともいえる。無から有とするために先人たちは、幕末・明治初期に、西洋の教育制度、大学制度を学び、東京大学を設立している。

　すなわち、1871（明治 4）年に明治政府は岩倉使節団を欧米に 1 年 9 ヵ月派遣する。この中には伊藤博文、大久保利通、木戸孝允（桂小五郎）、渡辺洪基（慶應義塾出身で初代帝国大学総長、工学院創設者等）、久米邦武（『特命全権大使米欧回覧実記』の編者、帝国大学・早稲田大学教授）、山田顕義（軍人、政治家、現・日本大学、國學院の創設者）、田中不二麿（教育行政家、文部大輔）等が、そして 6 歳の津田梅子（津田塾創設者）も留学生として派遣されている。

　久米邦武編『米欧回覧実記』（岩波文庫全 5 冊：田中彰校注 1977-1982 年／単行版 1985 年）には、1871（明治 4）年 12 月～ 1873（明治 6）年 9 月までの岩倉使節団の米欧派遣報告書や当時の米欧事情が描かれていて大変面白い。

②東京大学のルーツ（江戸時代から創設まで）

　東京大学の創設は 1877（明治 10）年。東京大学の HP『東京大学の概要』に沿革をまとめた図表があり、この大学の前史・ルーツを知るには一番わかりやすい。（次ページの図参照）。

　この図をみると、幕末から明治維新にかけて、目まぐるしい組織の変更があったことがわかる。生みの苦しみを経て東京大学はテイク・オフしたのだ。

『東京大学の概要 2023』の「沿革とルーツ」（p.9）の説明によれば、

　　「東京大学の組織は、東京開成学校と東京医学校の統合再編によって生まれたものである。後者の東京医学校は、その起源を安政5（1858）年に神田お玉ケ池に開設された種痘所に有している。前者の東京開成

学部・大学院沿革

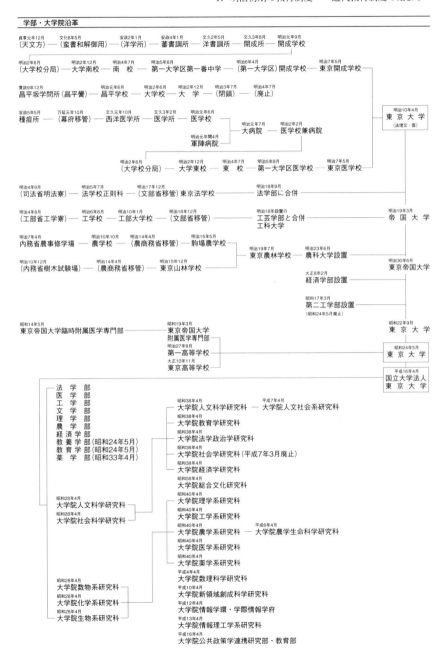

出典：東京大学HP『東京大学の概要』

　　学校は、江戸幕府が文久3（1863）年に開設した開成所の系譜に連なり、
　　この開成所は、安政4（1857）年に設置された蕃書調所から改組さ
　　れたものである。」

と簡単な説明であるが、蕃書調所に至る以前の天文方と医学部のルーツ
とされる種痘所については別に沿革略図で紹介している。但し本稿では、
1871（明治4）年に閉鎖されている昌平坂学問所（昌平黌）の流れは省
略する（以下、西暦は筆者の追記）。

③東大の法理文・医の流れ（江戸後期から明治初期）

　明治初期の東京大学に至るまでの法理文・医の流れを紹介したい。

【法理文の流れ】

　（天文方）：1684（貞享元）年12月→（蕃書和解御用）：1811（文化8）
年5月→（洋学所）：1855（安政2）年1月→蕃書調所：1857（安政4）
年1月→洋書調所：1862（文久2）年5月→開成所：1863（文久3）
年8月→開成学校：1868（明治元）年9月→（大学校分局）：1869（明
治2）年6月→大学南校：1869（明治2）年12月→南校：1871（明
治4）年7月→第1大学区第1番中学：1872（明治5）年8月→（第
1大学区）開成学校：1873（明治6）年4月→東京開成学校：1874（明
治7）年5月→東京大学（法・理・文）：1877（明治10）年4月となり、
同年、東京医学校と合併し東京大学（法理文・医）

　なお、天文方とは　「江戸時代、天文、暦算に従事した幕府の職名」（『日
本大百科全書（ニッポニカ）』の解説）である。江戸の浅草、九段の司天台（天文台）
を管理し、1811年より蘭書・外交文書などの翻訳、調査に従事した蕃書
和解御用掛を監督した。明治の太陽暦採用以降、編暦の仕事は天文暦道局、
さらに現在の国立天文台に受け継がれた。

【医の流れ】

　種痘所：1858（安政5）年5月→（幕府移管）：1860（万延元）年
10月→西洋医学所：1861（文久元）年10月→医学所：1863（文久3）

年2月→医学校：1868（明治元）年6月と軍陣病院：1868（明治元）年閏4月が合併→大病院：1868（明治元）年7月→医学校兼病院：1869（明治2）年2月→（大学校分局）：1869（明治2）年6月→大学東校：1869（明治2）年12月→東校：1871（明治4）年7月→第1大学区医学校：1872（明治5年8月）→東京医学校：1874（明治7）年5月→東京開成学校と合併して東京大学：1877（明治10）年4月、

④東大の工・農の流れ（江戸後期から明治初期）

工科大学のルーツは1871（明治4）年8月設置の工部省工学寮で、1886（明治19）年に工部大学校（場所は現・文部科学省）と統合され、日本最初の高等教育機関として帝国大学が設立された。大学創設当初から工学部を置いていたのは、アメリカのモリル法を知って設置したに違いないと思わざるをえない。このとき大学院も設置されている。

もっとも工部大学校の創設に当たっては、イギリス人の指導を受けている。余談だが、第1回建築（造家）科の卒業生だった辰野金吾は、日本銀行本店、東京駅丸の内駅舎等の設計者で、いまも堅固な建物でその名を残している。

また、農学部のルーツは1874（明治7）年4月設置の内務省農事修学場及び1877（明治10）年12月設置の内務省樹木試験場であるが、これは1890（明治23）年に農科大学となり、帝国大学に吸収合併している。

⑤江戸時代の遺産を継承した西洋の学問

以上、どちらの流れも実にめまぐるしく変遷している。このように日本の学校のルーツは、ヨーロッパ中世以来のユニバーシティとは全く違う形成をなしたといえるであろう。　学校法制から見ても、明治初期の大学は変遷はなはだしい。「1877（明治10）年の東京大学を一つの画期とするとそれは、江戸時代以来の役所、明治初期の新たな役所・教育機関などが複雑に再編・糾合されて発足したとみることもできよう（前

掲 太田 2007)。

　なお、これ以降の大学設立の西暦・年号表記は原則、「年表：資料にみる日本の近代 開国から戦後政治までの軌跡」（国立国会図書館ホームページ）による。

（3）東京大学の創設
①東京大学創設前の胎動

　東京大学創設にあっては、文部省学監として 1873（明治 6）年 6 月に招聘されたモルレー（Murray、David）が初等教育制度、東京大学、女子師範等の設立について田中不二麿大輔に助言をしたと記されている。

　なぜモルレーが選ばれたのかというと、岩倉使節団が調査でラトガース大学に赴いた折、同大の教授モルレーがアメリカ駐在公使森有礼の質問に答えた「日本教育に関する意見」が彼らの目に留まったらしい。

　モルレーは、そのほか「学制」改正の参考資料とするための改正案作成に携わった。モルレーは 1878（明治 11）年契約が終了し、翌 1 月帰国した（『明治の学び』Ⅱ近代教育の整備　教育令　国立公文書館）。

　ラトガース大学は、アメリカ植民地時代に創設された全米で 8 番目に古い歴史をもつ名門の州立大学である。

　ちょうど 1876 年は、研究型のジョンズ・ホプキンズ大学創設（1876 年）と同時期に東京大学が生まれていることを知ると、幕末の先覚者たちは実によく学んだものだと、胸が熱くなる。しかも明治時代最後の内戦とも言うべき西南戦争（1877（明治 10）年）と同時期であった。政府は財政危機に遭遇、草創期の大学運営には苦労したに違いない。

②東京大学の誕生

　東京大学は 1877（明治 10）年に創設された。

　その創設に関わったのは、明治期の政治家で教育者である加藤弘之である。加藤は、1836（天保 7）年外様大名の出石藩の藩士の長男に生まれ、

出石藩の藩校弘道館で学んだ後、済美館や致遠館でグイド・フルベッキの門弟として学ぶ。このとき教頭相当の働きをしていた大隈重信、副島種臣の知遇を得る。のち江戸に出て、佐久間象山に洋式兵法を学び、幕臣として蕃書調所で教授手伝い、開成所では教授職を務めていた。

　維新後は、洋書進講担当の侍講等を経て東京開成学校の総理（校長）に就任する。当時、東京開成学校は専門学校の位置付けであったので、就任と同時に、この学校を「開成大学」に昇格させるべきと文部省（1871（明治4）年設置）に進言し、同年4月12日、開成学校本科と東京医学校とを統合して、1877年東京大学法・理・文の3学部及び医学部と予備門を設置し、東京大学は誕生する。

　その時の最初の総長は渡辺洪基（39歳）。福沢諭吉に師事した義塾の卒業生（慶応元年）で、1871（明治4）年の岩倉使節団に随行している。前職は東京府知事であった。

　加藤は、1881（明治14）年には職制を制定して東京大学第2代総理（法・理・文・医の4学部と予備門）になり、1886（明治19）年1月まで務めている。（「志ある卓越。」東京大学ホームページ）

③東京大学創設時の教員

　設立はしたものの、当時、洋学を教える教師はどうしたのであろうか。
　東京大学が創立120周年記念展を開催1997（平成9）年に、総合図書館は「著作・記録に見る『お雇い外国人』の足跡」を企画して展示した。それによると、「東京大学」創立までに、文部省雇い入れ教師の約20％がお雇い外国人で、その数は約50人に達していた。政府は、迅速に西洋の知識・技術を取り入れるために、破格の高給を支払いながら数多くの外国人専門家を雇い入れたのである。「帝国大学」発足とともに幾分増加したが、やがて20人前後に落ち着いた、とある。文部省が海外に派遣した留学生が修業を終え、帰国して教えるようになったからである。

2. 戦前の初等中等教育制度─明治から昭和20年代

　政府は1886（明治19）年3月2日に帝国大学令を、同年4月10日
に初等・中等・高等の学校種別を定めた勅令（学制）を公布する。以下、
文部科学省の『学制百年史』から、明治から昭和20年代までの初等中等
教育の制度化を時系列に概観してみよう。

(1) 小学校の変遷　─小学校の義務教育化。後に6年制へ

　第1次小学校令では、小学校は、尋常小学校4年、高等小学校4年、
合わせて8年の修業年限は学制公布以来変わりないが、尋常小学校の義
務教育化4年以内を規定した（小学校令）。

　第2次小学校令は1890（明治23）年に全部改正され、義務教育を3
年又は4年、高等小学校の修業年限を2年、3年又は4年に改正。

　第3次小学校令は1900（明治33）年に再び全部改正された（8月20
日公布、9月1日施行）。このとき尋常小学校の義務教育修業年限を4年
に統一したのは、将来の義務教育の年限を6年とすることに備えた。そ
して2年制の高等小学校を尋常小学校に併置したこと。公立の尋常小学
校では授業料を徴収してはならないことを規定した。その後、1907（明
治40）年に義務教育は6年に改正。

　時代は下り、国民学校令が1941（昭和16）年3月1日に公布、4月
1日に施行されて、初等科（旧尋常小学校）は6年、高等科（旧高等小学校）
は2年の修業年限に改正され、義務教育が8年間となったのは、戦時色
が強くなる頃であった。

(2) 中学校の変遷　─初期の中学校は旧制高校と旧制中学校へ

　旧制の中学校令は、1886（明治19）年の帝国大学ができた同時期に
それまでの教育令を廃止のうえ改正され、これ以降半世紀余も改正され
なかった。

　この中学校令により、中学校は高等中学校と尋常中学校の2つに分けられた。なお、高等中学校は1894（明治27）年6月の勅令による高等学校令が同年9月に施行され、高等学校（いわゆる旧制高校）と改称された。また、尋常中学校も1899（明治32）年に中学校（以後、「旧制中学校」という）に改称された。

　高等中学校は、当初全国に5校が設置され、その経費は国とその地方の府県の地方税によるとされた。いわゆる旧制高校は、帝国大学入学者のための大学予科（修業年限3年）のはじまりである。

　一方、尋常中学校は各府県1校の原則で設置され、1891（明治24）年から複数校の設置が認可された。修業年限は5年だが、成績優秀者は4年修了で高等学校に進学できた。いわゆる飛び級である。尋常中学校それ自体が当時はエリート・コースで、その中のさらに秀才が旧制高等学校に進学した。旧制の中学校には地域の小学校の秀才しか進学できなかった時代で、一時は全国に旧制中学校が50校あったという。

　当初、尋常中学校では、実務に就く者と上級学校に進む者とを教育していたが、次第に基礎教育を重視する方向になり、のちに1894（明治27）年公布の高等学校令によって（旧制）高等学校に改められ、帝国大学への予科教育を担った。

(3) 大学予科としての旧制高等学校

　旧制高等学校は、当初は一高・東京高校（東京大学）、二高（東北大学）、三高（京都大学）、四高（金沢大学）、そして五高（熊本大学）の5校で、最終的には48校できた。なお、一高は新制大学になってから東京大学教養学部に、東京高等学校は東京大学教育学部になっている。

　その後、六高（岡山）、七高（鹿児島）、八高（名古屋）ができて、これがいわゆる旧制高校のナンバー・スクールと呼ばれた。これ以降は新潟、松本、山口、松山、水戸、山形、佐賀、弘前、松江、大阪・浪速（府立7年制）、浦和、福岡、静岡、高知、姫路、広島と所在地を冠した旧制

高等学校が各地に置かれた。

　なお、新潟高等学校等の所在地名の高校は、改正高等学校令が 1918（大正 7）年に公布され、翌年 4 月施行されたあとにできた。設置者の規定が緩和され、官立以外の公立でも私立でも可能になったからである。

　なお、私学では学習院高等科（皇族・華族、当時は官立）、武蔵（根津財閥）、甲南（平生釟三郎等の関西財界人）、成蹊（三菱財閥）、成城（沢柳政太郎）、及び富山（地元の素封家寄付で公立）が 7 年制の旧制高等学校として設立、帝国大学に進学できた。例えば、作家の三島由紀夫は学習院から東京帝国大学法学部に進んでいる。旧制高校生といえば、夏目漱石の『三四郎』を思い出す。主人公は熊本の旧制第五高等学校の卒業生。あるいは、川端康成の小説『伊豆の踊子』の主人公は 19 歳の一高生、すなわち東京駒場にあった第一高等学校の学生であった。当時の秀才、エリート予備軍だったわけである。

　旧制高校は戦後の学制改革により、多くの国立大学では文理学部、あるいは教養部となって大学学部生の基礎教育を担ったが、現在、教養部は解体されて新学部等になっていることは周知のとおりである。

(4) 師範学校の制度整備

　小学校教員の養成のために、初代文部大臣の森有礼は、先ず師範学校の整備に力を注いだという。人を育てるには優れた教師が先ず必要だと考え、しかも小さい子供からの教育が重要だと考えていたからである。また大学教師の採用でも、優れた後継者、学生を育てるには、優れた教師を選考することが優れた大学にする、そういう考えをもって、明治草創期の時代に教育行政に奉じた。まさに卓見であろう。森有礼、田中不二麿両文部大臣の先見性には驚きを禁じえない。

　明治政府は 1872（明治 5）年から「学制」を置き、全国を 8 大学区に分けて官立師範学校を設置したが、1879（明治 12）年に教育令が公布され、大学区制は廃止されている。

　この教育令の起草に当たったのは、時の文部大臣の田中不二麿である。文部科学省ホームページ『学制百年史』の「四　教育令の公布」「教育令の起草と公布」によれば、

　　「明治 11 年 5 月に「日本教育令」が上申された。田中は欧米諸国の教育を視察した際に、アメリカ合衆国の教育制度及び行政に注目し、後に再びアメリカに渡航。さらに詳しく各州の教育を調査研究し、自由主義による進歩したアメリカの制度を採り入れて学制の画一主義を改めることを唱えていた。……特にアメリカの教育行政制度を参照し、……日本教育令をつくりあげた。モルレーの『学監日本教育法』などが参照されたものと思われる。」

とあり、日本の最初の帝国大学が工学部を設置したのは、アメリカの州立大学に学んだからに違いないと確信した。

　政府は師範学校を各府県に 1 校（男子師範、のち女子師範設置）設けた。さらに、中学校と尋常師範学校の教員を養成するために、（東京）高等師範学校（現・筑波大学の源流）を東京に 1 校設置（男子）した。後に、広島高等師範学校（現・広島大学の源流）を設置している。

　女子のために、（東京）女子師範学校（1874（明治 7）年）は高等師範学校（女子部）（1886（明治 19）年）になり、4 年後、女子高等師範学校になった。さらに 1908（明治 41）年に東京女子高等師範学校になったのは、この年、奈良女子師範学校が設置されたからである。現在のお茶の水女子大学は、国立学校設置法の一部改正（1949（昭和 24）年）の公布・施行により、東京女子高等師範学校を包摂して設置されたときに改称されている。

3.　戦前の高等教育制度　—明治から昭和 20 年代

　明治から昭和 20 年代に、次のような法律による学制改革があった。

(1) 帝国大学令

　【第 1 次帝国大学令：1886（明治 19）年 3 月 2 日公布、同年 4 月 1 日施行
　　第 2 次帝国大学令：1919（大正 8）年 2 月 7 日公布、同年 4 月 1 日施行】

　「帝国大学令」は、帝国大学の基本的な事項を規定していた勅令であり、帝国大学以外の官公私立による大学の設置を認めていなかった。第 2 次は第 1 次を全面的に改正し、同時期に大学令を定めている。なお、第 2 次の帝国大学では、「分科大学」を「学部」と称するように改正。「講座制」と「学部教授会」及び大学全般の管理運営のために大学「評議会」を設置したのもこの法律からである。

　「帝国大学令」により設立された最初の大学は、前述のとおり、1886（明治 19）年の帝国大学（1897 年に東京帝国大学と改称）であり、その後、1897（明治 30）年に京都帝国大学、1907（明治 40）年に東北帝国大学、1911（明治 44）年に九州帝国大学、1918（大正 7）年に北海道帝国大学、1931（昭和 6）年に大阪帝国大学、1939（昭和 14）年に名古屋帝国大学が設立された。この一群は、戦後も、国立法人化された今でも「旧七帝大」と通称されている。

(2) 私立学校令

　【私立学校令：1899（明治 32）年制定】

　「私立学校令」により、私立学校は国の統制下に置かれた。この背景には、明治より外国人が増えキリスト教系の私学が増えたことも一因にある。教育勅語中心の教育の推進をはかる文部当局にとって、キリスト教系学校の拡張は危惧すべきものであった。また国家の重要事業である教育に対して、私学はその一部を代行しているに過ぎず、厳格な監督が必要という官尊民卑の見方があったという。

　そのため政府は、宗教教育離れれば、政府下の教育機関として徴兵猶予などの庇護は受けられないなど、宗教教育継続か否か選択をせまったという（「私学と兵役に関する一考察」小枝弘和『同志社談叢』 2020 年）。

(3) 専門学校令

【専門学校令】　1901（明治 36）年制定】

　帝国大学以外の高等教育機関は、近代社会の求めに即応した法律、医学、文学、宗教などを学ぶ官公私立の専門学校として、特に規定はなく設置認可されてきた。しかし、明治 30 年代に入ると拡大し統一した基準が必要となり「専門学校令」が発令された。その中でも 1 年半程度の予科をもつ専門学校に対しては、政府は学位授与権はないが、「大学」という名称を認可された。

(4) 大学令

【1918（大正 7）年 12 月 6 日公布、1919（大正 8）年 4 月 1 日施行】

　高等教育拡張政策により、帝国大学とは別に大学を設置できるように大学令を発令した。同じ大学といいながら、2 本立ての政策で拡張したのである。公・私立大学の設置認可はこの法律に寄った。

　この背景には、当時の大学進学率は数％という極めてエリート色の強いものであったが、旧制の高等学校の発達によって多くの卒業生の受入れ先が必要となったからである。これにより、地方公共団体や民間にも大学設立が認可されると共に、既に大学の名称をもつ私立専門学校、官公立の医学専門学校の全てと、東京工業大学や東京商科大学（現一橋大学）などの官公立の実業専門学校の一部が、学位授与できる大学に昇格した。

　「大学令」第 1 条には、

　　「大学ハ国家ニ須要ナル学術ノ理論及応用ヲ教授シ並其ノ蘊奥ヲ攻
　　究スルヲ以テ目的トシ」

と定められ、国公私立を問わず、大学は強力な国家統制の下の教育・研究機関となった。

　私学には更に、第 6 条「私立大学ハ財団法人タルコト」として、潤沢な基本金と供託金が求められる厳しい設置条件が課された。（私学が定款を「寄附行為」と称する由縁はここにある）。

(5) 帝国大学の発展と大学令による公・私立の大学の発展

　では次に、帝国大学令と大学令による公・私立の大学認可について、年次順にその時代背景を付記して述べたい。特に大学の設置認可には、富国強兵の政策とは無関係であったとは思えないからである。

(注1)　◎○△印は、昇格後の現在の大学を表記。国立は◎印、公立は○印、私立は△印。
(注2)　分科大学、学部の設置年は西暦のみで表示し、原則、東京大学の例にならう。
(注3)　(第1次) 帝国大学令では、学部ではなく分科大学と称している。これは分科大学の独立性が強い時代だったからのようである。
(注4)　帝国大学令による大学は、学部設置の傾向を知るため、認可時から現在までを、大学令で認可を受けた私立大学は、原則、認可時の学部を列挙した。
(注5)　「各大学の沿革」から作成。

(第1次) 帝国大学令　1886 (明治19) 年

1877 (明治10) 年	◎東京大学 (帝国大学前史)
1886 (明治19) 年	**帝国大学** 分科大学：法科 (法・政)・医科・工科・文科・理科、1890年農科
1897 (明治30) 年	**東京帝国大学** 分科大学：理科・1工科・2工科・医科・農科・法科・文科
1919 (大正8) 年	(第2次) 帝国大学令改正により、帝国大学は分科大学を廃し、学部を置く。法・医・工・文・理及び同年経済新設
1949 (昭和24) 年	(国立学校設置法公布) **新制東京大学** 学部：法・医・工・文・理・農・経済、49年教養・教育、58年薬 2004 (平成16) 年　**国立大学法人東京大学へ**

日清戦争勃発　1894 (明治27) 年8月1日－1895 (明治28) 年4月17日

1897 (明治30) 年	◎京都帝国大学 分科大学：理工科、1899年法科・医科、1906年文科、14年 (理工科大学分離) 工科・理科
1919 (大正8) 年	第2次帝国大学令 同年経済、23年農
1949 (昭和24) 年	**新制京都大学** 学部：法・医・工・理・経済・農、49年教育、60年薬、63年 教養部、92年総合人間学部 (教養部廃止)

日露戦争勃発　1904（明治37）年2月10日－1905（明治38）年9月5日

1907（明治40）年	◎東北帝国大学 分科大学：11年理科（数・物・化）、15年医科
1919（大正8）年	第2次帝国大学令 学部：理・医・工、22年法文、47年農
1949（昭和24）年	新制東北大学 学部：文・教育・法・経済・理・医・工・農・分校を設置、49年教育、教養部、65年商、72年薬

韓国併合　1910（明治43）年8月29日－1945（昭和20）年9月9日

1911（明治44）年	◎九州帝国大学 （前史：1903年京都帝国大学の分科大学である福岡医科大学） 分科大学：工科・医科
1919（大正8）年	第2次帝国大学令 九州帝国大学 同年農、（21年旧制福岡高校、後の教養部）、24年法文、39年理
1949（昭和24）年	新制九州大学 学部：法文を改組し法・経済・文、教育、63年教養部、64年薬、67年歯、2003年九州芸術工科大学と統合

第1次世界大戦勃発　1914（大正3）年7月28日－1918（大正7）年11月11日
　　　　　　　　（1914（大正3）年8月23日　日本、ドイツに宣戦布告）

大学令　1918（大正7）年12月6日公布、1919（大正8）年4月1日施行

1876（明治9）年	◎札幌農学校 （前史：札幌農学校は1907（明治40）年、東北帝国大学農科大学となっていた。）
1919（大正8）年	第2次帝国大学令 北海道帝国大学 学部：農・医。農学部は前年、東北帝国大学から移管。24年工、30年理
1949（昭和24）年	新制北海道大学 学部：法文・教育・理・医・工・農・水産、50年法文を分離し文・法経、52年獣医、53年法経を分離し法・経済、67年薬

　ここからは（第2次）帝国大学令と大学令で認可された大学及び学部（西暦のみ表記）を列挙してみよう。

1919年	◎大阪府立医科大：医　（1931年大阪帝国大学に昇格）

1920 年	△慶應義塾：文・経・法・医（以下、認可日順）
	△早稲田：政経・法・文・商・理工
	◎東京商科大：商（1949 年新制一橋大学：商・経・法社）
	△明治：法・商
	△法政：法・経
	△中央：法・経・商
	△日本：法文・商
	△國學院：文
	△同志社：法・文
	◎県立愛知医科大：医（1931 年名古屋帝国大学に昇格）
1921 年	△東京慈恵会医科大：医
	○京都府立医科大：医（1952 年新制京都府立医科大学）
1922 年	◎新潟医科大：医（1949 年新潟大学：人文・教育・理・医・工・農、64 年教養部（94 年廃止）、65 年歯、77 年人文を法文、80 年法文を人文・法・経済、97 年教育を教育人間科学、2008 年教育人間科学を教育、2017 年創生）
	◎岡山医科大：医（1949 年新制岡山大学：法文・教育・理・医・農、60 年工）
	○旅順工科大（終戦後廃校）／満州医科大（現中国の中国医科大）
	△龍谷：文
	△大谷：文
	◎熊本医科大：医（1929 年（国立）熊本医科大学、49 年新制熊本大学：法文・教・理・医・薬・工）
	△専修：経・法
	△立教：商・文
	△立命館：法
	△関西：法・商
	△東洋協会（現・拓殖）：文

関東大震災　1923（大正 12）年 9 月 1 日

1923 年	◎千葉医科大：医（1949 年新制千葉大学：医・園芸・学芸・工・薬）
	◎金沢医科大：医（1949 年新制金沢大学：法文・教育・理・医・薬・工）
	◎長崎医科大：医（1949 年新制長崎大学：学芸（66 年教育）、経・医・薬・水産、64 年教養部、66 年工、79 年歯、97 年環境科学）
1924 年	◎京城帝国大学：大学予科、26 年医・法文、41 年理工、45 年敗戦により廃止
	△立正：文
1925 年	△駒澤：文
	△東京農業大：農

1926 年	△日本医科大：医 △高野山：文 △大正：文
1928 年	◎台北帝国大学（台湾総督府所管）：文政・理農、36 年医（台湾医専を統合）、41 年大学予科、43 年理・農・工、45 年敗戦により廃止 〇大阪商科大：商（1949 年新制大阪市立大学：商・経・法文・理工・家政） △東洋：文 △上智：文・商（48 年経済）
1929 年	◎旧制東京工業大（8 学科）（1949 年新制東京工業大学：工、95 年工を理工に改組、67 年理工を工と理に分離、90 年生命理工） ◎大阪工業大（1933 年大阪帝国大学に昇格） ◎東京文理科大（1949 年新制東京教育大学：文理、73 年筑波大学） ◎広島文理科大（1949 年新制広島大学：文・教育・政経・理・工・水畜産） ◎神戸商業大（旧制）（1949 年新制神戸大学：文理・教育・法・経済 1 部・2 部・経営 1 部・2 部（2012 年 2 部廃止）・工、53 年神戸商船大学設置、文理を廃止し文・理、64 年医、66 年農、92 年教養部・教育学部を改組し国際文化・発達、法・経に夜間コース設置（2013 年法夜間廃止、2014 年経済夜間廃止）、2003 年海事科学（神戸商船大学を統合））
1931 年	◎大阪帝国大学：医・理、33 年工（1949 年新制大阪大学：医・理・文・法経、53 年法経を法・経済に分離、51 年歯、55 年薬、61 年基礎工、72 年人間科学、2007 年外国語（大阪外国語大学を統合））

満州事変勃発（柳条湖事件）1931（昭和 6）年 9 月 18 日。翌年、満州国

1932 年	△関西学院：法文・商経

日中戦争勃発（盧溝橋事件）1937（昭和 12）年 7 月 7 日

1939 年	◎名古屋帝国大学：医・理工（1949 年新制名古屋大学：文・教育・法経・理・医・工、50 年法経を分離し法・経済、51 年農、63 年教養部（93 年廃止）、93 年情報文化（03 年廃止）、2017 年情報） △藤原工業大：工（44 年慶應大学、OB の藤原氏から寄贈） △東亜同文書院大（上海）（敗戦で廃校。愛知大学として再興）

第 2 次世界大戦勃発

（ドイツ、ポーランドに侵攻）1939（昭和 14）年 9 月 1 日

（日・独・伊三国同盟）1940（昭和 15）年 9 月 27 日

1940 年	〇△神宮皇學館大（官立）（終戦直後廃校、私立の皇學館大學再興）

日本軍、南部仏印進駐　1941（昭和16）年7月28日
太平洋戦争勃発（日本、ハワイ真珠湾攻撃）1941（昭和16）年12月8日
1941（昭和16）年　中学校以上の生徒（学徒勤労動員、女子は女子勤労報国隊）は、年間30日の授業を軍需産業、食料増産に。「学徒動員」

| 1942年 | △興亜工業大（千葉工業大学）：工 |

1943（昭和18）年　20歳以上の文系学生の徴兵・出征。「学徒出陣」

| 1943年 | △大阪理工科大学：土木？（確認できず）（1949年新制近畿大学：理工・商） |

　以上が帝国大学令による帝国大学並びに大学令による公・私立大学である。

4.　敗戦と教育改革

(1) 戦争に負けるということ─敗戦直後の日本の状況

　「8月15日」といえば、「お盆休み」「終戦記念日」。筆者にとっては昭和天皇の「玉音放送」を聞いた「日本が降参した日」である。

　大日本帝国が連合軍に「無条件降伏」すると、天皇陛下はラジオで初めて国民に向かって宣した。それまで天皇陛下のお声を拝聴したことはなかったので、感度の悪いラジオの前に、家族は正座し「無条件降伏？…」を聞いたのだ。何を言っているのか、幼児にわかるはずもないが、兄に「日本は降参したのだ」と言われて、戦争に「負けた」ことを知ったのである。その頃の男の子の遊びといえば、「戦争ごっこ」で、負ければ、「降参、降参」と両手を上げていた。負けるという概念は理解できたのである。

　かくして、およそ75年前から、新しい日本の建設が始まった。

　筆者は敗戦の翌年に国民学校に入学。さらに翌年の学制改革で「国民」学校は廃止。新制小学校になった。いわば戦後の壊滅状態を幼児の時に体験し、今にして思えば、日本が復興していく様を目撃した最後の世代と言えるであろう。小学校の6年間は、とくに食べ物は欠乏。配給の時

代である。大学生の時代になってもお米は自由に買うことがでなかった。米、塩、タバコは専売公社が独占の時代である。幼児の時に戦争を体験し、小・中・高・大と成長していく過程は、同時に日本の歩みでもあった。

そこで、敗戦後の日本の状況を述べておきたいと思う。

日本は敗戦後、連合国軍に6年余り「占領」されていた。国の主権がなかったのである。主権の回復は、サンフランシスコ講和条約に調印した1951（昭和26）年9月8日。そして条約が発効する1952（昭和27）年4月28日まで連合国軍に占領されていた。

その連合国軍最高司令官総司令部（General Headquarters, the Supreme Commander for the Allied Powers ＝ GHQ/SCAP　以下総司令部という。）のダグラス・マッカーサー最高司令官（米国陸軍元帥）の執務室は、お堀端の皇居を見下ろす有楽町1丁目、第一生命本社（日比谷）ビル7階にあった。6年間、ここから占領下の日本に数々の指令を飛ばしたのである。彼らは占領した時、どこに司令部を置くかを考えて、このビル、それと病院や大邸宅は爆撃しなかったと聞いた。これが戦略というのであろう。

(2) 敗戦後の出来事と大学改革

敗戦後の出来事と大学改革について年順においてみたい。

ドイツ、無条件降伏　1945（昭和20）年5月7日
広島に原子爆弾　1945（昭和20）年8月6日
長崎に原子爆弾　1945（昭和20）年8月9日
ポツダム宣言　1945（昭和20）年7月26日（日本、8月14日に受諾）
天皇、「終戦の詔書」をラジオ放送　1945（昭和20）年8月15日
1945（昭和20）年9月2日　日本、降伏文書に調印
　　東京湾上のアメリカ戦艦ミズーリ号甲板で、降伏文書に調印。1951（昭和26）年9月の対日講和条約調印（於：サンフランシスコ）まで、日本は連合国軍の占領下におかれた。
【降伏文書に調印　1945（昭和20）年9月2日】
【米国教育使節団報告書 1946（昭和21）年3月31日（GHQ 最高司令官宛）】

【総理大臣諮問　教育刷新委員会設置 1946（昭和 21）年 8 月 10 日】

1946 年 5 月	△**東海大学**：理工・経文（敗戦の翌年 5 月に大学令の認可を受けた旧制大学）
1946 年 11 月	△**愛知大学**：文・経・法（いわゆる外地にあった「東亜同文書院大学（上海）、京城帝国大学、台北帝国大学の教授、学生が帰国したため創設」され、大学令による最後の旧制大学となっている（『日本大百科全書（ニッポニカ）』の解説）。

【第 2 次訪日アメリカ教育使節団報告書 1950（昭和 25）年 9 月 22 日】

【日本国憲法公布 1946（昭和 21）年 11 月 3 日】

【日本国憲法施行 1947（昭和 22）年 5 月 3 日】

　第 26 条第 2 項「すべて国民は、法律の定めるところにより、その保護する子女に普通教育を受けさせる義務を負う。義務教育は、これを無償とする。」

【国立総合大学令（帝国大学廃止）1947（昭和 22）年】

　今日でも帝国大学は「旧帝大」と称され、研究型の大学として認知されていることは周知のとおりである。ここ数年の国立大学法人の大学院の強化、特に理工系の研究強化政策は近年著しいものがある。

　戦後 1945 年から 1947 年までの、敗戦後日本の新教育制度設計にかかわる法律等を挙げておく。

【教育基本法・学校教育法 1947（昭和 22）年 3 月 31 日公布、4 月 1 日施行】

　義務教育 9 年（小学校 6 年＋中学校 3 年）、高等学校全日制 3 年、大学 4 年／医・歯科 6 年のいわゆる「6・3・3・4」の学校制度ができた。なお、6・3 制は 1947（昭和 22）年 4 月からの施行により新制中学校は同年から、新制高等学校は翌 48 年から、新制大学は 49 年から発足している。

【CIE 教育課】

　国立大学編成の原則を明示。

5. 米国教育使節団報告書（教育勧告）

　戦後の教育に大きな影響を与えた米国教育使節団について、触れない
わけにはいかない。日本の教育改革の第一歩が「米国教育使節団報告書」
の教育勧告であった。第1次と第2次と提出され、特に第1次の報告書は、
戦後日本の教育改革を方向づけた極めて重要な文書である。

(1) 米国教育使節団の編成
　まず、第1次米国教育使節団が編成された経緯からみてみよう。

　日本の教育改革に携わったのは、総司令部の特別参謀部の1つ民間情
報教育局（Civil Information and Education Section）：CIE）である。総
司令部は、日本の教育制度を復興させるには、日本の教育当局は外国か
らの助言や援助なしには教育改革はなしえず、CIE にも専門的な助言が必
要だとして、高名な教育者からなる使節団の招聘を求めた。まだ日本国
憲法が公布される前のことで、彼らが日本の教育問題をどんなに重視し
ていたかが推測される。そこで CEI は、ハーバード大学長を団長とする
一団を推薦したが、マッカーサー長官は特定の大学に偏っており地理的
分布が不十分であること、団長の人選が政治的に不適当であると承諾し
なかった。

　そこで CIE は、アメリカ本土に依頼する。本土では日本の教育改革に
ついては国務省が担当であり、国務次官補、連邦教育局長、極東課長が
協議し、ストッダート N.Y. 州教育長官を団長に決め、司令長官の承認を
得る。

　ストッダートは、総司令部の候補者リストにはなかったのであるが、
民主主義・国際平和の実現に向けた科学的合理科学を説く彼の教育論が、
国務省の目の留まったのではないかと推察する。（「G.D. ストッダードの高
等教育思想とアートに関する考察」渡辺 かよ子　愛知淑徳大学論集－文学部・
文学研究科篇－ 第 42 号 2017.3　P 87-10)

「…戦時であれ平和時であれ、人間的価値はよりよい社会へ…」教育によって実現可能するとするストッダートの姿勢は終生変わらない。彼を中心に使節団の人選が行われ、1946 年 2 月に使節団の団員 27 名が公表された。うち、10 名は総司令部の推薦、その他は、連邦教育局、全国教育団体、教育界の名士と相談し、成人教育、農村教育、婦人教育、教育行政、教員養成、教育心理など専門家を網羅したことも言及している（「米国教育使節団と教育内容・方法改革」大桃伸一　県立新潟女子短期大学研究紀要　第 42 号　2005）。

　かくして、第 1 次は 1946（昭和 21）年 3 月 5 日と 7 日に、第 2 次は 1950（昭和 25）年 8 月 27 日に来日する。

(2) ストッダート団長の経歴

　第 1 次団長であるジョージ・D・ストッダートは、どのような経歴か、長年、知りたいと思っていたが、以下のような経歴であることがわかった。これも IT 時代に恩恵である。

　ストッダートは、1897 年 10 月 8 日ペンシルベニア州生まれ、1981 年 12 月 28 日死去。宗教はメソジスト、のちにキリスト教ユニテリアン主義。ペンシルベニア州立大学在学中、第 1 次大戦ではセコンド・ルテナント（少尉）として従軍。退役後、大学に復帰し、1921 年学士号。卒業後、パリ大学で児童心理学を学ぶ。1925 年アイオワ大学から博士号を取得し、同大学心理学教授。のち大学院委員長。1942 年、ニューヨーク州立大学総長・同州教育長官に就任。1946 年 3 月にマッカーサー元帥に使節団の団長に任命され、27 名の使節団を組織して来日、日本の教育改革について助言する。その年の 4 月離日後にストダードはイリノイ大学総長に就任する。同大学退任後はニューヨーク大学へ。1956 年教育学部長、1960 年学長・副総長。1964 年同大学退職。さらに 1967 年ロング・アイランド大学副学長、すぐに学長に就任し 1969 年まで務める。　（前掲　大桃）

　なお、彼は、皇太子（平成天皇）の家庭教師を紹介したことでも知ら

れる。来日中、昭和天皇から明仁皇太子（平成天皇）のチューターを探してほしいと要請され、同郷であるペンシルベニア出身のエリザベス・グレイ・ヴァイニング夫人が来日する。彼女は後に述べる津田梅子、河井道、星野あいが学んだブリンマー・カレッジの卒業生（1919）である（"findagrave.com"）。

(3) 米国教育使節団報告書　要旨（昭和 21 年 3 月 31 日）

　この報告書（要旨）を要約して述べる。

　第 1 次使節団は、1946 年 3 月に来日して、1 ヵ月足らずで報告書を作成する。作成には、連合国最高司令部民間情報部教育課の将校および日本の文部大臣指名の日本側教育家委員が当たった。ここで忘れていけないのは、敵対した国なのに、日本側の委員も対応するようになっていたことである。使節団は、日本の各段階の学校および各職域の代表者をも訪問・調査し、報告している。多少の意訳も含めて箇条書きで報告書の内容を紹介する。

　　1）日本の中央集権化された教育制度は、教師各自を画一化した。教師それぞれの職務を自由に発展させるためには、地方分権化が必要である。そうして初めて教師は自由な日本国民を作ることができる。

　　2）従来の服従心を助長する修身教育はやめて、今までとは異なった解釈を自由な国民生活の各分野に行きわたらせるべきである。そのためには、地理、歴史科の教科書は、客観的に書き直す必要がある。

　　3）保健衛生教育および体育は教育全計画の基礎をなすものであるから、身体検査・栄養・公衆衛生についての教育・体育と娯楽厚生計画を大学程度まで延長し、諸設備を取り替えるよう勧告する。

　　4）職業教育はその基礎たる技術および理論に重点を置くべきである。

　　5）国語改革は、ある形式のローマ字が一般に使用されるよう勧告する。

　　6）初等および中等学校の教育行政（学校管理）は、教育の民主化のために、中央集権ではなく、地方分権化を目指すべきである。そのた

めには、市町村および都道府県に一般投票で選出した教育行政機関の創設を提案する。学校の認可・教員の免許状の付与・教科書の選定は、かかる機関に相当の権限を委ねることになろう。

7）（公立の）課税により維持される小学校6年、中学校3年の、16歳になるまでの学校は、義務教育として授業料は無徴収とし、また男女共学とすべきである。

8）私立諸学校は、生徒が公私立を問わず相互に容易に転校できるよう提案する。

9）教授法と教師養成教育は、つめこみ主義、画一主義および忠孝のような上長への服従に重点を置く教育は改め、各自の思考の独立・個性の発展および民主的公民としての権利と責任とを助長すべきである。

10）現在の高等師範学校とほとんど同等の水準になるように再組織された師範学校は、4年制にすべきである。

11）成人教育は、日本国民が現在直面している危機的状況においては、国民の民主化のために極めて重要である。また、成人教育のためには公立の図書館の整備が重要である。

12）日本の自由主義思潮の教育は、第1次世界大戦の数年の間に、主として大学・専門学校の高等教育を受けた男女によって形成された。彼等は、今や再び自由思想の探究、および国民のための希望ある行動の、模範を示すべき機会に恵まれている。これらの諸目的を果たすために、高等教育は少数者の特権ではなく、多数者のための機会とならなくてはならない。

13）専門学校の数を増加するほかに、適当な計画に基づいて大学の増設が行われるよう提案する。高等教育機関の設置や先に規定した諸要件の維持に関する監督には、政府機関に責任を持たせるべきである。

14）政府機関は、高等教育機関に対する統制権を与えられるべきでは

ない。高等教育機関は、あらゆる点において安全な自由を保有しなくてはならない。

15）高等教育機関における教授の経済的および学問的自由の確立は、また極めて重要である。

16）学生にとって保証されるべき自由とは、その才能に応じてあらゆる水準の高等な研究に進みうる自由である。有能な男女で学資がない人々のために、財政的援助が与えられなければならない。

17）図書館・研究施設および研究所の拡充を勧告する。

（文部科学省 HP より）

これらの勧告の多くは教育基本法、学校教育法等に盛り込まれていることがわかる。

(4) 第 2 次米国教育使節団報告書（要旨）（1950（昭和 25）年 9 月 22 日）

敗戦から 5 年後の 1950 年 6 月 25 日に隣国で朝鮮戦争が勃発する（1953 年 7 月に休戦となるも締結せず、今もなお休戦状態）。その 2 ヵ月後の 8 月 27 日に団長ウィラード・E・ギヴンス他 4 名とする第 2 次使節団が来日する。

これが来日を促したかどうかはわからないが、アメリカでは共産主義脅威論が吹き荒れていた。

第 2 次使節団の 5 人は、みな第 1 次使節団の団員で、マッカーサー元帥の招請で再び来日。滞在中、第 1 次の報告事項の進行と成果を研究することがその目的であった。

この報告書は、教育問題のうちさらに考究する必要があるものを扱う、としている。本書では発表要旨からさらに大事な部分を要約する。

1）初等・中等教育行政

①六・三・三制の完遂（国・都道府県・市町村の負担による）

②公立の小・中学校の全児童の学費無償化（教科書・学用品の無償配布を含む）

③高等学校も無償化

④校舎建築の促進

⑤教育の指導原理（独立した思考力・創意・創造的経験の奨励）

⑥教員不足の解消（俸給の引上げ）

⑦身体的・精神的障がいをもつ児童に対する教育の機会の提供

⑧学校給食、屋外教育、レクリエーションの計画推進

⑨文部省の自由・独立

⑩市町村教育委員会（小・中学校）と都道府県教育委員会（高等学校）の統合

⑪教育委員会の責任（民衆の自由選択による選挙）

⑫教育委員会の財政的独立

⑬各校に教材センター（学校図書館等）を設置

2）教育活動と教師養成

①教員の補充と選択は日本の主要な問題である。

②国公立大学はその組織がまだ不十分であり、施設、機能、計画に欠けている。

③教育指導者養成のため、大学院を含む教育学部が国立大学に必要である。

④教師の現職教育は広く実行されたが、指導者、予算不足で不十分である。

⑤教員免許の条件は高められた。多くの人々から反対があるが、その基準は引き続き維持・改善されるべきである。

⑥教師養成の教育課程の再編成は、一般教育・専門教育・教職教育の面から進歩があったが、一般教養についてはさらなる研究が必要である。

⑦教師養成大学の諸設備が不整備で、他の模範となる必要がある。

⑧教員志望者不足解消のため、奨学金と教師の給与の向上が必要である。

　⑨教師養成機関は、免許授与機関の援助により、養成計画の設定基
　　準の発展が必要である。
　⑩自発的に組織される教職員団体は、日本の少年少女のために、よ
　　い教師を与えようとするすべての人たちによって支持されるべき
　　である。
3）高等教育
　①日本はどれだけの高等教育機関を必要としているか。
　　その数は自身で決定すべきであるが、その質と内容を十分発展さ
　　せることができれば解決は容易であろう。
　②日本はどのような種類の高等教育機関を持つべきか。
　　高等教育機関の性格や活動については、地域的、国家的、国際的
　　問題に関連して研究することが必要である。また、高等教育機関
　　の独自性は、直接、地域の人々に奉仕することで裏付けられ、高
　　められる。
　③日本の高等教育機関は、どのようにすれば最も有効に組織され、
　　運営されうるか。
　　　新しい日本の高等教育機関は、自由な方向と基準を持つ必要が
　　ある。民主社会の高等教育は、人々の代表によって支配され、そ
　　れらの人々によって定められた基準が適用されなければならない。
　　現在、「大学基準協会」によって高等教育機関の基準は示されてい
　　るが、専門職業的分野について基準委員会を持つことを考慮する
　　よう勧告する。
　④日本は必要とする高等教育機関を持つ余裕があるか。
4）社会教育
　①成人教育の計画の中身が乏しく、財政援助が少ない。
　②「父母と先生の会」とユネスコ関係団体の2つは奨励されるべき
　　である。
　③成人教育のため、地域の図書館施設は拡張すべきである。また学

　校図書館も同様である。

5）国語の改革

　①ローマ字方式がたやすく一般に用いられる手段を研究すること。

　②小学校の正規の教育課程にローマ字教育を加えること。

　③大学程度においてもローマ字研究を行い、教師養成課程の一部と
　　して研究する機会を与えること。

　④当用漢字と現代かなづかいを採択し、使用を奨励すること。

6）その他教育上の重要な諸問題

　①よく組織された自発的な、だれもが参加しうる教育者の組織団体
　　が、すぐれた教育計画の展開を助けることができる。

　②諸学校・諸大学の職業教育計画は大いに強化される必要がある。

　③私立学校の教育は、国公立学校と私立学校の指導者たちがともに
　　この国の指導者を養成しているのであるから、相互に理解と同情
　　をもたなければならない。したがって同時に公職につく卒業生に
　　は、同等の資格が与えられなければならない。

　④道徳教育は、ただ社会科だけからくるものと考えるのは無意味で
　　ある。それは全教育課程を通じて力説されなければならない。

（文部科学省 HP より）

6. 日本側教育家委員会（総理大臣直轄）の設置と 2 人の女性委員

　1946（昭和 21）年 3 月に来日した第 1 次使節団に協力するための「日本側教育家委員会」についても触れたい。この委員会は、内閣総理大臣直属の下に設置された。特筆すべきは、設置が敗戦から 1 年も経っていない時期であること、文部省の所管としていなかったことの 2 点である（第 1 次使節団の報告については、文部省学制百年史編集委員会『学制百年史』「第

二編　戦後の教育改革と新教育制度の発展／第一章　戦後の教育改革（昭和20年〜昭和27年）／第一節　概説／二　新教育の基本方針」）。

　この委員会は、第１次使節団の帰国により任務を終わり、解散するが、発足当初から「覚書」で解散後も常置委員会を置くことが予定されており、同年８月に内閣直属の教育刷新委員会として引き継がれた。

日本側教育家委員会のメンバーは次のとおりである。

［日本側メンバーの29名］（＊印は途中交代７名）

　山極武利（都西田国民学校長）

　有賀三二（都小平青年学校長）

　沢登哲一（（旧制）都立第五中学校長）

　塩野直道（金沢高等師範学校長）

　高橋隆道（東京農林専門学校長＊）

　矢野貫城（明治学院専門学校長）

　天野貞祐（（旧制）第一高等学校長）

　河井ミチ（恵泉女子専門学校長）

　星野あい（津田塾専門学校長）

　上野直昭（東京美術学校長）

　小宮豊隆（東京音楽学校長）

　高木八尺（東京帝国大学教授）

　柿沼昊作（同教授）

　戸田貞三（同教授）

　木村素衛（同教授＊）

　務台理作（同教授）

　南原　繁（東京帝国大学総長）…委員長

　鳥養利三郎（京都帝国大学総長）

　小林澄兄（慶應義塾大学教授）

　河原春作（枢密顧問官）…副委員長

　安藤正次（元台北帝国大学総長）

　森田重次郎（弁護士＊）

　　柳　　宗悦（日本民芸館長）

　　菊池豊三郎（大日本教育会理事長＊）

　　小崎道雄（キリスト教牧師）

　　長谷川萬次郎（如是閑）（評論家）

　　田中耕太郎（文部省学校教育局長＊）

　　関口　　泰（文部省社会教育局長＊）

　　山崎匡輔（文部次官＊）…事務局長

［後任メンバー7名］

　　林癸未夫（早稲田大学総長代理）

　　城戸幡太郎（教育研修所教育研究部主任）

　　熊木捨治（東京第一師範学校長）

　　倉橋惣三（東京女子高等師範学校教授）

　　大島正徳（在外邦人子弟教育協会理事）

　　落合太郎（京都帝国大学文学部長）

　　佐野利器（東京帝国大学名誉教授）

　　（伊ケ崎暁生・吉原公一郎、「戦後教育改革と米国教育使節団（解説）」『戦
　　後教育の原点2　米国教育使節団報告書他』現代史出版会、1975年4月
　　5日、25、26、28頁参照）

　この日本側教育家委員の選び方で特徴的なのは、アメリカ側が期待す
るように小学校から大学まで、幅広い学校関係者から選ばれていること。
また、キリスト教学校の関係者が多いように思われる。委員長の南原繁
はクリスチャンだったという。メンバー中女性は河井ミチ（道）と星野
あいの2人だけであるが、この2人の生い立ちや経歴が興味深く、以下
に述べてみたいと思う。

(1) 河井　道　（恵泉女学園創立者）

　彼女の自叙伝は、当初、英文の『My Lantern』として、恵泉女学園創
立10周年に間に合うように1939（昭和14）年に上梓（当時62歳）さ
れた。のちに日本語翻訳『わたしのランターン』（初版：昭和43年2月、

再版：昭和 51 年 8 月、新教出版社）が出版され、ここでの引用は再版本による。翻訳は恵泉女学園の翻訳委員会（昭和 42 年 2 月 11 日）によるもので、「6　太平洋を渡る」と「7　ブリンマー大学時代」の章は当時のアメリカの予備校、大学教育、学寮生活の思い出を生き生きと語っている。同学年 100 名中ひとりきりの東洋からの留学生だった。因みに、ブリンマー大学は当初、クエーカー大学として 1885 年に創立されたリベラル・アーツの女子大学である。現在は、大学院は男女共学となっている。

　同書の巻末に収録されている年譜によれば、道は 1877（明治 10）年、伊勢神宮の神官の娘として生まれた。東京大学創立の年である。明治維新で神官職の父は失職、10 歳の時、北海道に移住。1887（明治 20）年、11 歳でサラ・スミス女学校（今日の北星学園）に入学。18 歳で北星女学校卒。東京に来て、19 〜 21 歳の時に新渡戸稲造、津田梅子に師事。新渡戸に勧められ、アメリカ留学を決意。先方の学費は、（津田梅子が）

　　「フィラデルフィアの友人たちの援助を得て、数千ドルの奨学金が募集され、……その収入で、1 回 1 人の日本人女学生の予備校（アイヴィ・ハウス）2 年間と、（津田の母校の）ブリンマー大学 4 年間を支えることになった。……最初の奨学生は松田道子さんで、のち同志社女学校の教頭として、1933 年引退なすった」（前掲同書：101 頁）

とあり、21 歳で渡米。27 歳でブリンマーを卒業（B.A.：文学士）して帰国後すぐ女子（津田）英学塾教授に就任。1916（大正 5）年、39 歳の時、教授を辞任（YWCA 日本同盟総幹事として奉職のため）。1929（昭和 4）年 4 月恵泉女学園創立。この年、津田梅子逝去。1945（昭和 20）年 3 月、学園は女子農芸専門学校の認可を受け、道は校長を兼任する（68 歳）。

　敗戦翌年の 1946 年、河井道が米国教育使節団の日本側教育家委員となったことについては先述した。次いで、教育刷新委員会委員や大日本育英会評議員となるなど、日本の新制教育制度、とりわけ女子短期大学創設への貢献は大なるものがあったという。1949（昭和 24）年には国際基督教大学理事、1950（昭和 25）年恵泉女学園短期大学を設置した

時は 72 歳だった。さらに 1951（昭和 26）年、米国短期大学総会に出席後、国際基督教大学の基金募集に尽力。1953（昭和 28）年、75 歳 7 ヵ月の生涯を全うした。

　どうして彼女が戦後の日本側教育家委員に選ばれたのかは、後述する。

(2) 星野あい（津田塾大学初代学長）

　星野あいについては、「郷土にかがやくひとびと―大正編―」として群馬県立図書館調査相談室が、星野の「図書 24 点」「雑誌 4 誌」「上州新聞連載 10 回＋番外編」「視聴覚資料 2 本」および「インターネット情報資源 2 本」の関連資料を紹介している。星野あいの略歴も紹介されており、要約する。

　1884（明治 17）年〜 1972（昭和 47）年。父は群馬県戸鹿野村（現・沼田市）から横浜へ出て生糸の貿易をしていた。あいは 11 人兄妹の末っ子。生後間もなく沼田に帰る。次兄の光多は、横浜の宣教師に英語を学びクリスチャンとなった。あいは小学校卒業後、次兄が教頭を務めるフェリス和英女学校に学び、津田梅子の女子英学塾の 2 年に編入。卒業後、津田の勧めでブリンマー大学に留学（河井道と同じ奨学金で学ぶ）。その後、母校の教壇に立つ。数年後再び渡米してコロンビア大学で教育学、教育哲学を学ぶ。帰国後、病床の津田に塾の後を託される。関東大震災後は小平への校舎移転を進め、1925（大正 14）年、塾長代理に就任。津田が 1929（昭和 4）年に没した後の 1931（昭和 6）年、新校舎完成。翌年、津田英学塾に校名を変更。1948（昭和 23）年、（新制）津田塾大学となり、初代学長となる。

　この年は津田塾の創立 50 周年でもあり、そのホームページをみると、大学昇格に際し、大学にふさわしい図書館建設のために募金事業に邁進し、1954（昭和 29）年竣工。1973（昭和 48）年、第 2 代学長星野あいへの感謝と敬意を表するため、「星野あい記念図書館」となっている（年号を除く（　）内は筆者の注記）。

(3) なぜ二人はなぜ委員に選ばれたのか

　以上見てきたように、河井道も星野あいもブリンマー・カレッジでつながり、卒業後、母校の津田塾で教鞭を執っていたことがわかった。また、津田梅子もプリマんかー・カレッジで学んでいる。

　ところで、うれしいことに「女性委員の人選」についての論文があった。土持ゲーリー法一著『戦後日本の高等教育改革政策　「教養教育」の構築』である。必読の書であるが、実に読みでがあって忍耐力が必要である。「今日の高等教育と教養教育がどうあるべきかを論じるためには、戦後の大学改革がどのようにして決定されていったかを知って論じる必要がある」と著者はいう。

　そこで『戦後日本の高等教育改革政策　「教養教育」の構築』（土持ゲーリー法一著、2006 年 1 月第 1 刷、玉川大学出版部）の七章「五　河井道と短期大学」と題して、「1　日本側教育家委員会委員—女性委員の人選」「2　河井道と短期大学」を論究している。

　「アメリカ側教育家委員会」の女性委員は、当初、2 名だったが、アメリカの特に女性団体の要望が強く 4 名になった。日本側委員は、当初、文部省は、井上秀（日本女子大学校校長）と羽仁説子（筆者注：1903 年〜 1987 年。教育評論家。自由学園創立者の娘。自由学園卒。「婦人之友」記者。進歩的文化人として知られた）であったが、星野あいと河井道に代替させられた。その理由は詳らかでないが、先方の CIE（民間情報教育局）教育課の意向が働いたことは言うまでもなかった。使節団に対応するという条件から、リベラル・アーツで著名な女子のブリンマー・カレッジの卒業生である星野と河井に白羽の矢が立ったと思われる。」（土持：252 頁）

　「1945 年 12 月頃（敗戦直後）から星野、河井をはじめとする女子教育関係者が CIE 教育課を頻繁に訪れ、女子教育担当官ドノバンや企画課のウイード中尉と親密なつながりをもったことは、専門家委員を人選する過程で影響をあたえた。2 人は使節団のために小冊子「日本の

教育」を作成し、使節団に講義オリエンテーションで協力した。」（土持：252頁）

「河井と星野の戦後教育改革への関与は、大学と短期大学で異なったが、ともに、女子高等教育の発展に寄与した点で共通した。星野は、新制大学における女子大学の昇格運動に尽力した。一方、戦後における短期大学をみるうえで河井の役割は重要であった。」（土持：252～253頁）

(4) 河井が短大を重要視した理由

では、河井が短期大学を優先すべきと考えたのはなぜか。1949年1月7日の会議で、

「今の（焦土と化した）日本の経済状態、あるいはしきたりから4年制の大学になりうるのは極僅かしかないと思います。（中略）それで暫定的に4年の新制大学の代わりに2年で完成するところのものを欲しいと思います。そうすれば大勢の女子がそれで完成された教育を受けられるだろうと思います。」（土持：254頁）

と述べ、短大不要論を翻している。そして、土持は、こう評価する。

「女子短期大学をはじめ、戦後の日本の女子高等教育の発展は、河井をはじめとする女子教育関係者の尽力の結晶であった。」（土持：259頁）

(5) フェラーズGHQ副官と河井道の邂逅

もう1人、ボナー・フェラーズという重要な人物を紹介しよう。

平川祐弘・牧野陽子編『講座 小泉八雲1 ハーンの人と周辺』（新曜社、2009年8月）所収、pp.597-607に掲載されている、「ハーン・マニアの情報将校ボナー・フェラーズ」として紹介されている。この部分を担当した加藤哲郎（一橋大学、政治学）の論究は河井道に触れており、非常に興味深いものがある。

ボナー・フェラーズ（Bonner Fellers、1896-1973）は、GHQマッカーサー元帥の副官将校。天皇制の維持や昭和天皇の戦犯不訴追に重要な役

割を果たす。アメリカにおける「ハーン・マニア」として、日本、日本人を学び、訪日時に小泉家を訪問。占領改革における天皇制に重要な政治選択を与えた。

1944年11月、南西太平洋地域司令官（マッカーサー）軍事秘書官。1945年6月太平洋陸軍司令官（マッカーサー）軍事秘書官。

1896年、イリノイ州の敬虔なクエーカー教徒の農家に生まれ、1914年インディアナ州リッチモンドのアーラム大学に入学。クエーカー教系の私学として著名（因みに、筆者は1967年にアーラム大学を訪問したことがある。図書館を訪問したら、昼間の時間でしたが、女子学生が床に熟睡していた）。そこで女子英学塾からの留学生渡辺ゆり（のちの一色ゆり）を知る。ゆりを留学させたのは、当時女子英学塾の教授で日本YWCA創設者の1人、のちの恵泉女学園創設者の河井道の尽力による。ゆりは津田梅子、河井の推薦で、女子英学塾派遣第1期生として男女共学のアーラム大学に1911年留学、5年間学び、最後の2年間はフェラーズとともに学ぶ。フェラーズはゆりを通して東洋の新興国日本への関心を深めた。

フェラーズは1916年に大学を中退、陸軍士官学校（ウェスト・ポイント）へ転校する。1918年卒業、1921年からフィリピン駐留。翌年、休暇をとって初来日。そこでゆりから河井道を紹介され、「戦争を望まないリベラルな日本人リーダー」「世界のすばらしい女性のひとり」と知り合うことになった。離日前に「日本を知るにはどうしたらよいか」とゆりに聞き、ラフカディオ・ハーンの本を勧められる。

1930年、ドロシー夫人を伴い再来日。この時、東京西大久保の小泉家を訪問、その後も遺族と親交を重ねた。

1937年、3度目の来日。当時フィリピン軍軍事顧問であったマッカーサーとフィリピン独立準備政府ケソン大統領の随行だった。

1943年9月、マッカーサー司令部統合計画本部長に就任。マッカーサーの軍事秘書、PWB＝心理作戦本部長となる。

　1945 年 8 月 30 日、フェラーズは戦勝国総司令官マッカーサーの副官として上陸。一色ゆりと河井道の消息を求める。9 月 23 日にはアメリカ大使館敷地内の自宅に 2 人を招く。河井はクリスチャン故、恵泉女学園に天皇の御真影を掲げることを拒否して、軍部ににらまれ、検挙もされていた。フェラーズはその河井に、天皇の処遇の仕方を聞く。河井の答えは、天皇の処罰に反対し、「もし陛下の身にそういうことが起これば、私が一番に死にます」。「私たち日本人は神を持っていない」が「陛下は国民に親しまれている」という理由であった。4 日後の 9 月 27 日、フェラーズはマッカーサーと天皇の初めての会見に陪席する。10 月 2 日に河井の助力を得て作られたフェラーズの「最高司令官あて覚書」は、マッカーサーの天皇観に大きな影響を与えたという。

　ここにフェラーズを紹介した契機は、津田梅子が明治の時代に河井道、星野あい、そして渡辺ゆりという次世代の種を蒔いたから繋がったのである。フェラーズはゆりと知り合い、日本・日本人への理解を深め、河合道との邂逅を経て戦後日本の象徴天皇制への道に大きな影響を与えた。学生時代の人と人との交流が、いかに大切かを教えてくれる。それはひとの運命を変え、国の将来をも変えるのだと。かくして、新制大学は生まれた。

7.　新制大学の発足

　旧帝国大学令ならびに大学令による旧制の大学のほとんどは 1949（昭和 24）年に新制大学への移行されているが、一部は 1948（昭和 23）年に移行している。

(1) 昭和 23 年に新制大学に移行した大学

　文部省『学制百年史』（第二編　戦後の教育改革と新教育制度の発展／第一章　戦後の教育改革（昭和 20 年〜昭和 27 年）／第四節　高等教育／三

新制大学の発足／新制大学の発足と移行措置）によれば、

> 「文部省は、当初、昭和22（1947）年度には義務教育とされた小学校と中学校を、23（1948）年度には高等学校を、そして大学は24（1949）年度から発足させる方針であった。しかし、23（1948）年に至り、関西の大学を主体とする12の公・私立大学が、将来計画の確立と改組準備の整備を理由に、4月から新制大学を発足させるべく名乗りをあげ、占領下の特殊事情のため文部省はこれを認可せざるをえなかった。」

では一体その大学はどこなのであろうか。土持は次のように記している。

> 「そのとき認可された大学は、公立の神戸商科大学と私立の國學院大學、同志社大学、立命館大学、関西大学、上智大学、関西学院大学、日本女子大学、津田塾大学、神戸女学院大学、聖心女子大学、東京女子大学の11校（計12校）であった。CIE教育課は、民主化を促進するためにミッション系の私立の女子大学を重視した。5校の女子大学に共通したのは、リベラルアーツ・カレッジであった。」（土持:81〜82頁）

ミッション系の学校ではない関西の公立の神戸商科専門学校は1944（昭和19）年に改称し、1948（昭和23）年に新制の神戸商科大学となっている（筆者注：2004（平成16）年、兵庫県内の他の2公立大学と統合され、新設の兵庫県立大学となる）。

一方、私立の大学令による大学であったミッション系（主義）ではない立命館・関西大学と、ミッション系（主義）の同志社・関西学院はなぜ同時期に名乗りをあげたのだろうか。「関関同立」という言葉はこの時から生まれたのか。また、東京の神道を国学とする國學院がなぜ名乗りをあげ、認可されたのか、等々の疑問が浮び、興味は深まるばかりある。

なお、『関関同立』という語句は、受験雑誌「蛍雪時代」（旺文社）が大阪の夕陽丘予備校に受験資料を依頼した際に、歴史や規模がほぼ同じであった4つの大学について、白山桂三初代校長がこのフレーズ

を考案したという。以後、受験生や他の予備校でも使用されるようになり定着したと分かった。(川上徹也(2017年3月17日)"関関同立"はいつ生まれたのか?")

(2) 現行の大学制度の成り立ち

現行の学校制度の成り立ちについて、少し触れたい。

新制大学は、学校教育法により1948(昭和23)年に発足した。特に国立大学については、1949(昭和24)年施行の国立学校設置法に基づいて設置され、国立70校、公立17校、私立81校が設立(一部は1948(昭和23)年より発足したのは、前述のとおり)。

それまでの大学・師範学校・専門学校・医学専門学校などが一括して新制大学として発足したため、教育環境にばらつきがあるのは否めず、そこで協定する大学団体同士で、自主的に定めた基準を満たしているか相互評価する(これをピアレビューという)アメリカのアクレディテーション団体をモデルに、当時の国公私立大学46校が発起校となって、自律的な大学団体「大学基準協会」が1947(昭和22)年に設立された(1956年に財団化)。一方、国は「大学設置基準」を1956(昭和31)年に制定し、質保証を担保した。　短期大学は、4年制を基準とする大学設置基準に満たない高等教育機関に対し、2年制または3年制の大学として1950(昭和25)年に暫定的に発足し、1964(昭和39)年に法改正され、短期大学として学制に位置づけらた。

大学院は戦前まで帝国大学のみだったが、新制大学では可能となった。

(3) 大学の4月入学の規定はいつからか

大学の4月入学は、帝国大学は発足当初は秋入学であったが、すでに小学校、旧制中学校、師範学校等の入学時期は1900(明治33)年に4月に改正さられたことから、1919(大正8)年の帝国大学令の第2次改正から4月と規定された(文部科学省『学制百年史』)。

現在は学校教育法施行規則で、「学年は、4月1日に始まり、翌年3月

31日に終わる」と定められているが、大学は秋季（9月）入学を更に促進するため、各大学の判断により秋季（9月）を学年の始期とすることができるよう、「学年の始期及び終期は学長が定めることとする」（第72条）と改正され、平成20年4月1日より施行された。

8. スプートニク・ショックと大学改革

　本書は歴史全般を語ることを目的とはしていないので、戦後の大学を語るうえで、「スプートニク・ショック」と俗称される歴史的事件について述べたい。なぜなら、この事件は戦後の科学技術教育を根本的に変えたからである

(1) スプートニク・ショックとは

　1957年10月4日（日本時間10月5日）、ソビエト社会主義共和国連邦（旧ソ連）が世界初めての人工衛星「スプートニク1号」の打ち上げを成功させた。その直径は58cm、重量は83.6kg、人工衛星が放つ信号は全世界で観測され、西側の自由主義陣営諸国を震撼させた。これが「スプートニク・ショック」である。英語では「Sputnik Crisis」という。それまでも東側の共産主義陣営は、「ICBM（大陸間弾道ミサイル）」を開発するなど、軍事技術で大きく先行していたのである。

　アメリカはこれに対抗して1958年1月31日、「エクスプローラー1号」の打ち上げにようやく成功したが、その後1959年10月13日までの間に6回打ち上げ、3回失敗している。アメリカの軍事技術の立ち遅れは明白であった。ここからいわゆる宇宙開発競争が始まるのである。

(2) 国家防衛教育法の制定

　そこで、アメリカがショックを受けてとった政策は何であったか。

　連邦政府は、1958 年、米国連邦議会は、アメリカ航空宇宙局（NASA）とマーキュリー計画を開始するため、「国家防衛教育法」を制定した。これは国家の防衛法であるだけでなく、プラス教育の強化を図る法律でもあった。初等教育においても算数教育の大改革をするのだが、教育現場では混乱を起こしたと聞いている。

　以来、科学教育・研究の重要性を再認識して、軍事・科学・教育に莫大な予算と労力が投じられた。1958 年、連邦議会は米国科学技術財団に前年より 1 億ドルも高い 1 億 3,400 万ドルの歳出を承認。1968 年までに年間予算は約 15 億ドルになったという。また、この時から連邦政府は、大学に対して資金援助を始めた。アメリカの伝統的な考えから、それまで連邦政府は教育にお金を出さず、大学も連邦政府から資金援助を受けることを良しとしなかった（モリル法も土地を与え資金は提供していない）。であるから、アメリカには連邦立（国立）の大学はない。ランド・グラント大学はあるが、日本でいえば公立大学といえる。（もっとも陸軍士官学校や沿岸警備隊養成の学校などの例外はある）。

　当時の記憶が曖昧になっているので、National Defense Education Act（NDEA）で検索してみた。

　　○宇宙開発競争で共産主義ソ連に先を越されてアメリカの威信がいたく傷ついた。
　　○連邦政府自ら国家防衛のための教育法により初めて教育界に介入した。
　　○危機の中で、アメリカの軍事・科学・教育が再編された。
　　○高等教育機関における技術者養成のために、数学・物理等理系教育が強化された。
　　○自国以外の言葉に無関心だったことを反省し、ロシア語、中国語、日本語等の言葉も研究し、教育し始めた。
　　○内向きのアメリカ人の目を開かせるため、外国の文化研究、地域研究を始めた[※]。
　　○給付奨学金やローンを制度化して進学者の増大を促した。

○科学研究能力のある大学には公・私を問わず科学研究費が投じられた。

※　因みに 1960 年、アメリカとアジア太平洋諸国の相互理解を促進するため、連邦議会の予算による教育機関として、ハワイ大学オアフ島キャンパス内に東西センターを設置したのもこの法律の一環である。私事だが、1967 年に半年間、ここに学苑から研修で派遣されたので、自分もスプートニクとは無関係ではなかったと思うことがある。

※　最近、日本の大学でもこの分野の人材が必要だといわれているが、70 年も前の 1959 年には援助資金獲得のための協議会 NCURA（National Council of University Research Administrators）が組織されている。それだけではない。連邦政府から財政援助された大学は報告義務があるので、少し遅れて AIR（Association for Institutional Research）という学会が 1966 年、ミシガン大学で発足している。現在、本部はフロリダのテラハシーに置いており、その活動の概要をインターネットで検索できる。

これがアポロ計画につながり、1969 年、月面に初めて人が足を踏み入れたことによって、アメリカはスプートニク・ショックから解き放たれた。

(3) 日本の大学への影響反応

これに対する日本はどうしたか。日本政府の対応をみてみよう。

○ 1966（昭和 41）年

「四一答申」（中央教育審議会答申「期待される人間像」）で、工業化社会における産業構造に適した人材配分装置としての学校制度が必要であるとされた。

○ 1971（昭和 46）年

「四六答申」（中央教育審議会答申）で、高等教育の大衆化時代における教育制度のあり方を詳細なデータで提言。指導要領を改定し、理数教育を強化することとされた。

○ 1973（昭和 48）年

石油ショックで経済成長が予測不能となり、「四六答申」は事実上挫折した。

ところで、この間の日本は、1970 年「安保延長」反対・粉砕で、多く

の大学で学生の「授業放棄」や「ストライキ」、特に筆者が勤務する学苑では 165 日間にも及ぶ全学ストライキがあった。

　今にして思えば、テレビで放映されている香港の学生たちの抗議活動のように、異常事態の日々であった。大学のあり方が厳しく問われたのである。同時に、激化していくベトナム戦争の影が日本にも色濃く影を落とした時代でもあった。

　このとき東京では東大医学部紛争もあり、1969 年度の東京大学は入学試験を中止した。それから、あまり知られていないが、東京教育大学（筑波大学の前身）も筑波移転問題で、この年の入学試験を中止（体育学部を除く）している。この筑波移転は同大の理学部が手を挙げたのだが、文学部は移転に反対。「赤提灯のない所では文学は語れない」というわけである。

　とはいえ、移転を推進したのはスプートニク・ショックに対する政府の科学技術政策であったことは明らかである。この時代は全国の国立大学に対して理工科増強政策があり、私学にあっても工学系の学部新設が相次いだ時代でもあった。

　私学に工学部があれば、いつ設置されたかを知ってほしい。何事も時代背景と無縁ではないのである。

Ⅵ 大学経営のための IR と　全学的事務システムの開発

1. IR 調査が始まった背景

　この「大学経営のための IR」調査を始めた時代背景を説明しておく必要がある。

　1960 年代は大学紛争の時代である。高度成長時代ではあったが、毎年、インフレーションで物価は上昇した。そうなると学費改定は避けられない。また、学生のクラブ活動・厚生施設としての学生会館の新設が多くの大学であったが、学苑では当時、学費改訂と管理運営問題で理事が総退陣し、全員が新任の理事会になったのである。

　理事会は、学生団体、教員組合、職員組合の諸要求に対応しようとしても、学苑の基本的な統計が全くなく、交渉に苦労したと思う。前総長（理事長・学長）は、12 年近く在任していたので、データが頭の中にあったから、対応することができた。

　ところが新理事会は、大学の現状を知らない。いわば白紙の状態で理事に就任したのであるから、いわゆる「ファクト・ブック」を作れ、ということになったのである。とはいうものの、当時の大学の事務は、電卓もコンピュータもない、ソロバンの時代であったから、「大学経営のための統計調査」は、大学紛争の副産物であった、とも言えると思う。

　なお、全学的な事務システムの開発についての答申に、なぜこの調査が関係したかについては、後段に述べることにする。

2.「基本諸統計」の項目

　以下に示す「基本諸統計」項目は、筆者が担当した 1967（昭和 42）年の全調査項目である。

　学生数の調査は 1949（昭和 24）年まで遡って作成され、順次、調査項目を広げ、収集されていった。当初は理事会のための「マル秘資料」であったが、時代とともに公開されていった。今風にいえば「大学経営のための IR」として位置付けられると思う。「汝自身の大学のことを知らずして大学経営はできるか」である。知らないということは、平穏ではあるが、事実は危機がすぐそこに来ているということはよくあることである。先ずは、現状を知ることが大切である。それを知らずして将来計画ができるであろうか。

　番号に＊印のある項目は、学苑の全教職員の「ファクト・ブック」用に抜粋し、手帳差し込み用冊子として配付した。将来計画の実現のためには、教職員にとっても情報の共有が必要と考えたからである。学問共同体の一員として、その目的遂行のためには必要不可欠の条件である。21 世紀は各人が PC でアクセスする時代であるから、今も冊子が配付されているか承知していないが、こうして大学の基本データを教職員が共有することにしたのである。

　私立大学経営の要諦は、理事会だけでなく、教員、職員も自大学の基本データを知って働けば、自ずと情熱が湧くというものである。なぜ学費の改定をする必要があるのか、なぜ給与改定がこの程度なのか、等々がわからない。わからないで働くことは不幸ではないか。先に述べたように、当時は毎年激しいインフレーション。いわば後追いで学費改定が頻繁にあった。そうしなければ給与改定はできなかったのである。

　大学経営の基本は「情報公開」からである。とはいえ、不都合なデータは、秘したくなったり、加工して発表したくなったりする悪魔の声に誘惑される。であるが、データを加工などすれば、いずれ辻褄が合わなくなり、

バレてしまうものである。誤った情報を公開すれば、理事会の信用はガタ落ち、やがて大学経営はできなくなる。ありのままの「データ・ブック」の情報公開。その勇気をもつ。これが大学発展のための風、礎になると思うのである。

　最近は情報公開が義務付けられた。そこで思うのであるが、よい情報も、よくない情報も同時に公開する大学の方が、はるかに信頼度は高い、と。そうでない大学は危ないのかな、と心配してしまう。

　以下の「学苑基本諸統計」の項目は、先にも述べたように、当初は理事会用のマル秘資料として、1967（昭和42）年度に作成されたものである。データは原則、過去5年間の推移を、5月1日現在で定点観測してきた。なお、（　）内は、筆者の「注書き」である。

＜「学苑基本諸統計」項目＞
Ⅰ　教員・職員基本情報（昭和42年度から作成（遡及昭和32年度））
　1＊資格別教員数と指数による5年間の推移・グラフ
　2＊資格別職員数と指数による5年間の推移・グラフ
　3＊学部等所属別・資格別教員数とグラフ
　4＊箇所別・職種別職員数
　5　教員の所属別・資格別年齢構成（10年区分）
　6　教員の所属別・資格別平均年齢
　7　教員の所属別・資格別平均年齢と5年前との比較グラフ
　8＊専任教員・職員の年齢別・男女別数（昭和57年度）グラフ
　（このグラフは、在職する専任教員・職員全員の山がどこにあるかをみるものである。過去の教職員採用の結果がここに表れるので、経営的な観点からいえば、年度別に退職人数が予測できる。私立大学退職金財団ができる前は、各大学が退職金相当分を自前で準備しておく必要があった。
　　同時に教員のグラフを学部・学科別にみれば、どの分野の教員が退職するかを学部当局はあらかじめ察知し、後継者探しを早めに始めることができる。これは職員の配慮がなかなか行き届かないことであるが、教員の見方は違う。自分たちの仲間がいつ辞めるかということは、ある限られた専攻分野から後継者を選ぶことになるから、ここが職員採用と大きく違うところである。
　　教員にとって後継者をどう選ぶかは、教育上、最重要な課題である。一つの統計から、見る人によって見方が変わることを知った。教員の採用は、相当早くから選任人事が動くのである。学問的能力は論文の評価で可能であるが、教育

力の評価はまた別の次元のようである。したがって、教員の後継者選びは複数年かけてするのが常識であることを、この統計資料を作成している時に知った。）

9　専任職員の資格別年齢構成（10 年区分）とその構成比

（上段に教員のグラフ、下段に職員のグラフを置いた。両者のグラフを見ると、職員の採用年齢は若く、退職年齢も早いことがひと目でわかる。定年は教員 70 歳、職員 65 歳だが、のちにこれより早期に退職できる制度ができた。可視化の効用である。）

10　専任職員の資格別年齢構成と 5 年前との比較グラフ

11　専任職員の等級別年齢構成（10 年区分）

12　専任職員の等級別年齢構成と 5 年前との比較グラフ及びその構成比

13　専任職員の年齢別・男女別数

14　専任職員の資格別・職種別・男女別数と構成比

15　一般教育／外国語／専門教育科目別・所属別・資格別教員数とグラフ

16　専門分野別・所属別専任教員数（日本学術振興会『研究者・研究課題総覧』より）

（学苑にどの分野の教員が多いか、少ないかがわかる。）

17　専任教員の所属別博士学位取得者数

18　学位種別取得者数

19　学部別専任教員一人当たり学生数の 5 年間の推移とグラフ

20 ＊教員の本属箇所別・資格別担任授業時間状況と平均持ち時間数（昭和 57 年度）

（いわゆる教員のティーチング・ロードがわかる。）

21　専任教員・職員の所属箇所別・海外派遣内容別状況

22　専任教員の学部別・資格別・日数別出講日数と比率

（学部別に比較することにより、学部間格差、その違いがわかる。）

23　専任職員の在職勤務年数（5 年区分）別超過勤務状況

（何歳くらいの職員の時間外労働が多いかがわかる。）

24　専任職員の資格別・欠勤日数（10 日区分）別・休職者別人数

25　専任職員の箇所別年間一人当たり平均超過勤務時間数

（このデータを月別でみると、どこの箇所の、どんな担当の仕事が、どの時期にピークを迎えるかがわかる。そこで、そのピークを抑えるにはどうするかが議論され、結果的には、全学の電算化で抑えることになった。関係者の理解を得るには、データの可視化が重要である。）

26　専任教員の資格別・年齢別モデル教員給の 5 年間の推移とグラフ

27　専任職員の年齢別モデル職員給の 5 年間の推移とグラフ

28　専任教員・職員の資格別平均給与の 5 年間の推移

（平均給与を知れば、在職人数から人件費予算がわかる。）

29　各期手当の教員・職員別組合要求額と妥結の 5 年間の推移

Ⅱ　学生・生徒基本情報（昭和 42 年度から作成）

（学苑は、学科別にデータを出してきた。ただし、法学部、商学部は創設が早

いため、学科を置いていない。）

1 ＊学部学科別・研究科別学生定員・実数の５年間の推移と定員充足率
　（入学定員と実数との比較である。）

2 ＊全学生数の５年間推移のグラフと学部等別の男女比
　（女子学生数の変化（増加）の傾向は、常にウォッチしておく必要があった。
　女子学生のための施設・設備への配慮が問われるからである。）

3 ＊学部学科（専修）別入学定員と学年別学生実員数
　（卒業時までに退学する学生がいるので、それを見込んで入学定員を超えて受
　け入れていたが、学年別に何％超えているか、いないかを常に把握しておくこ
　とは、教学上からも、大学経営の立場からも、全学で承知していた。）

4 ＊大学院研究科・専攻科別入学定員と学生実員数

5 　過去５年間の学生数の年度別・指数による推移

6 　外国人留学生・外国籍学生の学部・研究科別・男女別学生数の５年間の推移

7 ＊国籍別・学部等別・男女別外国人留学生数

8 ＊国籍別・研究科別・男女別外国人留学生数

9 ＊一般入試の学部学科別入学志願者倍率と合格者入学率
　（志願票にあるデータは、学生の個人情報が集約している。いわゆる学籍管理
　の基本となる情報である。この情報は、合否判定情報、入学手続情報、学費管
　理情報、科目登録管理情報、成績管理情報、奨学金管理情報、健康管理情報、
　卒業判定情報、就職管理情報、校友会管理情報等と、以下に示す項目をみれば、
　学年進行とともに情報が移行していくことがわかる。すなわち、学生の立場か
　らみれば、自分の情報、成長の記録である。大学の立場からすれば、学生支援
　情報となる。学生に関わる情報は、入学志願から卒業後に校友となった後も、
　一貫した管理が必要であることがわかる。後に全学オンライン事務システムの
　開発にかかわったが、この基本統計の仕事から多くの示唆を受けた。）

10 　同　入学志願者・合格者・入学者の現役・浪人別構成比とグラフ

11 　同　入学志願者の学内併願比率状況

12 　同　学部別入学志願者数の６年間の推移とグラフ

13 　同　合格者の学部別入学手続者数の６年間の推移

14 　同　出身高校所在地県別・学部別入学志願者数と構成比
　（この情報から、学生たちがどこの高校から志願し、合格したかを知ることが
　できる。どこの高校に推薦入学を依頼するかを考える基本情報であった。また、
　自宅外通学生が何％であるかの情報を全学で共有しておくことは重要である。
　自宅外学生は、自宅通学生より、住居費と食事費用が多くなっている。都内出
　身の職員は、このことへの配慮が欠けるきらいがあった。）

15 ＊同　出身高校所在地県別・学部別入学者数と構成比

16 　同　高校評価別志願者・合格者・入学者の学部別構成比とグラフ
　（10〜16までの項目に限らないが、統計をとるとだいたい毎年、同じ傾向となっ
　た。前年度との間で大きなデータの変化があれば、制度的に変化があったか、

あるいは計算間違いがあった可能性があり、必ず計算基礎を注書きした。そうしておくのは、担当者が異動しても問題がないようにしておくためである。）

17　同　高校評価別・学部別合格率と入学率

18　同　入学試験における科目別・学部学科別配点

19 ＊付属高校・係属高校別・学部学科別進学者数とグラフ

20　推薦入学採用学部別・推薦依頼別入学手続者数の 5 年間の推移

21　大学院（前期課程）入学志願者の研究科別・定員別・合格者別等倍率

22 ＊大学院生（前期課程）出身大学及び出身学部別入学者数・構成比とグラフ

23　学部別卒業者数の 5 年間の推移と累計

24　大学院課程修了による 20 年間の修士・博士学位取得者数と累計

25　論文による 5 年間の学位種別博士学位取得者数と累計

26　学部別・学年別 5 年間の退学者状況と減員（卒業）率

（この統計は、何年次に退学する学生が多いかを調査したものである。学部間で違いがあったが、なぜその学年に退学する学生が多いかを検証することになった。）

27　学部別・学年別・退学理由（転部・他大学・病気・死亡等）別状況

28　学部別・入学年度（4・5・6・7・8 年以上）別卒業生数と比率

29　学部・研究科別・就職志願別・内定者別比率

30 ＊学部別・業種別就職内定者数と業種別構成比

31　学生相談の学部別・問題（修学・心理・進学・経済・健康）別来談者数

32　病気（結核・結核以外・内科・外科・精神科）別・学年別休学・退学者数

33　大学学生寮別在寮学生数

34　学生アルバイト斡旋内容別・月別求人件数・求人数・就職者数

35 ＊奨学金種別奨学生数と奨学金交付額（全体額）

36　各種奨学金別・学部別奨学生数・構成比と所属別全学生対比

37　奨学金の学部・学年別新規応募者数と採用率

38　各種奨学金の 5 年間の学年別応募者数・採用者数と採用率

Ⅲ　授業に関する基本情報

（学生の立場からすれば、大規模大学における授業にかかわる基本情報は、最も不満が生じる情報である。ここに示す情報は、改善すべき方向を示唆してくれる。なお、学苑では、科目の登録は、必修科目を除き、提示された科目の中から選択し、自分で時間割をつくることを原則としていた。）

1　学部定員の年度別・入学定員別・総定員別増減（変更）の推移

2　大学院定員の年度別・入学定員別・総定員別増減（変更）の推移

3　学部別・科目（必修・選択）別卒業所要単位数の要件

4　大学院（前期課程）研究科別授業科目単位数

5　学部別・科目別・履修人員規模別状況と構成比・グラフ

（科目別の履修人数の調査は、学生指導上、最も重要な情報である。）

6　大学院研究科別・履修人員規模別状況と構成比

7＊学部別設置科目数とクラス数の増減（昭和52年度と56年度の比較）
　（比較することにより、改善の有無がわかる。）

8＊研究科別設置科目数とクラス数の増減（昭和53年度と57年度の比較）

9　学部別・必修／選択／随意科目別設置科目数の5年間の推移

10　学部別・設置／廃止科目別異動（名称変更）状況

11　大学院研究科専攻別・設置／廃止科目別異動（名称変更）状況

12　学部別・科目別・専任／兼務／非常勤別授業時間数と構成比
　（12 〜 15は、特に学外非常勤講師への依存度を知るための情報である。）

13　大学院研究科別・専任／兼務／非常勤別授業時間数と構成比

14　一般教育科目の学部別・専任／兼務／非常勤別授業時間数と構成比

15　外国語科目の学部別・専任／兼務／非常勤別授業時間数と構成比

16　授業における普通教室規模別・曜日別・時限別使用状況と使用率
　（この調査は、将来の教室計画に重要である。）

17　授業における普通教室の学部号館別・時限別使用状況

18　曜日別教室使用率グラフ

19　規模別教室使用率グラフ

20　時限別教室使用率グラフ

21　専任教員の学部間の授業（一般／外国／専門／全体）兼務状況とグラフ

Ⅳ　**図書館等及び補助金に関する基本情報（昭和57年度）**
　（この情報は、基本的には当時の文部省に提出する「学校基本統計」によって
　いる。学苑には中央図書館があるが、利用者の便宜のために、各学部に教員図
　書室と学生読書室、各研究科、各研究所に図書室がある。図書館情報システム
　開発後は、中央図書館所管システムの管理下に統合されたが、各学部等の図書
　室は従来どおりある。）

1＊中央図書館の一般図書・学習図書和洋別冊数と累計

2　特殊資料（マイクロフィッシュ等）数と累計

3＊開館日数・入館者数・閲覧者数

4＊閲覧・貸出状況（冊数）

5　最近14年間の図書館利用人数と利用冊数グラフ

6＊箇所別所蔵図書・逐次刊行物等と購入費・座席数・収容棚（昭和57年度）

7　研究所の教育活動状況

8　研究機関誌及び学術刊行物一覧

9　国からの私立大学等経常費（補助項目別）補助額・構成比・対前年比較

10　科学研究費研究種目別補助金の採択状況

Ⅴ　**施設に関する基本情報（昭和42年度から作成）**
　（学苑は、全キャンパスの施設・設備を管理するため施設部（当時）を置いていた。

経年により建物等は劣化していくから、私学にとっての建物の更新は、大学経営上、その資金繰りに頭を悩ますところである。この情報公開は、自学部が使用している建物がいつ建ち、いつ更新されるだろうかを現場が予測することに役立つ。）

1 ＊土地・建物のキャンパス別・号館別面積
2 建物の大学・高校用途別面積の 5 年間の推移
3 建物の増減異動状況
4 校地・建物面積の指数（5 年間）による推移グラフ
5 校地及び借用地の 5 年間の異動状況と学生・生徒一人当たりの校地面積
6 校地（所有地）得喪異動状況
7 校地（借用地）の異動状況
8 固定資産（機械器具・備品）の教育研究・管理用別取得（5 年間）状況
9 学部別語学等学習施設の状況
10 セミナーハウス等宿泊諸施設の状況（5 年間）
11 体育施設別の年間実技使用状況
12 シーズン実技等使用の大学 10 施設の状況
13 体育講義教室の時限別使用状況

Ⅵ 財政に関する基本情報（昭和 42 年度から作成）

（学校法人会計基準制定（昭和 46 年）前に始まる財政情報の公開である。いずれにせよ公開せずに学費改定はできない。また、この情報公開は、大学の教職員に大学経営の現状を知ってもらうためであり、自大学の発展のためにも大切なことと考えてきた。今では、財務情報の公開が当たり前になったが、大学により公開内容が同じではない。より信頼できる情報公開とは何かが、これから問われるであろう。）

1 決算の 3 年間の推移（貸借対照表）
2 資金収支決算の科目別構成比と 3 年間の推移
3 借入金残高の 3 年間の推移グラフ
4 借入金（長期・短期借入金・学校債）収支の推移グラフ
5 ＊消費収支決算の科目別構成比と 3 年間の推移
6 帰属収入の 3 年間の推移グラフ
7 消費支出の 3 年間の推移グラフ
8 消費収支計算書の財務比率（他大学との 3 年間比較）
9 貸借対照表の財務比率（他大学との 3 年間比較）
10 帰属収入及び消費支出の他大学比較構成比（法人総額）グラフ
11 当該年度と対前年度（比較増減）資金収支予算と科目別構成比
12 資金収支の内訳グラフ
13 当該年度と対前年度（比較増減）消費収支予算と科目別構成比
14 消費収支の内訳グラフ

15　昼間学部学費の年度別 20 年間の推移
16　昼間学部の指数による初年度学費の推移グラフ
17　昼間学部の指数による 4 ヵ年学費の推移グラフ
18　寄付金種別受理状況（5 年間）
19　学校債種別受理状況（現在は廃止している）
20　学費に関する他 10 大学との比較
21　入学初年度納付金平均額（学部・修士・博士別）に関する他 10 大学との比較

VII　校舎、校地、教員数、図書館座席数に関する大学設置基準との比較
1　校舎面積の学部別・入学・収容定員別・収容基準面積及び現有面積
2　校地面積基準（5 倍・6 倍別）と現有校地面積及び基準充足率
3　学部専任教員数と基準充足率
4　図書館等（学部読書室を含む）学生用閲覧座席数及び基準充足率

VIII　参考：日本と主要国の高等教育機関　基本情報と学苑との比較
1 ＊設置形態別大学数とグラフ
2　設置形態別学部学生数とグラフ
3　関係学科別学部学生数・構成比・男女比とグラフ
4　設置形態別大学院学生数とグラフ
5　学部別・分野別卒業生数（5 年間）
6　大学院専攻課程別・学位分野別授与数（対前年度比較）
7　高等教育機関入学・在学者数の設置形態別比率 56 年間の推移
8　高等教育機関の規模等の推移（昭和 35 年度から）
9　高等教育機関への地域別進学率、進学者収容力指数の推移（5 年間）
10　設置形態別専任教員数と職名別教員数及び職務別職員数
11　全国 4 年制大学の学生一人当たり経費
12　全国 4 年制大学の設置者別関係学科別入学者数の構成比
13　全国 4 年制大学の本務教員一人当たり学生数
14　大規模私立大学専任教員・職員一人当たり学生数
15　設置形態別学生一人当たり建物・土地面積
16　設置形態別図書館の現状
17 ＊私立大学関係補助予算の推移（6 年間）
18　設置形態別学費と学生生活費
19　日・米・英・仏・独・ソ・中の高等教育機関数・教員数・学生数
20　日・米・英・仏・独・ソ・中の学生一人当たりの教育費
21　日・米・英・仏・独の高等教育機関への進学率と在学率
22　日・米・英・仏・独の本務教員一人当たり学生数
23　日・米・英・仏の学部学生に対する大学院学生の比率
（19 〜 23 は文部省『教育指標の国際比較』等から作成）

　以上、まだソロバン、電卓時代における、いわゆる「大学経営の IR」
の取組みである。データの収集は各箇所に依頼して企画調整部（当時、
今は廃止している）で作成した。

3.　教務事務電算化に関する答申

　手作業の時代に、統計資料がここまでできたのは、大学紛争によって「大
学とは何か」が学生から問われたからである。そして大学に働く教職員
自身が、自己の大学のことを何も知らないことを知らされたからでもあ
る。その結果、「大学機関研究＝ IR」が生まれたと言える。この仕事に関
係したことから、データで大学全体を俯瞰することができた。
　これが「教務事務システム開発（答申）」に反映され、答申の概要は以
下のとおりである。

＜教務事務電算化委員会の答申書を書く＞
　上記の統計項目は 1967（昭和 42）年のものであるが、不幸なことに、
1981（昭和 56）年に入学試験で職員の不正行為が明るみになり、学苑
は大揺れに揺れた。入学試験の業務はコンピュータ処理をしていたが、
手作業の事務がまだ大幅にあったのである。電算化といってもまだカナ
文字である。ある限られた関係職員が、専門的にシステム開発を委ねら
れていた。一般職員には固定電話が係単位に 1 台である。大型計算機が
学内に 1 台の時代であるから、理工系の教員も研究のためには計算機が
設置されている電算室に出向いて計算してもらうほかなかった。したがっ
て、半世紀前は、電算機は研究を最優先、事務処理に使うことはできなかっ
た。これは本学苑だけではなかった。
　こうした時代背景に、総長諮問の、全学部から 50 人の教職員で組織さ
れた教務事務電算化委員会が設置された。学生に関わる事務処理である

から、教員も委員としてかかわるのは当然とされたのである。いわば教職協働で教務事務の電算化を考えた事実があったことを記しておきたい。

＜教務事務電算化に関する答申（骨子）＞

委員会の答申（ここでは「骨子」のみ）を下記に掲げるが、諮問を受けた総長は理事会に諮り、説明した。なお、委員長は筆頭常任理事であった。

1　教務事務電算化の２つの前提条件

①教務事務の電算化は、既存の事務組織の改革統合によって、センターがデータの処理の全てを引き受けるのではなく、教育・研究あるいはサービスの主体である学部等の事務組織の職員自らが事務処理をしているように、データ処理にあたること。

＊1　かつての事務の機械化は、機械の能力に合わせて事務組織も変えるべきだとされていたが、学苑ではそれを採用しなかった。なぜ機械に合わせて組織を変えるのか、という疑問があったからである。これは当該事務所の職員からだけでなく、教員からもあった。1学部4,000人程度も在籍するのであるから、事務処理をセンターに統合していたら、逆に、当時の大型計算機といえども、学年末・新学期はセンター業務が破綻していたであろう。

2　目指すべき方向

①教務事務の手作業の処理はできるだけ機械処理に置きかえ、事務コストと労力を軽減すること。

＊2　事実として、機械化により、開発時の1,300人の事務職員は、開発後のある時期は750人にまで減じている。現在は800人程度。もっとも、専任職員によらなくてもできる業務は専門業者に外注化する方向に向かった。

②事務処理の正確性と迅速性を生み出すこと。

③機械化によって得た余力は、教育・研究・学生サービス向上と仕事それ自体の質的向上、学生指導上の改善をもたらすこと。

＊3　余力は、教育・研究・学生サービスの向上に事実として寄与したが、教育・研究に与えた最も大きな効果は、＊2で述べたように事務職員数が大幅に減じた一方、逆に教員が増強されたことである。

　　　　この間、早期退職制度が施行された。事務のピーク・ロードである学年末
　から新学期に合わせて職員を採用していた歴史があるが、ピーク・ロードの
　事務は機械処理に変わった。それだけではない。学生の情報は、入学試験か
　ら卒業するまで、一貫して成長の記録ができるのであるから、その威力は驚
　くばかりである。それゆえ、職員の仕事は一気に、事務処理をするジムイン
　から、考える職員に成長を促されたのであるから、21 世紀の大学の職員研
　修は、新しい時代に突入したと思われる。

④教務事務電算化のシステムが、大学全体の事務処理の中核となり、1

　つのネットワークを構築しうるように整合性と発展性があること。

　　＊4　教務事務システム開発課は 3 年後、事務システム開発課に改組。本部
　　事務（財務・人事・総務等）のシステム化にも着手した。

3　電算化の範囲

　大学全ての学生・生徒に関する次の事項とする。

　　＊5　当初は、学生に関わるシステムの開発から始めた。のちに、法人業務シ
　　ステムもその一環として開発された。教学業務も法人業務も、両者の情報は
　　関連しているからである。

（イ）学籍管理（ロ）科目登録管理（ハ）成績管理（ニ）その他左記
に関連する事項。なお、学生管理システムは全学一斉に稼働すること
が必須である。

　　＊6　全学一斉にしたのは、将来、コンピュータは 1 人 1 台の時代が来ること
　　を予測し、全学的な人事異動ができるように配慮したからである。そこで、
　　最初から法人事務所にも 1 台配置した。ある本部部長から、端末は必要ない、
　　と言われたが。

4　システムの開発方法と処理方法

①オンラインによるデータベースシステムの確立により、日常業務は

　各箇所処理が可能なシステムを目指すこと。

　　＊7　センターに事務処理を依頼した時代が続いていたが、オンライン・ネッ
　　トワーク時代が到来するとの理工系の専門の教員の発言があり、箇所処理は
　　当然のことだと予測された。

②機密保持と安全性を確保すること。また物理的にも教育・研究用と

　事務専用機械を分離することが望ましい。

＊8　答申により、理事会は事務専用機の導入を決定。これは英断であったと思われる。大型計算機のもとに 100 台の端末機が、全箇所事務所に一斉に配置されたので。1 人 1 台に PC が配置されたのは、前世紀末のことであった。

③システムの開発は、プロジェクト・チームの箇所職員が中心となるが、場合によっては外部専門業者に明確な仕様に基づいて外注も考慮しておくこと。

＊9　学苑の歴史上、初めて箇所横断的なプロジェクト・チームを組織。5 年で組織を見直すことを規定化。その後、組織はたびたび見直された。機械の能力の向上に合わせて組織も改組されたのである。

5　全学的な推進体制の必要性

①箇所担当職員の全学的な協力を得て業務の調査、分析を行うこと。

②学部等の事務長、学部長ら管理運営の責任者にも十分な理解と協力を得て、担当者が開発に協力しやすい環境づくりをすること。

＊10　開発プロジェクト・チームを組織・箇所担当者と本部の兼務にしたことにより、学部サイドと本部サイドの両方の立場からシステムを俯瞰できるようにした。

③各学部等に設置された端末機が円滑に運用され、システムが稼働するためには、職員に対する事前の教育・研修と広報活動が重要である。

＊11　最初に開発希望箇所の若手の職員を対象に、開発のための研修を始めた。全員、30 歳前後の若手職員であった。兼務すれば職場にいなくなるから、彼らが職場で孤立しないように、全学の職員にシステムの開発状況を常に広報するようにした。

　開発室にも当然のことではあるが、端末機が置かれた。今では端末機という言葉は死語の感があるが、データをセンターの大型機械に送信するための入力機器である。これはワープロ機能を持っていたので、開発室で一気に活字原稿が作成された。タイピストや印刷所に依頼して活字を拾ってもらう必要がなくなったのである。

　この頃から、学苑の議事録等の文書はワープロ化された。まさに印刷革命である。ともあれ、手書きの原稿を一気に端末機に入力できるようになったのである。そのスピードたるや驚異的であった。活版印刷の広報に慣れ親しんだ全学の職員は、時代が変わると予感したと思う。あれよあれよと短期間に端末機は PC に向上し、機器同士でメールのやり取りができるようになったのは、21 世紀にさしかかる頃であった。

Ⅶ　大学経営の基礎体力を作る海外研修

1.　大学の国際化と職員海外研修

（1）　学苑の職員海外研修
①職員海外研修開始は 1965 年から

　教員育成のため、当時の総長の大浜信泉（理事長・学長）がミシガン大学との国際交流協定で若手を 1 年間派遣していたころ、五大湖周辺の私立大学が組織するコンソーシアムから、早稲田にワン・イヤー・スタディ・アプロード・プログラムで「日本学研究」を主専攻とする学部 3 年生を中心に受け入れてくれ、と要請された。

　戦勝国が敗戦国に学生を送るというのである。日本語の授業以外は全部英語による講義であるから、事務スタッフも図書室司書も日本語だけで対応するわけにはいかない。理事会は困った。ところがアメリカの大学には外国人留学生アドバイザーなる専門職員が存在することを知った担当理事は、帰国後、アメリカに職員の海外研修派遣を提案した。

　即時に理事会は、ハワイ大学校内に国務省が1960年設立したイースト・ウエスト・センター（EWC）と協定（在米中の費用は先方負担）を結び、半年間、年齢 26 歳以上、在職経験 3 年以上で学内公募し、事務職員 2 名を向こう 4 年間、派遣する決議をした。

　翻ってみると、筆者にとっての海外研修は、結果的には大学経営について考える道筋をつくったので、初めに海外研修の概要について述べることにしたい。

　因みに、第 1 次（1965—68 年）では事務職 9 名（内男子が 6 名）、第 2 次（1969— 72 年）では司書職 8 名、計 17 名（ハワイプログラム）、

そして第3次は、1971年から今日まで124名、主に若手職員自らの研修計画で送り出した。なお、1971年から23年間 管理職者を海外大学経営セミナー（主催：私立大学連盟）に22名、毎年1カ月間派遣したので総計では163名となる。内現職は110名である。

　以上の職員海外研修者中6名が、1990年に職員の常任理事（副総長）を置いて以来、連続就任している。

②百聞は一見にしかず

　ハワイプログラムは、6カ月、うち2カ月以内はアメリカ本土の大学の留学生課・図書館を視察・研修し、帰島した後はハワイ大学留学生課・図書館でいわばインターン生として研修する、というものであった。ただし、筆者は当時学生部で新学生会館の建設に関わっていたこともあり、学生部全般の視察・研修を希望した。1ドル360円当時のこの海外研修体験は、その後の大学職員としてのあり方に決定的な影響を与えた。27歳だった。

　視察した大学は23校。施設・設備の豪華さに目を見張った。キャンパスの広大さも行ってみないと分からない。車で案内して貰っても相当時間がかかる。だが、それ以上の驚きは、どこの大学も、冬でもないのにお湯が出るのだ。まさにこのお湯が、かの国の大学の豊かさを象徴していた。百聞は一見にしかず、とはよく言ったものである。米本土2カ月間の驚きの体験が最高の教師であった。帰国後の自己啓発を促しただけでも研修効果は絶大だったと言わなければならない。

　若き日の一人旅は人を鍛える。オン・ザ・ジョップ・トレーニングの実践編だからである。初めて行く約束の場所に、約束の時間に訪ねること。まずは自分自身の健康管理が問われる。第2に、スケジュール管理が問われる。第3に、訪問相手に何を聞くかの事前学習が必要になる。第4に、報告書作成用の調査取材メモをとる（当時はハンディなレコーダーはなかった）。第5に、できるだけ早く訪問先に礼状を書く。そして第6に、

旅行中の危機管理、等々である。また、先のアドバイザーから「アナタは若いけれども学生ではない。学苑を代表しての大学訪問だから、必ずネクタイ着用で訪ねなさい」と助言されたれたことを思い出す。これらはすべて外国人留学生、外国人来訪者との接遇に必要なトレーニングでもあったのだ。

　海外研修はプラン・ドウ・シーのすべてを1人で背負うことだった。このハードルを超える体験が大学職員として自己を確立させることとなった。大学を客観的、大局的に見るものの見方の育成に海外研修が大きな影響を与えることを歴代の大学理事会は理解し、長期的な視点から人材育成に継続的に資金を投じてきた理由であろう。

〈村上義紀『文部科学通信』2004・4・26（第 98 号）〉

(2)　自己啓発を動機付けた海外研修

　ここでは、筆者自身の海外研修体験とそのプログラムの課題等について述べる。

①専門職学会に加入し国際会議に出席

　海外の大学に学ぶことは自己の大学を知ることである。比較することにより自己の大学がよく見える。これは人材育成の基本であり、若いときほど効果があると考える。自己啓発の動機付けとなるからだ。

　筆者の最初の仕事は、スチューデント・ユニオン（Student Union を「学生会館」と訳しておく）だった。アメリカにはこの仕事を担当する専門職員の国際学会（ACU-Ⅰ）がある。関西学院大学の主事である先輩の紹介で 1965 年に加入した。この方は最初に師表となった先輩である。この学会加入により、学会報告・学会誌・ニューズレター等が送付されるようになり、アメリカの学生動向とその対応、課外活動、あるいはキャンパス・ライフ全般のサービスについて学んだ。

　ハワイ到着 1 週間後、フィラデルフィアに飛び、1 週間の 1967 年度 ACU-I 国際会議に参加した。実に多くをここから学んだ。日本からのたった 1 人の参加者のために広いコンベンションホールの壇上に日の丸の旗があった。会議開催の方法、分科会の進め方、ビジネス・ミーテイング、役員選出方法、ホスト校見学、ワイブス・ホスピタリティ等々の企画。全米から 1,000 名近い参加者に満足して帰ってもらうための企画運営への深い配慮。 スチューデント・ユニオンに関わる専門職員たちの職種の多様さ。 これが、会議の合間のコーヒー・プレイクがとりわけ重要なものにしていることを目撃した。 この時間を待ち構えている人がいる。人材発掘と売り込みの戦線なのである。

　人柄は論文だけでも、学会発表を聞いただけでも分からない。差しの何気ない会話から人は多くを学ぶ。自分の後継者、アシスタントを誰にするか。逆に自分の能力をどう評価してもらい高い地位を得るかの交渉の場であった。国際会議は関係専門職員の人材発掘の場であり、後継者を養成するための専門職員育成の重要な場だったのだ。専門職学会はこれに限らない。大学アドミニストレーション等に関わる専門職学会は、特に 1960 年以降数多く設立された。連邦政府が大学に資金援助をするようになり、政府に報告説明する責任が生じたからである。 いま思うと、国際学会それ自身にも大学アドミニストレーションに必要な大学経営のノウハウが凝縮されていたのである。

②学生部のプロフェショナルたちに学ぶ

　会議に出席後、個別大学訪問を開始。 アメリカの学生部はいわゆる（Student Personnel Services）の本家本元である。正課課程外での課外活動体験を奨励し、豊かな人格の涵養のために、相談・助言・指導する専門職員（プロフェショナル・アドミニストレーテイプ・スタッフ）と支援するクラークを配置してきた。筆者が会った学生部関係の専門職職員が率いる管理職、専門職のタイトルは、例えば、ディレクター、アシスタ

ント・ディレクター、カウンセラー、アドバイザー、レジストラー、アドミッション・オフィサー、マネージャー、スペシャリストなどが浮かぶ。　これら各分野の専門職員（修士以上の学位を持っていた）が学生一人一人と個室で対応していた。次々と学生部各部署の専門職員と面談するうちに、日本のSPSとは全く別のSPSであることを知った。　27歳の、何の資格も肩書きのない若造に向かって「アンタのリスポンシイビリティ（仕事の責任）は何か」と聞く。「これこれ、コレコレで、学生部のスタッフ・メンバーだ」と答えると、「ブラボー。それは、アナタは、Dean of Students（学生部長）だ」と言われたものである。

　プロフェショナルには年齢は関係ない。専門職員は生涯にわたって、大学を変わることはあっても、同じ専門分野で仕事をするのだと。訪問を重ねるうちに学長や副学長等のトップ・アドミニストレーターも全世界に公募して採用していたことを知ると、日本の大学経営とどう違うのかの疑問が湧き出てきた。なぜトップ・アドミニストレーターが、選挙ではなく、理事会のトップダウンで指名されて就任するのか。　これでもアメリカは民主主義の国かと。

　海外の大学を知ることは自分の大学の常識との戦いである。海外研修はそれだけで充分、価値があった。

③第3次海外研修プログラムの舞台は世界の大学へ

　ハワイプログラムは、ハワイ大学内での研修が中心だったので、第3次（1970年）からは全世界に広げて今日に至った。

　このプログラムも若手中心の一般職員を対象とし、研修計画立案は本人に委ね、1年前に公募して決定してきた。期間は、当初は半年、その後1年、さらに業務上の必要から3カ月間、大学指名による業務調査研修プログラムが加わった。このほか私立大学連盟主催の管理職海外研修（1カ月）に毎年1～2名程度派遣した。

　今日までの派遣者144名中34名が退職し、110名が現職にあるが、

これは全職員の 15 ％に過ぎない。教員が 100%であるだけに、まだまだ職員の国際理解には遠いことを改めて知った。ただ救いは、研修留学先が語学の問題からアメリカが大多数を占めていたが、最近の若い人は中国、東南アジアへの関心が高いことである。アジア展開の国際化をミッションに掲げる以上は、さらに長期的かつ継続的な目標の設定が必要であろう。なお、現役管理職者の約半数の 60 名が上記の海外研修を受けている。過去の事例に照らし、この中から大学経営に関わる本部部長職、理事、常任理事になろう。

2. 自己啓発の動機とその記録

　いったい大学経営人材は育てられるのか、育つのか。難しい。多分どちらかではなく、双方がうまくかみあって育つのであろう。それにしても人材育成は時間と忍耐が必要である。

　以下、実践事例を踏まえた自己啓発のあり方を中心に述べる。しかしよくよく考えてみるに、これからの大学の経営人材養成に、過去の実践例や体験が何ほどの価値があるか疑問がないわけではない。その判断は読者に委ねる以外ないが、母校の一職員としてあった自己啓発の一端にも触れながら進めることにする。

(1) 学生との論争の日々（20 代前半）

　母校である学苑を卒業し、就職したのは 1963 年 4 月であった。学生部学生生活課（当時は「学生支援」という言葉はなかった）に配属されて退職するまでの 38 年間、大学職員として多くの経験をさせていただいた。就職したのは半世紀以上も前のことになるが、当時は「大学に勤めています」と言うと、「先生ですか」と。「いいえ、事務職員です」と仕事の説明をしてもなかなか理解してもらうことができなかった。学生の親

自身がまだ大学の実情を知らなかったこともある。そして、大学には用務員とは違う仕事をする人が相当数いるらしい、と思われたものである。

　1997年に大学行政管理学会が発足してから、複数の大学で大学職員を対象とする大学院が設置された。SDも義務化され、大学職員を取り巻く環境は、2000年以降大きく変わった。

　これからの大学職員は、今後ますます高度化・複雑化する仕事に対応するため、生涯にわたって自己啓発をすることが必然の時代になるであろう。そこで、筆者がどのような自己啓発をしてきたかを述べてみたいと思う。もとより、私的な自己啓発の勉強内容が手助けになるとは思わないが、10年余りも仲間とともに自主的に続けたその方法は、自己啓発する際の参考になればと思う。

　20代の頃は対学生の仕事。とにかく出来る限り現場に出向くことを心がけた。学苑に就職し、希望していた学生部学生生活課に配属。最初は学生会館事務所の仕事であった。学苑の学生会館は、文化系サークルの部室が中心の建物であった。勤め始めの頃は、1960年に結ばれた日米安全保障条約反対で岸総理大臣（安倍総理大臣の祖父）を退陣させたという機運は残っていたのである。10年後の70年に（自動）延長される条約になっていたからである。東西冷戦の状況下、「左翼でなければ学生でない」と言われた時代である。

　職場は、課外活動の学生が相手である。机に向かって仕事をすることはほとんどない。サークルの幹事長と頻繁に会うことが仕事で、学生と議論ばかりしていた。それだけではない。例えば、自治会が通路一杯に立て看板を置くから、通行に支障をきたす。そこで看板をどけると、「表現の自由の妨害だ」と抗議され、毎朝、学生に取り囲まれた。

　また、大学が公認するサークルは、会員20名以上で組織していることが大学の規約であるから、毎年名簿を提出する必要があった。提出がないと補助金が出せないからである。「名簿を出しなさい」と言っても、「そんなものを出せるか」と拒否される。提出すれば学生がどんな団体に所

属しているかがわかってしまい、就職などの際に影響が出ると主張したのである。特にいわゆる左翼系サークルが拒否したものであった。

　ほかにもあった。「図書館の本の貸出しを機械化するのは反対だ」とも言われたのである。貸出本が機械で名寄せされ、誰がどんな本を読んでいるかがわかるから、と言うのである。

　このように、何かあると学生は抗議する。反対運動をするのが当たり前の時代の中で、学生に大学の立場で説明することになるから噛み合わない。それが筆者の仕事であった。この経験は、その後の大学における働き方、考え方に大きな影響を及ぼすことになる。もっとも、当時は学生に近い年齢であったから、彼らの言い分がわかることも多かったものであったが。

　因みに、当時、筆者はサークルの分類表を作成した。規約では「学術」「宗教」「芸能」の３分類だけ。サークル数は、同好会を含めれば300団体以上。新人には何をする会かが、会の名前だけでは予想できない。コンピュータのない時代で、すぐに検索できなかったからである。そこで、規約を改正することなく便宜的に、図書分類表に準拠して、活動内容によって10分類にして整理番号を付与したのである。この分類表は、翌年から『学生ハンドブック』にも掲載。なんとこれが最近まで使われていた。今もその分類の基本的な考え方は引き継がれている、と聞いた。

　ここで言いたいのは、ベテランにはわかるが、新人にはわからない仕事の仕方であった。なぜ、新人でもすぐに対応できる仕事の仕方をしていないのか。これは大問題ではないか。当時は人事異動もなく、情報は全部、先輩職員の頭の中にあったから、必要ともされなかったのである。半世紀前の給与制度は、年齢とともに昇給するシステムが合理的とされていた。経験を積むに従い仕事ができるようになる、と考えられていたからである。

(2) 学生会館のあり方とは？ アメリカ ACUI に入会

　学生サークルへの対応に加えて、学苑構内に隣接する買収した用地に第二学生会館を建設する任務が与えられた。学生厚生施設として第一学生会館はすでに建設されていたが、これはいわば「サークル会館」「部室会館」であったから、一般の学生のための施設は狭いラウンジと、地下1階に食堂があるだけである。学生生活課の職員として、一般学生のための施設、つまり学生会館のあり方について考えた。

　「学生会館とはいったい何か」について、はじめから勉強することにした。そこで、敬愛する関西学院大学の学生会館主事であった先輩に相談したところ、アメリカの ACUI（Association of College Unions International）に入会したらどうか、と勧められた。

　当時の年会費は 20 ドル（1 ドル 360 円の固定レートで 7,200 円相当）、初任給が 19,000 円の時代である。その費用負担について課長に相談したら、学生生活課に計上されている 10 万円の雑費の中から支出してくれたのである。まだインターネットなどない時代であるから、入会のためだけでも手紙のやり取りなどで手間暇がかかったが、この学会への入会によってアメリカの大学の学生サービスの現状について学ぶことができ、大学を退職するまで会員であった。

　因みに日本の会員は、退職時まで同氏と私の 2 人だけであった。

（3）アメリカの大学の学生サービスに衝撃

　学生紛争のさなかにあって、学苑では外国、主にアメリカからの留学生受入れ機関として 1963 年に国際部別科が設置された。いわゆる「ワン・イヤー・スタディ・アブロード・プログラム」である。100 名ほどのアメリカ人学生に、英語による「日本学」を授業したのである。もちろん日本語も勉強した。

　間もなく、アメリカの大学の学生部では、留学生に対応する専門職員を配置して学生支援をしていることを知った。当時は外貨不足の時代であるから、日本から海外に出かけるのは難しく、情報は先方の大学の『英

文要項』を取り寄せて内情を知る以外なかった。今ではネットで検索すればすぐにわかるが、いつでも検索できると思ってなかなか調べない。便利になると、知りたいという欲求が低下する。

　学苑理事会は、この分野の職員を養成することを直ちに決議。アメリカ国務省がハワイ大学構内に設置した東西センターと協定を結び、6ヵ月間にわたり職員を同地に派遣し研修させるプログラム（インターン）を開始した。往復の旅費は学苑が、研修・滞在費はアメリカ国務省が負担するという協定であった。

　1965年から毎年2名派遣する研修が始まり、私は3期生。1967年、27歳の時であった。今から半世紀も前の大昔の話であったが、当時の大濱総長率いる学苑理事会のご決断に今でも感謝している。たぶん、人材の養成には長期的な展望が必要だと判断されたのであろう。

　当時設置された国際部はその後、国際教養学部に発展した。派遣研修プログラムはほどなく終了したが、学苑はこのプログラムを発展させ、自ら研修プログラムを作らせて希望の大学に派遣するようになった。限られた国際部門関係だけの職員養成ではなく、幅広い分野の職員養成をするためである。どこの事務所にも外国の大学のことがわかる人材が必要だと考えたのである。例えば、国際部門の職員をそこだけに閉じ込めてしまったら、その昇格や他部署への異動が難しくなるではないか。他大学からスカウトされるのは誇らしいこととしても、そうした良い人材が転出を望まないような大学にしておきたいではないか。

　大学のグローバル化が求められる今日、各大学における職員のための海外研修プログラムの整備状況はどうしているであろうか。職員の人事政策・養成が気になるところだが、当時筆者は学生部に勤めていたので、この機会にアメリカの大学における学生サービス全般について勉強しようと考えた。もっとも、「学生サービス」という言葉は、古参職員には忌み嫌われた。「なぜ我々が学生に奉仕しなければならないのか」と。どうも日本語の「サービス」と英語の「Service」のニュアンスの違いがよく

わからないからか、筆者もその違いを今でも明確に説明できない。

　研修6ヵ月のうちの2ヵ月は、1人でアメリカ本土にある24の大学の学生部関連組織を訪問・調査して回った。この段取りを組んでくれたのは、当時ハワイ大学の留学生アドバイザーであったA. Lee Zeigler氏であった。氏はのちにスタンフォード大学ベクテル・インターナショナル・センター所長に転じ、NAFSAの会長も務めた方で、JAFSAの設立にも大きな貢献をされた。

　アメリカの大学の話に戻るが、日本の大学では、事務職員が匿名でカウンター越しに上から目線で事務処理をしている学生対応とは異なり、アメリカの「学生サービス」は、専門職員として名前を明らかにして、個室で学生と座って面談し、たらい回しにすることはなく、その場で即決していた。学生サービスに限らず、立派な諸施設・設備、充実した教育プログラム。それを支える経営体制に圧倒された。

　この時、日米の大学の違いに驚くとともに、「大学とは何か」について、自分があまりにも無知であることに改めて気がついた。学部や大学院等の組織が、いつ、なぜ出来たのか。大学におけるサービスとは何か。大学になぜ事務職員がいるのか。職員は大学の構成員であるのか。卒業生は大学の構成員なのか。大学の管理運営はどのように行われてきたのか。教授会、理事会、評議員会等の役割は何か。さまざまな疑問が生じてきたのである。

（4）米国のスチューデント・ユニオンに学ぶ

　この海外研修の機会に、フィラデルフィアで開催された先述のACUI（スチューデント・ユニオン学会）主催の国際会議にも出席した。日本からの参加者は筆者一人だけ。日本の代表として受け入れてくれ、ある夕べには、遠来の参加者を歓迎して、1,000人もの来客が集うバンケット・ホールの壇上で、エクゼクティブである役員の方々とともに着席、食事をいただくという接遇にいたく感動した。

　この時の経験から、大規模な国際会議の運営方法等について学んだ。また、コーヒー・ブレイクの時間は各大学のユニオン・ディレクターにとって、専門職として参加した会員たちの力量を知る機会であり、自分の後継者探しや部下のリクルートなどが行われていた。この人材リクルートは日本とは全く違って、人事部は介在していない。この時の一連の経験は、1997年に設立した大学行政管理学会を運営する上で大きな参考となった。

　ともあれ、この米国研修は衝撃的な経験の連続であった。例えば、アメリカの「スチューデント・ユニオンは単なる建物ではない」。「それはユニオンという組織であり、プログラムそのものがユニオンなのだ」というのである。「Good Citizenshipを育む」というミッションの下、より良い学生生活を送ることができるよう、さまざまなプログラムを学生も計画するが、そこには専門職のプログラム・アドバイザーを配置しているのである。

　周年事業やホームカミングデーには、ユニオンのホテルに校友が泊まりに来る。日常的には、全キャンパスの教職員がそこで食事をし、談話をし、映画を鑑賞し、音楽会を開き、週末の夕べにはダンスパーティ等を開催し、諸々の会議のために集まるのである。それだけではない。スポーツを楽しむ機会もあるのである。水泳、ヨット、カヌー、ボート、ボーリング、玉突きなど個人参加のプログラムが多数用意されていた。それも指導するコーチが必ずいるのであるから驚くではないか。個人参加を奨励しているのは、学生本人が自分にとって何が適しているかを探すため、それが将来の彼らの人生を豊かにするというのである。

　スチューデント・ユニオンは、学部を越えて集結するものである。もちろんそこには教職員も来るから、学生のありのままの姿に日常的に触れている。治外法権であるかのごとき状況にあった当時の日本の大学学生寮、学生会館とは大きく違っていた。豊かな学生生活を提供しているのは、学生が広大なキャンパスの学寮に居住しているからかも知れない。

ユニオンにはブック・ストアのほか衣類や日用雑貨を置く売店もあった。コンビニの先駆けのようであった。大学を訪問してお土産を買いたかったら、ユニオンに行こう。学生と話したかったら、ユニオンに行こう、と勧めたい。

帰国後すぐに、その印象記を学生が編集する英字新聞「ザ・ワセダ・ガーディアン」に求められ、アメリカの学生生活について寄稿したら、"Life of Well-being Campus" という見出しをつけて報じてくれた。

ここまでアメリカの大学の学生生活について述べてきたが、大学で働いていると、なすべきことがたくさんあるということに気づく。そのことを教えてくれる機会として、職員養成のための海外研修を50年前に開始した当時の学苑理事会の見識に敬意を表したい。人はすぐに成長するものではないからである。人材育成には忍耐が必要である。

学苑では、この海外研修は形を変えて今も続いていると聞いている。ユニークな海外研修の１つに、新入職員は全員、短期間であるが、自分で全て計画し、海外視察に行ってくるプログラムがある。また、自由に、いつでも、私的にも海外旅行ができる時代になった。海外を訪問する機会があったら、是非とも当地の大学キャンパスを歩いてみてはどうであろうか。自分の勤務する大学のことをもっと知りたいと刺激を受けると思う。

以下に、海外研修と現地の大学から学んだことを箇条書きにしてみる。

①単独での海外研修は全て自己責任であり、すぐに問題解決を問われる。

②海外研修はストレス・テストである。

③若い時の海外研修は、国内研修の数十倍に匹敵する。

④この試練に堪えた時、管理職になれると確信する。

⑤海外研修は、自大学の抱える問題点を浮き彫りにする。

⑥予約なしでも、大学の施設・設備・教室等は見学可能。ダメな場合は交渉する。

⑦建物の配置を観察する。大学の発展過程と教育研究への配慮に思いを巡らす楽しみがある。

⑧アドミニストレーションや学生サービスのオフィスを訪ね、その働き方を観察する。

⑨大学キャンパスや建物の中を自由に歩けば、必ず新しい発見がある。

⑩海外の大学と自大学を自然と比較している自分を知って面白い。

(5) JAFSA（外国人留学生問題研究会）の立ち上げ

　帰国早々に人事異動があった。帰国1ヵ月後、先輩職員に呼び出され、「異動して一緒に仕事をしないか」と誘われた。当時の学苑では人事異動は6月か12月と決まっていたのであるが、それよりも1ヵ月早く、内外の教員・留学生にサービスする教務部外事課に異動し、主に留学生の受入れを担当した。訪米中にアメリカの大学における留学生受入れについても勉強してきてはいたが、当時はまだ変動のない1ドルが360円の時代である。日本も貧しく、日本の学生が気軽に留学できる時代ではなかったのであるが、受入れはしていたのである。

　日本が受け入れている留学生は、第2次世界大戦で損害を与えた国からが主で、インドネシア賠償留学生や、中国系のタイやマレーシアからの留学生、そして香港、台湾、韓国からの留学生であった。彼らは日本の教育制度の下、日本語で日本人学生とともに授業を受けることになるから、受入れに当たっては学歴や入学資格の有無の審査が問題となるのである。したがって、提出された卒業証書や学業成績証明書が本物かどうかをまず調べなければならない。中には偽造のケースもあるからであった。

　受入れに当たっては、入学資格が妥当であるかどうかの判断のために、それぞれの出身国の学校制度や学業成績の評価方法を勉強しなければならない。例えば、インドネシアでは新学期は1月に始まるように、国によって学期の始まる時期が違うので、学業年限のカウントの際には注意が必要である。大学院の学生の場合、標準的な在籍期間も日本とは違うのである。

　そうした基礎知識に基づき、それぞれの留学生の受入れ条件について第一段階の資格調査を担当箇所で行い、入学許可を判定する学部または大学院に回すわけである。諸外国の学校制度の情報が得にくく、数少ない資料で判断していた時代であった。

　また当時は、日本生まれの外国籍の学生が、一旦帰国すると再入国できないケースがあった。日韓の歴史的事情から日本居住の親元に密航してきた学生や、無国籍状態の学生への対応、日本政府が発給する在留資格の問題もあったのである。とりわけ台湾独立運動に係わる学生の問題や、韓国人留学生を取り巻く問題は複雑であった。留学生の受入れは、日本人学生のそれとは違い、国家間の諸問題がすぐに影響するため、入学から卒業するまでの学生の身分保護は格段に手間暇のかかる仕事であった。

　当時留学生は、国立の東京大学、京都大学、東北大学、東京工業大学、日本語学校のあった千葉大学、そして私学では歴史的に昔から多かった早稲田大学、慶應義塾大学、明治大学に多く在籍していた。これらの大学では、教職員が留学生の問題についてより深く勉強しなければ対応ができない。そこで筆者の先輩が、米国のNAFSA（留学生アドバイザーの協議会）の会議に日本から初めて出席した。帰国後、日本にもこのような専門職協議会が必要であるということで、外国人留学生問題研究会（JAFSA、2000年に国際教育交流協議会に改称）という、国立・私立大学を会員校とする会を発足させた。学苑の外事課も、創設時のバック・オフィスとして設立に協力した。

　もっとも、JAFSAは大学関係者だけではなく、当時の文部省の留学生課、法務省の東京入国管理局、そして外務省の担当部局の助言を受ける研究会から始まった。留学生に係わる問題を、一大学の問題ではなく全国の大学の問題、日本の留学生政策の問題として対処することにしたのである。これは新しい世界の発見であった。大学の壁を越えて、いろいろな大学の留学生担当者が同じ問題を抱えて悩んでいることを知ったのであ

る。国の政策に係わる方々とも接することができたが、これも、日本に来た留学生につつがなく学んでほしいとの共通の思いがあったからだと思う。学生サービスの在り方を学ぶ上でとてもよい勉強になった。後にこの経験は、90年代に携わることになる日本私立大学連盟の「職員総合研修プログラム」や、大学行政管理学会の立ち上げと運営に大きな示唆を与えてくれた。

(6) 学苑の「大学問題研究会」への参加（大学紛争の時代）

　このことについては先述しているが、今一度少し振り返ってみる。

　大学紛争が激しかった頃、企画調整部（当時）が事務局となって、大学紛争の要因を研究するため、学苑理事会が大学問題研究会を設置して諮問した。この時、私は外事課の職員であると同時に大学問題研究会の事務局メンバーとなり、研究員も途中から引き継ぎ、「大学の理念に関する研究」を行う第一研究部会を担当した。「大学とは何か」を問うこの第一研究部会は、各学部から選任された教授7～9名、職員2～3名を研究メンバーとし、理事も陪席・発言できる教職合同の部会であった。この部会は学生の位置づけに関わったため、学生担当常任理事（教授）と学生部長（教授）も加わった。

　教職合同で研究することになったのは、大学問題を理解するためには、大学の現状をデータでよく知る職員の協力なしには論じることができない時代になっていたからである。いわば教職協働の先駆けだったと言えるであろう。当時の国立大学では、事務職員は国家公務員であり、大学の構成員とは考えられていなかったと思う。しかし、私学である学苑は、教員・学生・職員と並んで校友（卒業生）も明確に大学の構成員として位置づけた。

　大学問題研究会は研究報告書と関係資料を1,500部作成し、全教職員に配布して理解を求めた。この間、学苑では165日間にも及ぶ全学学生ストライキ（授業放棄）があった。1960年代から1970年代にかけての

日本の大学の様相については、若い方々には是非一度勉強してほしいと思う。大学が大衆化へ大転換する序章の時代だったからである。

　この時以降、「なぜ大学には職員が存在するのか」という根本的な問題について本格的に考えるようになった。1人で勉強しようかとも考えたが、1人では怠惰になるし、仲間を募って勉強した方がよいだろうと、電話（夏季休暇中のため自宅から）で呼びかけたのである。

　人事部の研修とは全く無関係に、手弁当の自主的勉強会を立ち上げたのは、「大学問題研究会」の報告書を配布し、解散した直後のことであった。

3.　海外大学研修・視察から学ぶもの　　そして大学を散歩する楽しみ

（1）海外大学訪問から学ぶものは？

　筆者は研修や仕事に限らず、私的な旅行でも海外に行くと必ず現地の大学を見て回る。海外の大学を訪問して学べることは、例えば次のようなことがある。

　　①海外大学訪問、とりわけ一人旅は、全て自己責任で問題解決が迫られる。

　　②それはストレス・テスト。困難にどれくらい耐えられるかのテストだ。

　　③特に若い時の海外旅行経験は、国内旅行の数十倍の価値がある。

　　④この試練に堪えられない者は、管理職としては不適任だ。

　　⑤海外の大学訪問は、自大学の抱える問題点を浮き彫りにする。

　　⑥アメリカの大学のキャンパスは自由に立ち入りできたが、今は？

　　⑦アポなし訪問は、大学の日常の活動・対応の姿を見ることができる。

　　⑧図書館、学生会館（カフェテリアがある）、アドミニストレーション・オフィス、教室棟も、通常、いつでも立ち入って見て回ることができる。

⑨図書館の変化・進化が大きく、学生の勉強の仕方を知ることができる。

⑩図書館に隣接して通常学生会館がある。そこに行けば、学生の素顔を見ることができるし、話もできる。

⑪施設・設備、教室棟、研究棟の配置を観察すれば、大学の発展過程と教育・研究態勢への配慮に思いを巡らす楽しみがある。

⑫教室棟を歩けば、机、椅子、黒板、教授用機材の整備状況を観察できる。

⑬最近の学生支援態勢はワン・ストップ・サービスが多い。そこに行けばどんなサービスの仕方をしているか知ることができる。

⑭アポなしの訪問でもオフィスに立ち寄って質問することはできる。だが、偉い人とは難しい。受付で断られる。

⑮都市にあるロンドン大学の各カレッジの建物への立ち入りは、部外者は危機管理上、不可。だが、危機管理の方法は知ることができる。

⑯ロンドン大学の各カレッジの研究室は、意外と狭い。

⑰同じ大学でも、歩くたびに新しい発見がある。

　中でも印象に残っているのが、エッセイでご紹介したケンブリッジ大学エマニュエル・カレッジとシカゴ大学中央図書館の訪問である。

(2) 海外大学訪問・見学記録

　筆者がこれまで訪問した海外の大学は延べ94大学（ユニヴァーシティ）・36カレッジ：合計130になる。以下、時系列で見てみる。

　（　）内は当時訪問した大学数、○内数字は同じ大学への何回目の訪問であるかを示す。

1969年4月1日〜9月10日（アメリカ／160日間）

　学苑と、米国国務省がハワイ大学オアフ校内に設置するEast West Centerとの協定による、海外派遣職員研修学生支援プログラム。同プログラムはハワイ大学学生部に研修委託された。

4月1日〜

　ハワイ大学留学生課にてオリエンテーション後、アメリカ本土大学における学生部サービス全般についての2ヵ月間の単独調査・研修を開始。

4日〜

　ロス・アンジェルスへ。International Student House に滞在。カリフォルニア州立カレッジ・ロングビーチ校（建設中）／カリフォルニア大学（UCLA）／南カリフォルニア大学（USC）　（**3大学**）

9日〜

　フィラデルフィアへ。カレッジ・ユニオン・インターナショナル（ACUI）総会・研究集会出席（日本からただ1人出席。会場：フランクリン・ホテル）／ラサール・カレッジ（総会ホスト校）／フィラデルフィア大学　（**2大学**）

13日〜

　ワシントンDCへ。ホームステイ／ジョージ・ワシントン大学／アメリカン大学／アメリカ・カソリック大学／ホーム・ホスピタリティ事務所訪問（前司法長官ロバート・ケネディ上院議員がホーム・ホスピタリティ委員会の委員長と知る。事務所の秘書と面会の段取り。18日午前8時半、上院議員会館事務所を訪問）　（**3大学**）

19日〜

　ニューヨークへ。インターナショナル・ハウス泊／I-House の研究／コロンビア大学／ニューヨーク大学／インターナショナル・スチューデント・サービス（ISS本部事務局）を訪問。米本土の訪問日程は希望に応じてここで交渉してくれていた。（**2大学**）

27日〜

　ニューヨーク州イサカへ。コーネル大学（同大ユニオンのホテルに滞在）（**1大学**）

5月2日〜

　ミシガン州デトロイトへ。ミシガン大学（ユニオンに滞在）　（**1大学**）

6日〜

　オハイオ州デイトンへ。ホームステイ／アンティオーク・カレッジ（オハイオ州）／アーラム・カレッジ（インディアナ州）／デイトン大学／ライト州立大学（建設中・オハイオ州）　（**4大学**）

10日〜

　イリノイ州シカゴへ。ホテル泊。シカゴ ISS 事務局訪問／シカゴ大学（同大インターナショナル・ハウスも）／イリノイ大学シカゴサークル　（**2大学**）

16日〜

　ウィスコンシン州マディソンへ。ウィスコンシン大学マディソン校（ユニオンに滞在）　（**1大学**）

21日〜

　ミネソタ州ミネアポリスへ。ホームステイ／ミネソタ大学ミネアポリス校／同大学セント・ポール校（両校はツイン・シティ校と言われる）　（**2大学**）

25日〜

　カリフォルニア州サンフランシスコへ。個人宅／ホテル泊／サンフランシスコ ISS 事務局訪問／カリフォルニア大学バークリー校（UCB）／カリフォルニア大学サンフランシスコ・メディカルセンター／スタンフォード大学／サン・マテオ・コミュニティ・カレッジ　（**4大学**）

6月4日〜9月10日まで
　　ハワイ大学構内EWSハレ・マノア・ドミトリーに滞在。ハワイ大学マノア校にて夏季英語研修と学生部実務研修　（**1大学**）

1970年12月29日〜71年1月14日（私的訪問）カナダ：ブリティッシュ・コロンビア州／米国：ワシントン州・オレゴン州・カリフォルニア州・ハワイ州
　　ワシントン大学シアトル校／オレゴン大学／UCB②／スタンフォード大学②／UCサンタ・バーバラ校／UCLA②／ハワイ大学②　（**7大学**）

1974年8月10日〜9月1日　早稲田奉仕園：「韓国を自転車で旅する韓国事情調査」（大学訪問なし）

1979年5月1日〜5月15日　イギリス・オランダ・西ドイツ・フランス大学調査団
　　キングストン・ポリテクニック・カレッジ／ロンドン大学インペリアル・カレッジ／サセックス大学／UGC事務局／ランカスター大学／アムステルダム市立大学／デルフト工科大学／アーヘン工科大学／デュッセルドルフ大学／ボン大学／パリ大学（ソルボンヌ）／オルレアン大学　（**11大学**）

1981年夏（私的訪問）
　　ハワイ大学③／ハーバード大学／ニューヨーク大学②／コロンビア大学②／ジョージ・ワシントン大学②／チューレン大学／UCLA③／UCサンディエゴ校　（**8大学**）

1988年9月1日〜7日　亜東協会留学生受入大学台湾訪問団
　　台湾省教育部国際文化事業所／語言訓練測検中心／新竹科学工業団地／淡江大学（**1大学**）

1990年8月13日〜22日　早稲田大学第2次職員管理職中国訪問団
　　中華人民共和国国家外国専家局／北京大学／南開大学／桂林電子工学院／桂林師範大学／復丹大学／上海機械学院　（**6大学**）

1991年7月23日〜26日　香港、大学関係ユーザIBM研修会　（大学訪問なし）
1994年2月19日〜3月2日　海外早大関係施設視察
　　オックスフォード大学／ボン大学②／パリ大学（ソルボンヌ）②／パリ・インターナショナル・ハウス　（**3大学**）

1995年8月5日〜11日　早稲田奉仕園：韓国大学訪問事前調査　（大学訪問なし）

1995年9月11日〜16日　私大連職員研修韓国大学訪問団
　　延世大学／西岸大学／李花大学／ソウル大学／高麗大学　（**5大学**）

1995 年 12 月 22 日〜 96 年 1 月 15 日　早稲田大学管理職研修サバティカル休暇
　ロンドン大学②（本部及び 5 カレッジ訪問：ユニヴァーシティ・カレッジ／バーベック・カレッジ／キングス・カレッジ／ロンドン・スクール・オブ・エコノミクス（LSE）／インペリアル・カレッジ②）（**1 大学 5 カレッジ**）
　サセックス大学②／レディング大学／バース大学　（**3 大学**）
　ケンブリッジ大学（31 カレッジ中 26 カレッジを訪問：クライスト／チャーチル／クレア／クレアホール／コープス・クリスティ／ダーウィン／ダウニング／エマニュエル／ガンヴィル＆カイウス／ジーザス／キングス／ルーシー・キャヴェンディッシュ／マグダレーン／ニューマン／ペンブローク／ピーターハウス／クイーンズ／ロビンソン／キャサリーン／エドモンド／セイント・ジョンズ／セルウィン／シドニー・サセックス／トリニティ／トリニティ・ホール／ウォルフソン）（**1 大学 26 カレッジ**）

1996 年 9 月 4 日〜 11 日　ジャカルタ・クアラルンプール・バンコク調査団
　インドネシア科学技術評価応用庁／インドネシア大学／チュラロンコン大学／タマサート大学　（**3 大学**）

2002 年 7 月 7 日〜 31 日（私的訪問）
　ハワイ大学④／カナダ：ブリティッシュ・コロンビア大学（UBC）／アメリカ：UCB ③／スタンフォード大学③　（**4 大学**）

2003 年 8 月 22 日〜 31 日（私的訪問）
　ハワイ大学⑤　（**1 大学**）

2004 年 3 月 28 日〜 4 月 4 日　筑波大学調査団
　イギリス AUA 本部訪問（マンチェスター大学）／ロンドン大学③（5 カレッジ訪問：ユニヴァーシティ・カレッジ②／キングス・カレッジ②／ LSE ②／インペリアル・カレッジ③／東洋アフリカ学院（SOAS））　（**1 大学 5 カレッジ**）

2004 年 9 月 17 日〜 10 月 3 日（私的訪問）
　シカゴ大学②／ノースウエスタン大学（シカゴ郊外）／フランクリン・カレッジ（インディアナ州）／インディアナ・パデュー大学　（**4 大学**）

2006 年 12 月 14 日〜 18 日（私的訪問）
　香港嶺南大学　（**1 大学**）

2009 年 9 月 28 日〜 10 月 6 日（私的訪問）
　フロリダ・セントラル大学　（**1 大学**）

2011 年 3 月 12 日〜 19 日（私的訪問）
　ハワイ大学⑥　（1 大学）

2012 年 9 月 28 日〜 10 月 15 日（私的訪問）
　UCB ④／スタンフォード大学④／サンフランシスコ州立大学／サンフランシスコ大学（私立）／モントレー国際大学　（5 大学）

2014 年 4 月 14 日〜 25 日（私的訪問）
　ハワイ大学⑦　（1 大学）

（以上、訪問大学数 71 大学 31 カレッジ：合計 102、延べ 94 大学・36 カレッジ：合計 130）

Ⅷ　大学行政管理学会（JUAM）創設と これから望むこと

　JUAM 創設のことどもを、記しておきたいと思う。創設から 20 年余り、会員も若くなった。2017 年に JUAM が一般社団法人化され、それ以前の創設当時のことどもは遠い昔のことになって、忘れられていくように思うからである。その経緯については、JUAM ホームページ「設立 20 周年記念特設サイト」に「JUAM 創設 20 周年に寄せて」と題して寄稿しているが、今後の会運営の参考になればと、今一度加筆修正して記録にとどめておきたい。

1.　大学行政管理学会（JUAM）創設のことども

（1）JUAM 創設前史～ 1996（平成 8）年 5 月 13 日（月）～

　なにごとも今ある組織というのは、だれかが提案し、創設に至る経緯がある。1996（平成 8）年 5 月 13 日の月曜日の午後、私立大学連盟研修企画委員会が、市ヶ谷の私学会館別館にある連盟会議室で開催された。世紀末の 1990 年代は、大学の変革が問われていた時代だったから、連盟の今後の研修をどうするかを論議した。だが、これ以上、新規事業で連盟事務局の負担もかけ難かったので、結論をえぬまま散会した。

（2）同時代を生きた 3 人

　この時、下記の 3 人が私大連盟の研修企画委員会の委員になっていな

ければ、JUAM は誕生していなかっただろう。慶應の孫福弘さんは人事部長、亜細亜の山本忠士さんは理事・総務部長、筆者は早稲田の財務部長で翌月から総長室長に内定していた。皆、部長職で、昭和 15 年（村上・孫福）、16 年（山本）の戦前の生まれで、時代を共にしていた。中でも 3 人は、来日してくる留学生問題を研究する JAFSA の名で知られる外国人留学生問題研究会（現・国際教育交流協議会）の会員ではあったが、共に呑んだことはなかった。

　散会と同時に立ちあがりながら、顔を見合わせ、「一杯やろうか」となった。かくして私学会館 2 階のレストラン「フォッセ」に立ち寄った。初夏の汗ばむ夕べでビールがすすみ、「連盟からスピン・アウトして、連盟を超えた新しい研修を立ち上げるか」と話が弾み、3 人はすぐに一致した。弾みとは恐ろしい。「学会を創ろうよ」と孫さんが言う。山本さんも同調する。破廉恥を知る当方が「JAFSA のように、当初は研究会とするのがいいのではないか」と言っても、2 対 1 では勝てない。当時の大学教員にとっては、「ジム職員ごときが、学会って？ 笑わせるんじゃない」という雰囲気の時代だった。だから大学は運営するもので、経営ということばもタブーだった頃である。結局、学会を創るということに同意したが、大学行政管理という名称にしたのは後のことである。

（3）かくして、事務職員が大学行政・管理を研究する

　学会を創ることを決め、その場で 3 人は次のことを申し合わせた。

①学会という以上、私立大学連盟加盟校の枠を超えて、全私立大学の職員を対象とすること。

②国立大学の職員への呼びかけは、学会運営の事務的負担から当初は行わないこと。

③会員の範囲を全私学の職員を対象とするかを論議。当初は運営に支障が生じないように、課長職以上の管理職者に絞って呼びかけることにしたこと*。

④学会が将来、保守化しないように、役員の任期は60歳までとし、か
　つ大学を退職したら正会員としない定めにして新陳代謝を図ること。

⑤学会創設を発起した3人の世話人の他に、準備のために都内大学の
　共通の友人4人に呼びかけること。

⑥世話人の準備に係わる費用は手弁当で取り組む了解をもらうこと。

⑦学会の会員となった後の学会活動は、自己負担を原則として呼びか
　けること。

の7つであった。

　　＊ 1996年当時、通信手段はまだ郵便とファクシミリの時代であっ
　　　たから、会員は管理職に限定したのである。

（4）準備世話人4人の決定と世話人会の開催

　準備世話人の4人には、快く引き受けてもらった。第1回の世話人会
の開催は7月1日（月）。以降、8月29日（木）、9月24日（火）と開催、
学会のあり方を論議して、設立趣意書の原案作成は孫福さんにお願いする
ことになった。第4回の10月22日（火）、設立趣意書原案を一読。世話
人の意を汲んだなかなかの名文を起草してくれたので、異論なく、すぐに
印刷に発注。11月1日（金）、学長宛に趣意書の封入作業（500通）。「100
名くらい賛同者があればよしとするか」などと話しながら作業をしたこと
であった。

　封入作業が私学会館の閉館時間までに間に合わず、残りの200通くら
いは手分けして自宅に持ち帰り、投函することにした。その後、11月8
日（金）、12月17日（火）に賛同者数を確認。新年を迎えた世話人会最
後の第8回目は、1997年1月7日（月）。この日は発会式の打ち合わせ。
かくして1月11日（土）14時半から慶應義塾大学三田キャンパスで設
立発会式を開催した。

　以上が学会創設前史の作業日誌であるが、打ち合わせ会場は私大連盟
会議室をお借りし、食事を除く印刷費、通信費等は後日、会費で相殺した。

(5) 学会の名称について

学会の名称をどうするか、何度か世話人会で議論した。「大学管理学会」「大学運営学会」あるいは「大学経営学会」はどうか、などが提案された。「大学管理」という言葉は、大学紛争時代の昭和44年に定められた大学管理法（通称「大管法」）という臨時の法律もあり、「管理」だけでは強すぎるのではないか。では「大学運営学会」はどうか。いや、大学の運営費がお国から交付される国立であればいざ知らず、私学では全く相容れないではないか。では「大学経営」ではどうか。これもまた大方の私学では受け入れ難い。当時の大学ではまだ経営という言葉はタブーで、もうけ主義、マスプロ教育、学費値上げ等々を連想させ、大学の組合からも批判されることが予想された。こうした論議を経て、現在の「大学行政管理学会」という名称になったのである。

ところで学会という名称はいかがなものか、と今でも暗に批判されることがある。研究論文は広く公表され、批判に耐えているか、である。これがなかなか難しい。

(6) 設立発起人を置く

さらに申し合わせたことがある。第2回目の世話人会の時だったと思うが、「学会設立の呼びかけと設立後の運営には、全国を視野に入れて発起人をお願いしよう」と。そこで北は北海道から南は九州・沖縄までを視野に入れて21人を決めた。分担して長距離電話を入れ、そのうち12人は、筆者が関係した私大連盟職員総合研修の運営委員にお願いした。

1996年頃はまだEメールなどない時代。電話で直接お願いしたのである。これが、会員資格を課長以上の管理職者に限定した理由の1つでもあった。発起人となった3人も、世話人も当然、本属校の本務があり、運営面での破たんを恐れたからである。

（7）会員の定年と役員の任期

　学会会員の定年と役員の任期を定める件では、「こんな条件を付けるのはいかがなものか」という意見はもちろんあった。正論ではある。だが、これを決めておかないと、熱心さのあまり特定の人が永く務めた結果、後継者の養成に支障が出る可能性を避けておきたいと配慮したのである。

（8）会員は手弁当の参加で

　年会費も研究に際しての費用も、手弁当でお願いした。「職員が学会だって？」と言われてもおかしくない時代であったから、大学がこの学会の意義を理解して会費を負担してくれるとはとても思えなかった。自弁でも参加するとの意気込みを期待していたこともある。その方が意気も上がると考えた。大学の理解が現在、どれくらい進んだかはわからないが、会員が 1,300 名余りと聞いているので、ある程度は進んできたのか、と推察している。ともあれ、この手弁当の精神は今も生きているようで、嬉しい限りである。なぜなら、手弁当であっても学びたいという心構えこそが、この会が長続きする秘訣だと考えていたからである。

（9）会員資格の改正

　会員資格は発足後 2002 年に会則が改正され、一般職員にまで拡大されたとのこと。事務処理が手作業からパソコン、メールの時代になったことが大きいであろう。特に 2000 年紀に入り、大学の外部環境も劇的に変化し、職員の仕事も同様に劇的に変わったので、1997 年の学会創設が大学を超えての職員の交流を促したのであれば、一定の効用はあったといえるかもしれない。

（10）3 人が内々に申し合わせていたこと

　学会初代会長は孫福さん、初代副会長に村上、そして初代事務局長には山本さんが就任。行きがかり上、最初の理事会で決定した。もとより

事前にこの役職に就く覚悟を決めていたことはいうまでもない。しかし、3人は60歳も近くになっていて、すぐに退任することになるので、後を引き継ぐ4代目までの会長候補を予定して口説き落とし、その気になってもらうことにして進めたのであった。

　かくして役職退任後、総会や研究集会に出席することはあっても、理事会に出席を要請されたことも出たいと押しかけたこともない。因みに、毎年9月上旬に開催される研究集会には、創設メンバーとして名誉会員になって以降も、第9回の札幌を除き、2019年まで全回出席を楽しんできた（なお、第9回は前夜に札幌入りするも親族の訃報でとんぼ返りをしたのである）。

（11）総会・研究集会に思う

　開催引受校が毎年替わってもその知恵は蓄積され、立派に総会・研究集会が運営されていることは驚くばかりである。引受校と協力職員の働きがあってこそではあるだろうが、その経験、その苦労は大きな財産となったに違いないと推察している。教員の学会開催を横目で見てきた職員も、一度このプロジェクトともいうべき体験をすれば、大学を超えての教育あるいは研究サービスのあり方に思いを致す職員になれるだろうと思う。中小規模の大学であっても開催を引き受け、閉会時のやりきった顔、顔、顔。特に若い人たちの一段と成長した表情は頼もしくなるのである。

　ところで、大学職員の研究報告はなかなか難しい、と思うことがあった。成功事例であれば問題ないであろうが、勤務する大学の問題提起となる報告となれば、学外で発表するのは勇気が要るであろう。そこで、どこの大学の事例か特定できないように、複数の大学の研究事例としての報告となると、それは迫力に欠けるのである。自大学の事例発表を、学外秘とされるデータをもって、ここだけの話として報告すれば、聴く者には興味津々で面白いであろうが、そのことを後で聞き及んだ大学関係者

からお叱りを受けていないか、気がかりではあった。それゆえ、データに基づく研究報告には消極的になるのではないか、との危惧もある。

　日本の私学の大・中・小の規模の差、学部構成の差、場所の差、歴史の差などから、私学の数だけ違いがあり、共通の問題として浮かび上がらせることを難しくしているように思うのである。こういう現状の中で、JUAM の会員がどんな研究をし、発表するかは今後の課題であるが、大学の情報公開が当たり前とされ、一段と進めば、面白い研究発表ができるに違いないと期待している。良いも悪いも公開できる大学こそ、良い大学だと評価される時代が来ると予測している。

　これからはアカデミック分野の専門性のある人材育成も問われるであろう。JUAM がその要請に応えることができるか。時間がなくて、ある分野の専門家を公募して採用している大学はもちろんあるだろうが、また他大学に引き抜かれたり、学内における将来の処遇に限界が見えれば、転出する職員も増えていくのではないだろうか。それはそれでよいではないかと思わぬでもないが、大学の人的財産として残るようにしていなければ、大学は成長したことにならない。専門家として採用するのであれば、将来も含めた処遇を明らかにして採用する時代になってほしい。

　もう１つは、専門家をマネジメントできる、いわゆるジェネラル・アドミニストレーターの養成が必要である。彼らは、大学に関する幅広く、かつ深い教養をもった、いわゆる総合型のアドミニストレーターである必要がある。この人材養成は急務であるかもしれない。

　私学の人事の閉鎖性を打破し、克服し、私学間での人事異動を当たり前にする研究も、JUAM の今後の課題としてあるように思う。

（12）初代会長孫福さんと孫福賞創設のことども

　孫福さんが 2004（平成 16）年 6 月 17 日に急逝。JUAM 創設の年の 1997 年 3 月に筆者が病に倒れ、見舞ってくれた孫さんが、JUAM 創設 8 年目に先に逝ってしまった。彼は 5 日だけ年下。大学こそ違え、同時

代を生きた同士ともいうべき友であったから、突然の死に衝撃を受けた。斎場のある新横浜駅への車中、あることを考えていた。斎場に到着するや当時 JUAM の事務局長だった水野雄二さん（獨協大学）に会い、彼の功績を顕彰する方法を理事会で考えてみてくれまいか、とお願いした。こうした思いは私一人のものではなかったかも知れないが、原邦夫会長（慶應義塾大学）率いる理事会は直ちに検討、孫福賞を授与する規約を定めてくれた経緯がある。

　孫福さんは伊勢の出身。葬儀は 6 月 20 日、神式で執り行われた。慶應義塾大学文学部で国文学を学び、学生時代は同人誌に小説を書いていたというのであるから、書くことは手馴れていたようである。JUAM 設立趣意書の起草文が素晴らしかったので誉めたところ、恥ずかしそうにそう言ったものである。

　彼との最初の出会いは、1965 年であったか、開設早々の八王子の大学セミナーハウスで開催された学生問題のセミナーであった。当時は学生紛争が激しい頃で、筆者は学生部、彼は就職部。1964 年にカリフォルニア大学バークリー校で、学生がシット・イン（座り込み）で大学に抗議をした方法がある、と彼が発言した。以来、孫福という名前が印象に残っていたのであった。

　彼はその後、審査室、研究・教育情報センター、秘書課と約 3 年ごとに異動し、国際センターには 12 年余り務めた国際派であった。この間のある時期、JAFSA の事務局長をしていたから、国際業務を担当する早稲田大学外事課の山代さん（JAFSA の創設者・同常務理事）をよく訪ねていた。1980 年にはフルブライト・プログラムで 3 ヵ月米国に留学。秘書課長、国際センター事務長時代には塾長・役員等に同伴して世界の大学のアドミニストレーターに会い、その存在を知ったといえる。アドミニストレーターと呼ばれる人たちの存在は、山本さんも知っていた。1989 年からは藤沢の新学部（SFC）設置のために事務長に。通勤に不自由したのか、自動車の運転免許証を取っている。1994 年に人事部長、96 年に

は業務改善推進室長を兼務。その時に JUAM 創設の話になっている。その後、97 年に塾監局長・理事を経て、事務職から 2001 年総合政策学部教授に就任。2004 年 3 月に退職後、請われて横浜市立大学の地方独立行政法人理事長含みで最高経営責任者に転じたが、途中で散ってしまった。残念である。

（13）初代事務局長の山本さん

　一方、JUAM の初代事務局長を担った山本さんについても触れないわけにはいかない。

　山本さんは、村上、孫福より 1 歳年下。全く同時代を生きてきたことは先に述べた。愛知県に生まれ、亜細亜大学商学部を卒業後、創立早々の香港中文大学新亜書院商学院経済学系を卒業したというから、中国語が堪能である。中華飯店に行くと、中国語で料理を注文しなさいよと当方が言うものであるから、中国語でオーダーする。中国人の店員はすぐに納得。なかなかのものと聞こえた。国際交流部長、学長室長、総務部長、理事と歴任し、退職前には JUAM の事務局長の仕事もしながら、密かに日本大学通信制大学院総合社会情報研究科修士・博士課程を修了、博士学位（総合社会文化）を得ている。2006 年 9 月から中国・吉林省四平市の吉林師範大学東亜研究所の外国人教員となって、2015 年まで日本語を教えていた。なお、訪中前に、博士論文をもとに『近代中国の国恥記念日〜日中間のコミュニケーション・ギャップの研究〜』と題する学術書を出版。A5 判、386 頁の大作である。驚いた。彼はおそらく JUAM 会員の博士号第 1 号ではないでだろうか。

（14）結びに 〜 2020 年に大学職員の未来を考える〜

　大学の現場から離れて早や 20 年余り。最近の大学の動きには不案内になった。聞くところによれば、その変革の動きが在職中に比べると格段に速くなっているらしい。どこの大学も、特に若手職員の業務量が増大

し、多忙になっているようである。多くの業務が手作業から機械処理に
移行したにもかかわらず、データ作成のために日々時間に追われている
と聞いている。それだけではない。処理データから情報を読み取る能力
が必要だという。しかし、近い将来はその判断業務さえも機械がするか
もしれないというのである。そうなったとき、事務職員の仕事は何が残っ
ているのか。新しい必要不可欠な仕事がその時にあるのだろうか。

　教員と学生がダイレクトにデータを交換すれば、今まで中間に介在し
ていた事務職員の仕事は不用になる可能性がある。銀行口座からの振込
みや引出しは、パソコンやスマートフォンでする時代になったのである。
あらゆる商品の注文や支払い、切符・ホテル等の予約や決済も機械です
る時代で、そこでは中間に人が介在していない。

　前世紀に担ってきた大学の事務職員の業務は相当に消滅し、それに代
わる新しい業務が増えているが、機械がさらに進化したとき、人が中間
に介在しなくてもよい業務には何があるかを研究し、それに備えておく
必要があるであろう。そうなった時には大学の組織構造も変わり、ピラ
ミッド組織の中間管理職は必要とされなくなるに違いない。職員の業務
は、機械で判断し難い人間（学生）相手の業務にシフトするのではないか。
そうなれば、それに対処するフロント人材が重視され、彼らが独自で判
断し即決処理するフラットな組織になるのではないか。だから中間管理
職は不用になると言ったのである。後方に座って稟議書にハンコを押す
だけの管理職は不用になる時代が見えてきている。

　フロント（最前線）に高度の判断ができる人材を配置している姿。す
なわち、フロントで活躍するアカデミック業務に精通した高度の人材グ
ループと、それをマネジメントできるトップ・アドミニストレーターの
養成が必要になるのではないか、と。組織の形は、ツマミのある平らな
文鎮型を想像している。

　また、学生に直接接しない、大学全体に関係する本部業務は相当外注
化できるだろうが、それを含めて大学全体をマネジメントできるジェネ

ラル（総合型）アドミニストレーターの養成が必要であろう。

　「新しい仕事は職員に委ねよう」と教員に認知される存在でありたいものである。

　そうなれば、修士・博士学位をもった職員が当たり前になっていなければ対応できないであろう。もっていない職員がいれば、在職中に取りやすい制度にすることが、上司である管理職たちの大いなる責任になるのではないだろうか。

　教員と共に学生の成長に関わっていくことのできる職員。これが私の想い描く近未来の職員の姿である。我が大学行政管理学会が取り組む方向も同一の軌跡であればと願っている。

2.　日英の大学管理職養成を考える
15 年目の大学行政管理学会

私高研『アルカディア学報』（教育学術新聞 2011 年 12 月 7 日号掲載）

　去る 10 月、イギリスの大学の AUA 会員 10 名が来日した。AUA（Association of University Administrators）とは、主にイギリスの大学に働くプロフェッショナルとしてのアドミニストレーターが組織する職能団体である。

　AUA の会員は 4,000 人（169 大学）を超え、各大学に代表者を置いて地区支部 17 と全国ネットワークを組む。年会費は正会員、准会員等の給与額で違い、59 ～ 113 ポンドと差があるのが興味深い。

　AUA とわが国の JUAM（大学行政管理学会）との活動の大きな違いの 1 つは事務局体制。なんと 13 人（うち 1 人は男性）もの事務局員がいる。2 つ目は、AUA が主催する高等教育行政の専門研修（18 ヶ月、3 年以内）で、認定した者には AUA Postgraduate Certificate を発行する。いわば先輩職員の協力をえて後輩職員を指導・育成するプログラムである。3 つ目は、キャリア・サーヴィス（職業紹介）をネット上で公開し、全世界に人材

を求めていることだ。

さすがに今年創立50周年を迎えただけのことはある。日本スタディ・ツアーも記念事業の一環らしい。事前にJUAMに来訪時の協力要請があったこともあって、一行は早々にJAUM現会長の大工原 孝 氏（日本大学理事・総務部長）に面会を求め、市ヶ谷の日本大学本部を訪問した。2004年、筆者もマンチェスター大学に置かれているAUA本部を訪ねていたこともあって、同席させていただいた。

短い時間であったが、まずJUAMから、次にAUAのスタディ・ツアー側から活動報告をした後、懇談した。訪問団は10人中8人が女性だったのには驚いた。アメリカの大学では相当前から女性プロフェッショナルが少なくなかったが、イギリスもこれほどまでか、とある意味で衝撃を受けた。両国の大学のオフィスを訪ねると、事実、男性が少ない。それに比べ、なんと日本の大学は男社会であるか。男女共同参画社会が問われている今日、いずれ日本でも問題とされるだろう。AUAの一行をみて強く印象に残ったことである。

(1) AUA の創立は 1961 年だった

不覚にもAUAの創立が1961年まで遡ることを知らなかった。その理由がわかった。ニュー・ユニヴァーシティの嚆矢といわれるサセックス大学が創立した年だった。

ロンドンの南、海辺の保養地に大学を創りたいと、50年近くも前から運動してきたといわれるが、なぜ、1961年に認可されたのか。1957年10月4日の、ソヴィエト（現・ロシア）の人工衛星スプートニク打ち上げが引き金だった。これが政府をして設置を決断させたという。共産主義国が科学技術の優越を世界に知らしめ、自由主義諸国は震撼した。翌年の1月、アメリカはエクスプローラー第1号を打ち上げたが、はるかに軽い人工衛星だった。

かくして自由主義諸国では国家防衛のために科学技術政策が論議され、

大学の研究体制、教育体制が問われた。米ソの冷戦状況のなかで、各国では大学紛争が起き、日本も例外ではなかった。国立大学では特に工学部を強化し、新設もされた。私学も同様の道を歩き、お金のかかる工学部がたくさん新設された。進学者の増大とあいまって、大学が膨張・拡大して今日に到ったことを忘れてはいけない。

こうした時代にイギリスでは、新しい大学が創設されると同時に、大学アドミニストレーティブ・スタッフ養成が急務だと論じられ、AUA の前身である MUAAS（Meeting of University Academic Administrative Staff）が設立されていたのだ。

では日本はどうか。この種のスタッフ養成の必要はいわれたが、ごく少数意見だった。大学の管理運営の決定権は教員の仕事で、片手間でもできるという暗黙知があった。だから、AUA のごとき大学行政管理の専門家を必要としなかった。職員の当事者能力の問題もあっただろうが、不思議なことに、職員が管理運営能力を持つことを教員は望まなかった。大学経営という言葉も忌避されたのである。

したがって、私学の職員研修は、日本私立大学協会、日本私立大学連盟等のもとで実施されてはきたが、AUA のようにプロフェッショナルを目指して研修することはなかったし、許されなかった。かの国との大きな違いは、この国の大学職員を優れた大学の構成員とすることを目指さず、安上がりの教育を続けてきたことである。

(2) 創設から 15 年、JUAM はアドミニストレーターを養成できたか

1997 年、JUAM 創設時には役職者に限定して発足した。通信手段がまだ FAX の時代で手弁当での発足だったからだが、それでも 134 大学から 350 人が会員となった。思いのほか多数だった。15 年を経て現在、355 の大学から会員数 1,255 人。内訳で見ると、課長以上の管理職 749 人、一般職 488 人、教員 18 人、そして女性は 168 人である。設置者別では、私立大学 1,135 人、国立大学 51 人、公立大学 32 人、短期大学 14 人、

その他文部科学省、財団・社団法人等の機関からの 23 人となっている。他に 55 人の賛助会員がいる。会費は創設以来年 1 万円である。

役員は会長 1、副会長 2、常務理事 10、理事 31、事務局長 1、そして監事 2 名が全国地区をも配慮して選ばれている。もとより、全員、ボランティアである。

JUAM 創設の理由を最後に記しておきたい。1990 年代になり、21 世紀を前にして社会の諸制度の大きな見直しがあった。大学も例外ではなかった。大学設置基準の大綱化、18 歳人口減に伴う大学改革のうねりが大きな潮流となっていた。その背景には、グローバル化、情報化、それに伴う価値観・ライフスタイルの大きな変化があったから、大学、特に私立大学を支える大学行政管理（経営）が変わらなければ生き残れない、という恐れが JUAM 創設メンバーにあった。とりわけ大学の構成員である職員が高度化しなければ世界の大学関係者に相手にされないという危機感、いわゆる大学行政・管理のプロフェッショナルを養成して対応しなければ無視されてしまう時代がくるのは目に見えていた。まずは、われわれ職員自身が変わらなければ、大学はよくはならないという、胸の底からの叫びだった。大学で職員の果たすべき役割は大きくなっている。一大学を超えて、相互に鍛え合えば、できないはずはない。職員が高学歴化している事実からの確信であり、大学職員もまたエクセレントでありたいと願ったからだ。

だが、まだこの道は遠い。大学の情報公開でも職員の顔が見えない。海外から日本の大学をみると、アドミニストレーターが存在していないと思われるにちがいない。これでは世界の大学とは競争できないだろう。

JUAM を創設して早 15 年、だがまだ少年。AUA のように 50 年も経てば、高度の知識、経験、調査に裏付けられて責任をもって計画・実践する「大学職員」なしには大学は動かない、語れない。そういう時代がくるだろう、と AUA のツアー一行を迎えて願ったことだった。一行の報告書が待たれる。

Ⅸ　大学の学生支援とは何か

1. はじめに～学生支援の私的調査メモから～

　本稿は、20世紀後半の1967年、米国大学学生部（Office of Student Affairs）を中心に訪問、調査したが、その後2014年までの調査メモを取りまとめたものである。

　なお、2003年12月、日本私立大学連盟学生補導研究会（於：東京経済大学）での講演のため、2002年にハワイ大学を訪問した調査メモを中心に講演原稿を作成したため、他の章の文章と重複するところがあることをご容赦願いたい。この度の出版にあたり、大幅に手を加えた。

　早や、21世紀は20年以上も過ぎ去り、メモ、資料も古くなったが、メモを思い起こし、20世紀後半、学苑に生きた、一大学職員の記録として、とくに「学生支援サービスの記憶」をここに記す。

（1）大学ほど面白いところはなかった

　2002年夏、カナダのバンクーバーへ、ブリティシュ・コロンビア大学（UBC）をはじめて訪問。その後サンフランシスコへ南下。スタンフォード大学とカリフォルニャ大学バークレー校（UCB）とハワイ大学オアフ校を3度目の訪問。2004年再びハワイ大学学生部を4度目の訪問（因みにハワイ大学は、05年、11年、14年訪問した）。仕事での訪問ではないから、すべて予約なし訪問だった。それで対応してくれるか、くれないか、大学の姿勢がわかる。だからこれはこれで面白い。だが21世紀も20年過ぎ、ITの時代。今は事前に予約していないと、ダメであろう。

　新学期初めの9月に訪問した。それは、オフィスが学生にどう対応しているか、あるいは学生がどう対応されているか、見たかったからである。

　なぜ学生部を訪問したか。それは最初の職場が学生部だったからである。学生部に配属早々、学生との対応で、あまりにも自分が無知であることを知った。学生のいる大学に、事務職員として、どう関わっていくか、どう生きていくか、この問題に直面した。悩んだが、学生のいる大学ほど面白いところはない、と思い定め、心に秘めて働こうと決心した。

　学生部で先ず学んだことがある。学生は鏡だった。学生に接することは、自分自身の力量を写す鏡であった。こちらのひと言、ひと言で、傷つき、喜ぶ学生が前にいる。学生の顔を見れば、自分自身の力量をたちどころに判断する学生がいた。だから、学生サービスは、上からの目線でではなく、両者は対等でのコミュニケーションでなければならぬ、と思ったが、そうなるには時間を要した。

　教場外で、学生に接する、何の権限もない、学生部の事務職員（以下、「職員」という）。教授会のメンバーにとって、職員はまだ事務員だった時代である。そういう“普通の人”である職員を、学生は信頼するか、しないか。これが問題だ。こちらの力量をたちどころに判断するのが学生だ。瞬時に、彼らはわかる。この人は、どういう生き方をしているのか。どれくらい勉強をしているのか。どれくらい自分に影響力をもっている人か、と。対応の仕方から職員である自分は評価されているのだ。これは間違いない。

　学生に、一方的に話したからといって、学生は信頼するか。むしろ職員はしゃべり過ぎてはいけない。できるだけよく耳を傾けようと思った。学生が自分の生き方を、自ら決定できるように、影でサポートする存在でありたい。そう考えるようになった。それが、正しかったかどうかはわからない。だが、そう生きてきた。

　大学学生部で生きるには、いまある大学の現状を知る必要があると思い、戦後の大学環境がどうだったか調べてみたいと思った。

（2）戦後の日本の大学環境
①日本の敗戦と教育に関する勧告書

　日本は 1945 年 8 月 15 日敗戦した。だが、この記憶がある人は少なくなったので、敗戦後の日本の教育事情を振り返っておこう。

　敗戦直後（あえて「終戦後」とはいわない）、米国の教育使節団が来日。約 1 カ月間滞在し、日本の戦後教育をどうするかについて在日占領軍最高指令長官であったマッカーサー元帥に勧告書を提出した。この勧告書に、「学生の厚生補導」に関する一文があったのである。

　この考えは、当時、ミネソタ大学学生部長で心理学教授でもあった E・G・ウィリアムソン（Edmund Griffith　Williamson）博士の SPS（Student Personnel Services）の考え方が、新制大学学生部に大きな影響を与えたと聞いたことがある。この SPS の言葉が学生部を席巻した。ラテン語のイン・ロコ・ペアレンティス（in loco parentis）すなわち「親に変わって子供を訓育する」指導理念で学生サービスをする考え方であった。（1967 年の渡米時に、同大学で博士に面会。著書『カウンセリング』を頂戴した。）

　ところで、いつ頃から米国では学生部長を置くようになったのだろうか。1931 年、ユニース・ヒルトンがシラキュース大学で心理学を専攻（カウンセリング）し、1934 年に高等教育学博士号を初めて授与された。その後、同氏はシラキュース大学に「学生部長養成プログラム」を設置。とくに女子学生部長、カウンセラーの養成を始めた。その影響を受けて、大学にカウンセラーや女子学生部長を置くようになったからだという。

②日本のベビー・ブーマーと SPS

　SPS を考えるとき、敗戦後の教育制度の歴史に触れないわけにはいかない。SPS の考え方は、日本の大学が新制大学になったときだと先に述べた。しかし SPS の理念は導入されたが、言葉だけで、当時の日本はそれどころではなかった。戦災で大被害を受け、住まいも、喰うにも、困った時代。大学も同じだった。

　敗戦後の日本の大学施設・設備は貧弱だった。だが、新制大学制度になって多くの旧制専門学校が "大学に昇格"。学生を多数受け入れ、進学

者は毎年増大した。一方、何よりも不足したのは、大学教師と教室だった。
だから、夜間の学部を開設し、昼間学部で卒業単位不足学生のため夏期
講座を、もちろん冷房のない時代に、開設した。このような環境の中、当然、
学生部に専門スタッフを配置できなかった、というよりも、カウンセラー
などの横文字の専門家自体が存在していなかった。

やがて勉学条件の改善を求めて、学生は抗議。ストライキ等の紛争の時
代がきた。それでも戦後 10 年間くらいの学生には、まだエリートの意識
があった。なぜか。設備が悪くても戦死することもない時代。貧しくても、
施設が貧相であっても、学校に来るだけでも、楽しかった時代であった。

ところが第 1 次団塊の世代といわれる 1947 (昭和 22) 年から 1949
(昭和 24) 年に生まれたベビー・ブーマー世代が 1971 (昭和 46) 年か
ら 1974 (昭和 49) 年に大学に入学してきた。世界的にも同じような現
象があった。一気に教室が足りず学生が溢れだした。学生運動が過激化
した時代である。都心の大規模私学は教室を増設、拡大して対応しよう
とした。その結果というべきか、通称「工場等規制に関する条例」が施
行され、これ以上大都市に労働者人口が増えては困るとして工場の増設
を都内に制限し、「工場等」の等の中に教室も含まれて、建ててはいけな
いことになった。「等」の言葉は要注意だ。校舎面積の 6 倍の校地がなけ
れば学部等の新設はまかりならんと。都心にある狭い校地の大学は八王
子周辺に、全学または一部移転した。その結果、教育の施設・設備環境
は格段によくなったことは間違いない。

第 1 次ベビー・ブーマーのとき進学者の増大を受け入れるため、新規
の大学、学部の新設があったが、教育の質の問題は、残念ながら問われ
なかった。

では、一体、米国の大学はどう変わったってきたのだろうか。以下、
米国の学生部を中心に、その現況について、筆者の覚書きとして記す。

③米国と日本の 60 年代

　1964 年、カリフォルニア大学バークレー校（UCB）で事件が起こった。アドミニストレイション・ビルディングとスチューデント・ユニオン（一応「学生会館」と理解しておく）の間にスプロール広場がある。その広場に学生が座り込んだ。いわゆるシット・イン（Sit-in）の抗議行動を起こしたのである。なぜか。

　1964 年当時、ベトナム戦争が激化していた。当時の米国は学生もドラフト（徴兵）したから、学生にとっては生きるか死ぬかの問題に直面した。こうした中で、フリー・スピーチ・ムーブメント（Free Speech Movement）の運動があった。大学で自由な発言が禁止されていたからである。この頃の学部学生は、特別の教育指導法を受けていない大学院学生が授業をしていたといわれる。当時の UCB はノーベル賞受賞学者を輩出して、研究評価は高かったが、その恩恵を学部学生は受けていないことへの不満と徴兵が、シット・インの抗議活動となった、という。

　翌年の 1965 年、慶應義塾大学の学生が学費改定に反対して 1 週間の学生ストライキをした。「あの慶応の学生が」と世間は大変驚いた。その翌年は早稲田。いくつかの派閥につながる学部自治会が学苑全学共闘会議と称して 165 日にも及ぶ学生ストライキに突入。全ての教室が物理的に机、椅子で封鎖された。教室で授業も期末試験ができなかった。闘争スローガンは、「学費改定粉砕・第 2 学生会館の管理運営権を学生にまかせよ」というものだった。

　1968 年〜 1969 年にかけては東京大学医学部学生の処分や大学運営の民主化で大学と対立。安田講堂を占拠して、この年の東大の入学試験は中止となった。また筑波への移転に反対して東京教育大学の入学試験が中止（体育学部を除く）となった。私学でも大規模大学の日本大学の大学経理問題に端を発して同年、激しい紛争がおきた。そして 1969 年から、1970 年日米安全保障条約の延長問題で、全国的に大学紛争がおきた。そのスローガンは学費改定反対や大学運営の民主化要求、経理公開、少人数教育等の要求であった。痛ましい事件がたびたび生じたから、学士支

援という言葉などあるはずがなく、大学当局と学生運動を仕切るいわゆる左翼学生団体の指導により、学生と対立。学内にとどまらず、学外の一般市民をも巻き込むことになって、世論の批判を受け、マスコミの論調も世論を気にして批判するようになり、沈静化した。

　学生紛争の時代は、SPS など吹っ飛んでしまった。学生部は学生対策に明け暮れた。この時代の学長や学部長は、きわめて短期間で辞任することが多かった。大衆団交や徹夜の団体交渉で体がもたなかったからである。今、日本は平和を享受しているが、そうでなくなれば、若者は時代に敏感に反応する、そのことを忘れないようにしよう。

(3) スプートニク・ショック、米国の高等教育を変える

　大学の研究と教育を変えた衝撃的なニュースが、1957 年 10 月 4 日、全世界を駆け巡った。ソビエト連邦（当時）が人工衛星「スプートニク 1 号」を打ち上げたのだ。スプートニク・ショックとなって特に米国は震撼した。それは自由主義国家西側陣営の、科学技術の敗北を意味したからだ。翌年 1 月末に「エクスプローラー 1 号」を打ち上げたが、小さく、軽いものだった。

　米国は、内向きで、世界の動きを知らないことに気がつき、国家防衛教育法を翌年の 1958 年制定。数学、理学、工学だけでなく外国語をも強化することにして、国家を防衛するため教育を強化する法律を制定したのである。もちろん奨学金制度も同時に強化され、進学者が増大した。米国の高等教育が劇的に変わり始めた。

　もともと英国の教育思想を受け継ぐ米国の大学は、国の直接の支配を受けないという考え方があった。したがって、アイビー・リーグで知られるように、私立大学が米国の大学を先導した。その後、モリル法（1862 制定）によって州立大学が多く設立された。これまで米国には州立大学はあっても連邦政府立のいわゆる国立大学はなかった。だが、このスプートニク・ショックから連邦政府は州立大学にも資金を投じるようになったのである。特に科学技術研究能力の高い大学（私立・州立を問わない）

への援助は大きかった。今、日本の大学も最近になって IR 室を設置しているが、米国が IR 学会を設置したのは 1965 年である。つまり、この設置は、スプートニク・ショックが大いに関係している。連邦政府は資金援助を提供された大学に、どのような教育・研究の成果があったか、を報告するよう要求したからだ、とハワイ大学の IR 担当者に聞いた。財政援助を受ければその報告をするのは当然とするのはどこの国も同じであろう。また成績優秀な学生には給付奨学金も出すという政策への大転換もあった。当然だが、選考方法が大学は問われた。

　スプートニク・ショック後のわが国はどうか。日本も教育政策が大きく変わった。とりわけ、国立大学に対する理工系の強化拡充政策があった。国立の新設学部はほとんどが理工系だった。私学は昔から工学系のある早稲田、慶應、日本大学は拡充されたが、ベビー・ブーマーの時代には、他の私学でも工学部が新設された。とは言え、日本の高等教育政策は、明らかに理工系は国立大学が、文・社系は私学が圧倒的受け持ってきたから、私学こそ SPS が必要であったのではなかったか、と思う。

（4）カリフォルニア大学バークレー校事件

　いまやバークレー事件と言っても分かるひとは何人いるだろうか。この事件での運動は特にアメリカ有名大学に拡がり、自由主義西側陣営の大学にも波及した。日本も例外ではなかった。1967 年、筆者が訪米中にはまだベトナム戦争は激しく、学内で賛成、反対の議論が渦巻いていた。この頃、学生騒動（Student Unrest）とも学生革命（Student Revolution）とも言われた抗議運動がみられた。当時の学生部長は、身を挺して対峙していたが、学生部長も、学長も、短期でその仕事を辞任した。ベトナム戦争の終結は 1975 年の春、最後のアメリカ兵がヘリコプターで脱出した時とされる。米国は、手に負えなくなってベトナムから手を引いたのである。この時からアメリカの高等教育は変わったとされる。

　何人もの学生部関係者から聞いたのであるが、ベトナム戦争で、親に

変わって訓育する指導理念、すなわち SPS の理念は崩れ去ってしまった、というのである。なぜか。戦場から帰還して大学に復帰した学生たちは、おとなの言う事を信用しなくなった、というのだ。そこで生まれた新しい考え方が、スチューデント・デベロップメント（Student Development：SD）の考え方であった。だが、学生だけが SD しろといわれても学生は信用しない。学生がデベロップするとは、学生の「（能力を）開発する」との意味と解されるが、同時に教員もデベロップしろ、変われ、変わろう、となって、ファカルティ・デベロップメント（Faculty Development：FD）としなければ学生は信用しないことに気が付いたという。当然、職員もデベロップする必要があるからスタッフ・デベロップメント（Staff Development：SD）もしていくことになった。大学を構成する学生、教員、職員の三者が、そろって新しい大学のミッション実現のために、ともにデベロップしていく考え方になった、と聞いた。さらば SPS になったのである。

（5）米国の仕事（Job）の情報公開

　2001 年 5 月、学苑退職後は、米国の大学事務組織のホーム・ページによくアクセスする。各組織の任務、その仕事の範囲を明確にして公開していることがわかる。だれがその仕事を担っているかを、各個人が、各自の業務分担を明らかにしているのだ。組織の長であるディレクター・クラスになると自分の職歴、学位、専門分野を必ず公開している。それだけではない。組織全員の名前、担当業務、メール・アドレス、電話番号（FAX）、自分の写真（時に No Image もあるが）を全世界に公開しているから驚く。Job 型の仕事とは、個人の情報、責任を明らかにして仕事をすることである。かの国と日本の仕事のやり方と大いに違うことを理解しておきたい。

　ともかく大学政策ポリシーの類にもアクセスできる。最新の研究・教育の政策情報が日本に居ながらにしてわかる。ここまで公開して問

題はないかと思ってしまう。が、考えてみると、それは学内の教・職員、学生のために公開しているだけでなく、これから雇用したい未来の優れた教・職員確保のためだと気付く。これは学生募集についても同様であろう。私事であるが、1964 年当時から、Association of College Union,International：ACUI の会員であったが、毎年 4 回、会報が送付されてくるだけでなく、人事採用の季節になると、別便で私宛に仕事の内容、ポジション、年俸、学歴等の応募条件を明示した手紙がきたものである。そしてあなたがダメなら、あなたの同僚を推薦してほしいと。

　日本の大学の運営管理のホームページは人が見えない。組織図はあるが、部署単位の中身が浅い。だれがその仕事を責任をもってしているのか。日本国外から日本留学を希望する人がアクセスして比較したとき、どちらを選ぶか。大学国際化の時代。自己大学のホーム・ページの情報公開のあり方が問われている。

　米国の大学ホームページの情報公開は、広く、深い。だから深みに入ると、どこにいるか、わからなくなる。森に入って森を見ず、となる。

　次に、カリフォルニア大学バークレー校（UCB）の学習センターについて少しだけ触れる。

（6）UCB のラーニングセンター見学

　学生相手のオフィスの 1 つに立寄った。入口の前に、PC（端末機）がある。「用件を記入しなさい」とある。記入したら、「中へどうぞ」。原則アポなしでは、相談はしていないのかも知れない。

　訪問した建物は、1967 年当時はカフェテリアであったが、今は、学習センター（Learning Center）に変わっていた。なかなか広い。勝手に歩いて、見て回る。相談は小さな個室だ。たとえば、学生が、「将来こんな仕事につくためには、どういう科目を選択したらいいか」「数学ができないがどんな勉強したらいいか」等の質問があれば、専門科目別に、コーディネーターが相談にのっている。要するに、相談にのる人、助言する人、

勉強の仕方を支援する人がいる。どうも学生サービスの方向が「学生の学びの支援」に変わっていた。これが強く印象に残った。

エクストラ・カリキュラム（Extra-Curriculum）の「エクストラ」の意味が随分変わっていた。学生サービスの在り方が、パーソネル・サービス、いわゆる個人的な相談業務からエデュケーショナルな、学生の能力を引き出すための相談サービスだ。まさに SD の現場だった。相談を受けている学生がいなかったから、飛び込みで聞いてみたら、「そうです」とのこと。相談は個室でするところは、昔も今も変わりないが、小さな個室がたくさんあったことが印象深い。

違う建物に立寄った。大学院学生のための相談オフィスがあった。「修士論文のテーマが決まらないから」とか、「論文の章立てをどうしたらいいか」等の相談室があった。もちろん事前予約制である。事前に学生にオリエンテーションはしているか、は聞けなかった。もしかすると、ハンド・ブックがあったかも知れない。いつも思うことだが、相談は、個人対個人で、座って個室でしていることだ。日本の大学は、事務職員があるいは専門職員が、こういう環境で相談を受けているだろうか。学生支援が、学生のプライバシィを配慮したあり方に変容している。それにしても、日本の私学では、場所の確保もできそうでないというより、こういうサービス自体が反対されそうだなと思ったことである。

図書館 1 階の閲覧室に立ち寄った。だれも本を広げて読んでいる者がいない。全員 PC に向き合っている。どこからでも図書情報にアクセスできるらしい。図書館は、急速に、情報図書館化の方向にあるらしい。と改めて日本のこれからに思いを馳せた。

2. ハワイ大学の学生部

(1) ハワイ大学学生部を再訪

2002 年の夏、ハワイ大学オアフ・キャンパス学生部を 35 年ぶりに訪

問し、その様変わりに驚いた。Liliʻuokalani（リリ・ウオカラニ）という
ハワイ王朝最後の女王名の付いた学生センターの建物があった。この女
王は「アロハオエ」を作詞・作曲した詩人であったことを思い出した。

　この学生センターは、ワン・ストップの建物に集約されていた。そう
いえば、同年 2002 年夏に訪問した、カナダはバンクーバーの University
of British Columbia（UBC）の学生サービス・センターもワン・ストップ
の建物になっていた。

　女王名のハワイ大学学生センターは、学生サービス関係の部課が集中
している。学生にとっては、便利ではあると感心した。1967 年訪問時
の Office of Dean of Student Affairs（学生部長）は、どこの大学も 7、8
箇所の部課であったと思うが、このセンターには、Vice President for
Student Affairs の副学長（女性）の部屋もある。

　頂戴した資料をみると、副学長のもとに、22 のセクションがある。各
セクションはディレクター（部長）、アシスタント・ディレクター（副部長）
とセクレタリー（部長秘書）とクラーク（事務職員複数）で一組織を構
成している。この構成は昔と変わりがないが、サービスの範囲がより専
門的に拡大していた。だが、秘書は少なくなっていた。

　ディレクターたちは、その部局の専門に応じて専門家として学生指導、
助言、相談等のサービスをしている。新しいセクションは時代の必要に
応じて新設され、サービスの内容も時代とともに変容していた。訪問し
ないとなかなか判らないことではある。

　このような学生サービス態勢は、ハワイ大学に限らず、他の大学のホー
ムページにアクセスしてみても、大体、同じようなサービスになっている。

　ところで、国際化の時代になった。学生サービスの情報は、国際交流
を意識して設計されているか。相互の大学情報を、事前に、学生自ら学
ぶことができる環境を提供する時代になっているようである。

　話しは戻る。日本の大学で SPS はうまく機能したであろうか。多分、
国際基督教大学（ICU）はその理念をそっくり受け入れ、いわゆるリベラル・

アーツのカレッジとして船出したと思う。他の大学はどうか。戦前から
あるプロテスタントのキリスト教系大学は、比較的、米国のSPSを勉強し、
先導したと思う。立教大学は早くからミネソタ大学にスタッフを送って
カウンセラーの養成をした。国立大学の実状は触れない。その知識もない。

　日本のいわゆる大規模私大は、学生数が増大しても学生部の専門スタッ
フは置かなかった。あるいは、置く気もなかったというのが正しいかも
知れない。エクストラ・カリキュラムの分野、すなわち厚生補導分野の
学生部職員が、専門的に学生サービスするのが基本理念だったにもかか
わらず、戦前の学生部の考えのまま、学生対策、学生紛争処理に当たる
のが日常的な仕事であった。敗戦は価値観を180度もひっくり返すこと
になったが、戦前の諸制度が改革されたといっても頭の中はそう簡単に
変わるものではない。紛争当時の教授陣さえも専門バカ呼ばわりをされ
た時代だ。そう思うと学生部にSPSの専門職を置いたからといって巧く
機能したとは思えない。永くSPS専門家の養成もせず、採用する準備も
することなく今日に至った。課外活動の学生指導は、名目上、教授陣の
片手間の仕事をしてあり続けたのである。したがって、SPSの理念は日
本の大学には定着しなかった。正課の授業と正課外の活動とのワンセッ
トがアメリカのリベラル・アーツの教育理念であったはずであるが、形
だけの新制大学だったから、学部教育に大きな問題を放置してきた。少
なくとも20世紀は、安上がりの学部教育をしてきたと思われる。

　よく先輩に言われたものである。「学生部職員の仕事は、学生にサービ
スすることだ。奉仕することだ」と。だが、一方では、大きな声で、「何
で（教えられる）学生に奉仕しなきゃいかんのだ」「学生なんて放ってお
けばいいのだ」「自分で勉強すればいいんだ」と。もっともServicesを奉
仕と訳されたことがよかったか。今ひとつサービシス（複数）の意味が
わからない。制度は輸入したものの、中身というか、精神までは輸入で
きない。21世紀に移行して形の上では学生サービスのあり方が変わりつ
つあるが、専門的なサービスはさらに時間がかかるだろう、と思うこの

頃である。

　学生がエリートといわれた時代の学生は、自分で勉強ができた、とされる。東京大学の法学部のご出身で、高等教育を専門とされていたある教授に、冗談気味に「日本の高等教育の荒廃は東京大学法学部にありますね」といったことがある。東京大学法学部の授業は大教室で、一方的に、高い講座から講義をするという。ディスカッションなんか全くない、と読んだこともある。しかし、学生はそれで理解できた。みんな、自分で勉強する能力があったからだ。それがエリートたる条件の1つであろう。だが、この大教室の授業形式が特に大規模大学で一般化してしまった（聞くところによると、ドイツの大学も大教室らしいが、別にゼミを設け、少人数教育をした）。今は自分で勉強できない学生が増加していると聞く。当然、問題が出てくる。大学が大衆化すればそうなるわけだ。

　かのマーチン・トロウ（Martin Trow）説に従えば、高等教育進学率、①15％未満：エリート段階、②マス段階：15％以上50％未満、③ユニバーサル段階50％以上に分けたが、今や日本の高等教育進学率は2005年以降50％を超え、ユニバーサル型になり、大学は、いわば普通教育になったのである。その結果、今、日本の企業が、年俸制度とか能力主義とか、ジョブ制とかいうのは、学歴で同じ給与水準にすると、だれでも大学卒になって高い賃金体系になってしまう。払いきれなくなるからだ。いわゆる日本の戦後50年以上もの期間、年齢別給与を重視した制度の崩壊が始まったのである。

　大学は大衆化して教育方法は変わったか。21世紀日本の大学をどう変えていくか。国際競争力の観点からもこのまま放置できない問題であると考える。

　ある教授の話であるが、「自分が学生時代の教育の経験が基準になり、それと違う見方はなかなかやれない。自分の学生時代の学生と今の学生とを比較して、今の学生はなっていないとみんな評論家となって批判はする。」おまけに「大学教授は、なぜかこれがわからない」さらに「頭の

悪い学生がいることがわからないから、わかるような教育ができない。」その上に「自分の考えが一番正しいと思っている人が少なくない。」と。時代が変化していることを自ら認め、自らも変わらない限り、間違いなく大学は変わらないだろう。職員もまた自分自身が変わらないで、他を変えられるだろうか。

(2) 大学職員業務としての学生支援～ハワイ大学学生センター

　さて、ハワイ大学の大学職員業務には何があるかを考えてみたい。よくいわれるように、大きく学生生活支援、教育・学習支援、研究支援、大学法人支援の４つの柱があるが、ここでは学生生活支援と教育・学習支援をするハワイ大学学生センターのオフィス組織をご紹介しよう。

　ハワイ大学の Office of Student Affairs にはもちろんホームページでもアクセスできるが、ハワイ大学に訪問したときに頂戴したパンフレット（2002 年当時）に従い、順番に簡単に説明したい。（2023 年のホームページにアクセスしたら、さらに改革され、学生支援組織は細分・拡大していた。残念ながら、各組織別の担当者人数と名前にはにアクセスできなかった。多分、当方のアクセス方法に問題があるのかもしれない・・・。）

3. ハワイ大学学生部の組織

　この章では、ハワイ大学学生部にどんな組織があるかを紹介する。

① COUNSELING AND STUDENT DEVELOPMENT CENTER（CSDC）

　CSDC の任務は、学生の能力開発である。学力が不足している学生、学力保持ができない学生に、助言・相談・訓練等の訓練である。グループ相談もある。（CSDF センターのパンフレットを頂戴してきたが、ここでは省略する。）

　第１に、個人、グループ間で起こるストレスや悩みごとの助言・相談。第２に、精神衛生上の相談と専門医の紹介。

第3に、職業選択と専攻分野に関わる相談。
第4に、学習相談と学習能力開発。
第5に、大学院進学能力テスト、専門職資格テスト、及び心理テスト。
第6に、課題別の研究集会。
第7に、組織間に生じる問題解決に悩む学生、職員、教員対するコンサルタント及びスタッフ・デベロップメント・プログラムの相談である。

CSDC 内の Learning Assistance Center の任務は、学業達成には学力不足、学習上に問題や悩みのある学生を支援指導するため、個人別相談と講習会を開催する。ここにはテスト・プログラム・コーディネイターもいて、各種のテストを受けさせて、本人の能力、適性等を知った上でコーディネイトしているという。CSDC スタッフは総勢9名である。

② FINANCIAL AID SERVICES (FAS)

FAS（奨学金部）は、新学期にはとくに学生が密集していた。大変な数の学生が部屋の中で資料をめくり、我慢強く、相談に列をなしている。不思議にいつも思うことであるが、若者に限らず黙ってよく並んで待っている。ここに書いてあるように The Administering of Federal, State, and Private Scholarship（連邦政府奨学金、州政府奨学金、民間奨学金）、Grants、あるいは Tuition Waivers（学費と引き換えに免除する考え方）。それから Loans（貸与）、Employment Funds（学生が働いたときに支給する資金）がある。

学生を資金援助する Financial Aid Services は昔から学生部の大きな仕事の1つであったが、支給の決定はディレクターが即決する権限を持っているという。（学部の教授会等には相談しない。）これが専門家たる所以である。また外部から奨学資金を交渉して獲得する能力も問われるとのことである。

いつも、いかがなものか、と思うことである。奨学金といったとき、わが国では奨学金は給付型と貸与型とがあり、貸与であっても貸与奨学

金となっていて、奨学金と付記していないか。なぜローン（貸与資金）と言わないのだろうか。スカラーシップとはまさに給付の奨学金、育英資金の意味ではないのか。一方、ローン（貸与）は低い利息で貸与して奨学を勧めるのであるから貸与奨学金というのかも知れない。が、貸与とはいわゆる借金であるから貸与資金あるいはローンと言った方が返す責任が明確になるのでは、と思う。

　因みに、スカラーシップのスカラーは学者・特待生の意味という。スカラーシップは、学識、学力の高い優秀な人に給付の資金を与えて、心おきなく研究・学習に励んでください、という意味のようであるから、奨学生とは給費生、特待生の意味であることを忘れたくない。ハワイ大学の奨学金部の取り組みを読んだ時、ローンは奨学金とは明確に別の柱になっていた。このオフィスのスタッフは総勢15名。なかなかの陣容ではある。その中に、ファイナンシャル・カウンセラーと称する専門スタッフが5名もいることが、印象に残る。

③ WOMEN'S CENTER

　WOMEN'S CENTER は、35年前にはあったかどうか記憶にない。女子学生が男子学生に邪魔されない部屋を設けていることに非常にびっくりしたが、どんな相談を受けているか、担当部長1人のみとのことで、面会は叶わなかった。

④ UNIVERSITY HEALTH SERVICES（UHS）

　UHS はいわゆる診療所で、もっとも古い組織であろう。これは別の平屋の建物にある。特に女性のヘルス・クリニック（女性特有のメンタルも含む Specialty Clinics）がある。同時にヘルス・エデュケーション（健康教育）、HIV の問題、アルコール中毒、覚せい剤等のドラッグの対応を抱えている。とくにドラッグ中毒、麻薬、薬物、覚せい剤等別に対応する専門家を配置している。その他に、問題を抱える学生たちのために、

ボランティアでサービスする人を訓練するプログラムがあった。

　所長、内科医 5 名、看護士 6 名ほか 9 名、総勢 21 名の大部隊であった。

　因みにハワイ大学州立大学システムとして、別の離れたキャンパスにハワイ大学医学部はある。

⑤ CO-CURRICULAR ACTIVITIES PROGRAMS AND SERVICES（CAPS）

　アメリカでいう Student Union（スチューデント・ユニオン）である。この建物の中には、食堂、会議室、リビングルームは当然あるが、いろいろなプログラムを学生自身の手で用意する、いわば社会性を養う実験場として位置付けられている。同時に学園の憩いの場、教・職員・学生との交流を深める施設としてあるが、学生の課外活動の拠点である。ここには Union Director（ユニオン・ディレクター）ほか 23 名のスタッフを配置。各種学生の活動に対してコーチ（監督）、指導、サービスをしていて、学生任せ、ではないことを注目したい。サーフィンの指導、ハワイアンダンスの指導等の案内が掲示されていた。陶芸教室もあった。

　因みに、筆者は在職中の 35 年余、Association of Student Union-International の会員であった。

⑥ SERVICE LEARNING PROGRAM（SLP）

　SLP は、ネィティブ・ハワイアンの教育への関心をどう高めるか、を課題としていて、その人権の高まりから特別のプログラムが用意されている。担当部長 1 名。

⑦ KUA`ANA STUDENT SERVICES（KASS）

　KASS は、ネィティブ・ハワイアンの血が、8 代前に遡って確認できれば、この特別のサービスを受けられるのこと。ネイティブ・アメリカンと同様、差別を受けたために一般的に貧しく、高等教育の機会がなかったからである。ここも担当部長 1 名であった。

⑧ INTRAMURAL SPORTS OFFICE/CAPS (ISO/C)

ISO/C は、どこの大学でもあるが、学内の学生・教職員のためスポーツ施設を自由に使用できるようにコーディネイターを配置している。スポーツ・クラブの学生だけでなく、一般の学生が自由に使うことができる。この配慮。羨ましい。1967 年、コーネル大学訪問時に、学生さんにプールに行こうと誘われた。「パンツがない」と言ったら、「ノー・プロブレム」。水泳パンツとタオルは無料で貸出し。こういうサービスが当たり前にあり、感動し、記憶に強く残っている。スタッフは 4 名。

⑨ MULTI－CULTURAL STUDENT SERVICES (MCSS)

MCSS は、ネイティブ・ハワイアンの文化を含めて、多文化を理解するプログラムのコーディネイターが必要とされている。文化上摩擦の問題が生じるから、多文化を容認のための啓蒙教育のための専門家が 4 名と、秘書 1 名が配置されている。

⑩ SCHOOL AND COLLEGE SERVICES (S&CS)

S&CS は、いわゆる学生募集、学生のリクルートをするオフィス。最近設置とのこと。この効果で、ハワイ州外からも学生が多数来るようになったという。州立大学でも学生リクルートの時代。同時に、the National Student Exchange Program がある。これは、カリフォルニア州の大学とハワイ大学とで、お互いに単位を認め合う相互交流制度である。スタッフは 5 名とのこと。

⑪ CHILDREN'S CENTER

CHILDREN'S CENTER は、要するにナーサリー・スクール（Nursery School：保育園）と考えていい。もちろん学生カップルのためのハウジングもあるが、子供ができれば育児に困る。ハワイ大学に限らず、この種の施設を必ず用意している。それは、学部学生、大学院学生のためで

もあるし、教職員、研究員のためでもある。これは、世界的になってきていて、ユニバーシティーといわれるところは大体設置していると思う。オン・キャンパスにチルドレン・センターやナーサリー・スクールが置くのが常識のようである。全世界から優秀な学生、優秀な教員、研究者、優秀なスタッフ募集時にこれを広報するのだ。子供がいれば当然ながら住居の問題、子供の教育の問題が出てくる。大学の学術的なプレステージを落とさないためには、必要不可欠の施設とされている。

　大学の国際競争力の時代、当然の施設・設備を用意する時代になっていることを知って、日本の大学も大変な時代になったものだと考えさせられた。日本も少子化の時代、政府も大学内にこの種の施設設置に援助してはどうか。スタッフは総勢13名。

⑫ CAREER SERVICES（CS）

　CAREER SERVICES。これを日本的に「就職部」と訳すのはよくないと思う。学生個々人のキャリア、自分の生き方、どういう仕事をしたらいい等の相談を原則一人ひとりとしている。さらには、そういう仕事をしたかったら、こういう勉強をしなさい、とアドバイスするサービスがキャリア・サービスである。

　考えてみると、日本の場合は、キャリア・サービスではなくて就職斡旋部ではなかったか。ハロー・ワーク、職安の肩代わりを事務的に日本の私学はしてしまった。この種の専門職員を養成しないで、教員から「就職」問題を切り離して解放した功績はあった。（理工系は指導教授の関与が強いと思うが。）大学は学生個々人の能力開発、成長の記録をだれが注視し、指導しているのか。日本の大学で今一番、問われている分野かもしれない。卒業生が企業からどんな評価を受けているかを教員が知っているかは疑わしい。ましては職員はどれほど気にかけているだろうか。就職部に任せてしまってはいないか。

　思えば、学生個々人のキャリア・サービスは、学生サービスの最重要

の事項であるはずであろう。コストのかかるサービスではあるが、学生の将来に直結するだけにその道の専門家の養成が必要とされているであろう。ここのスタッフは6名の内3名がキャリアー・カウンセラーである。日本とサービスとの違いが読み取れる。

⑬ NAPUA NO'EAU

NAPUA NO'EAU も、ネーティブ・ハワイアンのためのプログラムであるが、中身はわからなった。

⑭ KOKUA（Disability Access）

KOKUAはDisability Accessに問題のある学生のためのオフィスである。米国ではどこにも車いすで行ける。バスだろうと、地下鉄だろうと。かつては、handicap student と言ったが、今は disability。これをどう訳したらいいのかよくわからない。身体的にもメンタルにも知的にも能力にハンディを持っていて、その能力が disability だという人のためのサービスであろうか。そうすると、授業をする教師に、耳がよくない、目がよくない、外国人で英語がよくわからない学生がクラスにいることを事前に報告し、同時に disability の学生には、それをフォロー、カバーする人を配置する。教師にも、もちろんそれを知らせている。それだけではない。どういう方法で指導したらいいかをもコーディネーションする専門家がいるというのだから驚く。同時にその学生に能力があれば、特別の世話をして、教育の機会をその能力に応じて保証をするという。

だから成績優秀な学生に対しては特別な指導をし、特別の奨学金を与え、表彰すると同時に、学年を飛び級で卒業もさせる、という能力に応じた教育がある。そういえば、ドナルド・キーン氏は、16歳でコロンビア大学に入学したと話している。どこかの国の憲法にも一節あったのは、この考えを受けてのことであったのか・・・・。

日本の会社員の方々が米国駐在になって、子供を小学校に入れ、英語

ができなかったら必ずサポーターを付けてくれるとのこと。それが常識となっている国とわが国は国際交流をしていることを記憶しておきたい。ここのスタッフは 5 名である。

⑮ COLLEGE OPPORTUNITIE PROGRAM (COP)

　マイノリティーは差別を受けてきた歴史がある。そこでマイノリティー学生の教育をどうケアするかの問題に対応するのが COP である。このことを常に考えている担当者を配置していることは、この問題の深刻さの現れであろう。

　スタンフォード大学の学生部を訪問したとき、African Office（確かな名称を忘れた）があり、アフリカン・アメリカンの問題についてサービスする専門家がいた。それだけではない。問題のある世界の地域、国別にコーディネイターが対応すると聞いて、おどろいた。個人、個人の問題としてケアをするサービス。これがアメリカのリベラル・アーツ教育の基本的な考え方なのだろうか。

　英国の場合は Tutor が個人指導をしてきた。が、米国はチューターの役割が SPS に変わり、さらに SD（Student Development）に変わったと考えていいのだろうか。同じアングロ・サクソンの教育思想を受けているのではないか、と思ったことである。スタッフは 2 名のみ。

⑯ OFFICE OF THE VICE PRESIDENT FOR STUDENT AFFAIRS (OVSA)

　この OVSA の Vice President が学長の命を受け学生生活全般の問題を担当する副学長である。大学の組織図をみると Vice President for Academic Affairs（教学担当副学長）、Vice President for Finance（財務担当副学長）とか、学長が任命する副学長が、大学によって違いはあるが、7、8 人はいる。そして、副学長には専任秘書 1 人が付いている。

　ところで、学長はだれがどう選ぶか知りたくなる。州立大学の場合は Board of Regents（州視学官）が任命。一方、私立の場合は Board of

Trustees（理事会）が任命している。Trustee とは財産を信託された人の意であるが、その人たちで構成された理事会の最大の任務は、学長を任命すること、とされている。

　そこで学長は、トップ・ダウンで大学管理運営の執行役員会を組織する。次に、各担当副学長は、所管の部長を任命していく。たとえば、教学担当副学長であれば学部長を。学内に適当な人がいなければ、全世界に公募して探す。学長の選考も適当な候補者が学内にいなければ公募している。任命された者の能力が期待に添わなければ、任期は短期で終わるし、そうでなければ長期になる。はじめから任期を決めた契約ではないようだから、選ぶ方も大きな責任と力量が問われることになる。

　学部長は、次に Department Chairperson（学科長）を任命する。すなわち教学の役職者の人事もトップ・ダウンである。良し悪しは別にして、教学の役職者が教授会で選任される日本の場合とちがうことを記憶しておきたい。

　なお、Trustee（理事会）メンバーに手当てはあるのか、と来日したスタンフォード大学の財務担当部長に聞いたことがある。やはり、「一切なし、無給」と即答。「社会的にも敬意を払われている方にお願いしますから。」「理事に選ばれることは最高の名誉と受け取られています。」とのことであった。この言葉は忘れられない。

　教員の雇用問題についてかつて聞いたことがある。

　教員、アドミニストレイター、プロフェショナル・スタッフの雇用はどうなっているのか。契約は年俸制。契約の前に仕事の内容が明示されている。これが常識という。雇用契約後は、雇用任命した上司は、部下のパフォーマンス（目標達成成果）を毎年評価し、また次年度以降契約するかを双方はネゴシエーション（交渉）する。なお、インストラクターとかアシスタン・トプロフェッサーと呼ばれる教員は、任期付きの雇用である。この期間にその成果をウォッチするわけである。

　テニュアー（Tenure）という言葉がある。テニュアーの資格をもつ準

教授以上は、当人が辞めるといわない限り終身雇用される権利があると
される。これは、当該教員たちが雇用者から勝ち取った権利という。だ
が一方で、問題がないわけではない。終身雇用であるから、当人が辞め
ると言わない限り辞めさせられないからだ。ではどうしたら辞めてもら
えるか。学生に授業評価をしてもらうことになった、という。とはいえ、
学生の評価が低いからといって辞められては大学教育は成り立たない。
そうそう適当な教師がいるわけでもない。そこでどうしたらよい教育が
できるかの教授と支援組織が置かれるようになった。すなわちファカル
ティ・デベロップメント（Faculty Development:FD）である。訪問時に
確認したことであるが、どこの大学も FD を支援する組織があった。高齢
の教授に退任願うのは、やはり学生からの評価が一番よい。自分で決断
を促すことになるからだ、との言葉も印象深い。

　学生部の管理職やスタッフはプロフェショナルとして雇用される。通
常、かれらの雇用は公募、スカウトの世界である。学生担当副学長の着
任早々の任務は、いかに優れた学生部長を任命するか、である。この稿
で紹介しているように、学生部には、いろいろの専門スタッフがいて、
分野別の全米組織の学会（協議会）がある。すなわち学生部のスタッフ
と言っても、専門別のスタッフが配置されていることを理解しておく必
要がある。

　なお、彼等を側面からサポートするクラーク（事務スタッフ）がいる。
いわば普通路線コースのかれらは、年俸の契約ではなく、専門を問われ
ない仕事を同じ部屋で仕事をする人たちは、いわゆる事務員かもしれな
い。このオフィスは、学生担当副学長と秘書 1 名。

⑰ STUDENT EQUITY, EXCELLENCE AND DIVERSIT（SEED）

　SEED の仕事は、学生はまず平等の権利を持っていると同時に、卓越し
た、多様な能力の学生を探し出してより高度の教育機会を与えることで
ある。教育スペシャリスト 5 名もの配置は、この取組みの本気度が伺わ

れる。

⑱ ADMISSIONS AND RECORDS（A&D）

　入学・学籍管理部（A&D）は、もっとも古くからある大学のオフィスとされる。イギリスの大学では Registrar というが、この職位は、アドミニストレイターの元祖である。米国ではアドミッション・オフィサーという。

　この道の専門家であるオフィサーは、志願者の高校の成績、エッセー、推薦状、課外活動そして大学進学共通試験である SAT（Scholastic Assessment Test）のスコア等の書類の提出を求める。いわば、優れた学生をスカウトするのが仕事である。蓄積された経験により、様々な角度から評価し、受け入れを判断する。それだけではない。高校の成績と大学入学後の成績との相関、卒業後の活動までも追跡調査をして、入学許可の妥当性の研究もするというから、生涯追跡される方も油断できない。

　大事なことを記しておきたい。すなわち、入学許可に教授会は関係していないことである。ここが日本と大いに違う。かってある大学のオフィサーからこぼされたことがある。もっといい学生を採れと言われるらしい。だから教授陣とは必ずしも関係はよくないと聞いた。なぜか。学力に問題がある学生が入学すれば、教える教授の負担が増えるからだ。教える方は、入学に関係していないから、単位認定、学業評価の基準の取り決めがあるから、評価判定はぶれない。だから、お情けでの卒業はないと聞いた。成績が悪ければ退学を促すか、他の大学に行きなさいと指導する。ここに入学許可者と入学後の成績判定者である教授陣とは、相互に牽制する仕組みにして、教育の質の担保をしているように見える。

　日本の大学教授陣は、入学試験の出題、その採点（文系ではコンピューター採点が多くなっているが）、合格判定、入学から卒業までの全カリキュラム編成、授業した科目の採点と評価、そして卒業判定。形の上では課外活動も教育的に責任がある。考えてみれば、日本の大学の教授会は間違いなくオールマイティーである。しかし事実どうか。教育上の意思決

定はするけれども、実行が伴わない。関与するその時間もない。まじめ
に対応したら、研究する時間はなくなる。ここに日本の大学教育の問題
がある。

　書きながら思いが募る。現行の教授会の負担を減らすには、いわゆる
アカデミック分野の諸業務を判断できる専門職員養成が急務ではないか
と。新しい役割分担者の登場である。

　日本に、米国と同様の入学許可までするアドミッション・オフィサーが
必要とするならば、恒常的に、入学後の追跡調査、分析業務をするアナリ
ストも必要である。そうしなければ、入学許可の妥当性が問われる。

　専門職スタッフとされる人材は、少なくとも修士課程、博士課程を修了
した者を採用することは前提になるだろう。それを教員職とするか、職員
職とするかは議論になろうが、いわば中間の新しい職位の開発が望まれる。

　米国の職員研修プログラムを見ると、在職しながら上位の学位を取ら
せる、いわゆるスタッフ・デベロップメントがある。いまでは人材開発
部（Human Resource Center）を設置して、自己啓発を一段と奨励して
いる。「勉強してください。そうしないと、わが大学の質が落ちますから」
という考えが、大学全体に共有されている。

　少し横道にそれた。ハワイ大学の入学・学籍管理部に戻ろう。この部
は総勢43名の大部隊だ。統括部長、統括副部長、入学関係専門職アドミッ
ション・オフィサー4名、アドミッション・カウンセラー2名、および
入学登録アドバイザーを配置している。

　さらに、学籍・登録関係専門職レジストラー、副レジストラーを配置し
ている。興味深いことに、コンピューター・スペシャリスト2名とユニバー
シティ・スケジューラーと呼ばれる大学歴編成担当の専門家がいることだ。

　その他は、セクレタリー1名と部隊をバックアップする29名のクラー
クがいる。この数が多いか少ないか判断は難しいが、入学許可と学籍管
理の双方を担当している部隊としては、決して多くはないように思われ
る。業務分担を明確にして専門職を置いていることとコンピューター処

理能力の威力を思い知った。

　余談になるが、1967年、この前身のオフィスを訪ねた。クラークの1人が、入学不許可の通知文に、志願者の名前1人ひとりに、タイプしていたことが印象に残っている。

⑲ OFFICE OF THE DEAN

OFFICE OF THE DEAN は、いわゆる学生部長のオフィスである。Dean という言葉は、学部長もいうが、オックス・ブリッジでは学寮の学監、英国国教会ではカセドラル教会主席司祭が称している。大学でなぜ Dean というのか。よくわからない。大学紛争時代の Dean は、学生を処罰する権限のある人の意が強い。語源的にはギリシャ語では「十人を治める人」の意だそうである。

　このオフィスには学生部長の他に、ハウジング政策担当、ジェンダー・カウンセラー、公民権担当の専門家が部長を助けている。その他、副学生部長と秘書の計6名である。

　Student conduct という言葉がある。在学中にしてはいけない「守るべき行動基準」を学生の委員も含めて決める委員会がある。学生の処分に関わることは、大学が一方的に決めていないことは記憶しておきたい。ハワイ大学の Office of the Dean の使命は、学生に関わる新しい行動基準、大学学生政策を考えるところ、と理解される。

⑳ STUDENT HOUSING SERVICES（SHS）

　学生寮サービスである。米国の大学では大学寮に居住するのは教育の一貫と考えられている。とくに1年生時は入寮を義務化しているところが多い。学生寮は、いわゆる相部屋とシングルの部屋が多数あるホテルと思えばよい。寝泊まりする居住場所であるから、24時間の管理が必要になる。しかもホテルと違って、いつも満室の状態の運用になる。

　ハウジングの管理・運営は専門職オフィサーが分担して世話をする。

通常、学園内のハウスと、不足すれば大学周辺のハウスを大学が借り受ける。因みに、住居の世話係りは大学の歴史が始まって以来からある、もっとも古い仕事である。家賃をいくらにするかを評価する係りが、中世の時代からあったという。

　ハワイ大学の場合は 3,000 人の学生がオン・キャンパスという。大変な数である。ハウジング・サービスの仕事は、24 時間。しかも大多数は若者。大変骨の折れることと推察される。大体、学部学生は相部屋である。ところが最近、また学生が増えて、学内の寮では不足して、ワイキキビーチのホテルと契約しているとのこと。ここに配置された学生は設備がよいからと、人気が高いそうである。

　ともあれ大学寮に一定期間居住させるのは教育上であるからハウジング政策は、非常に大事に考えられている。とりわけ、新入生は、1 年間は必ず大学の寮に住みなさい、と記されている。これは教育上の理由だけではなく、大学の寮経営的な問題もあると、推測している。なぜなら、寮生活には生活上のルールがたくさんあるから、学生にはあまり歓迎されないのではないか。入寮するかしないか自由に許してしまったら、空き部屋がたくさん生じ、寮の経営はできないのではないか。「必ず 1 年は入寮しなければいけない」と断り書きがあるのは、そのせいではないかと推察する。確かめたわけではないが。ハウジンング部長（Housing Director）は、スタッフとともに 24 時間の勤務体制をとってのサービスとのこと。寮生活には、いろいろなトラブルや病気もある。カウンセラーとの協力が必要としていて、常駐させているところも多い。

　ハワイ大学は部長以下 4 名のレジデンタル・ライフ・コーディネイターと呼ばれる専門職を配置し、総勢 36 名の大部隊で管理されている。

㉑ INTERNATIONAL STUDENT SERVICES（ISS）

　ISS には、1967 年、4 ヶ月ほどここでお世話になった、思い出で深いオフィスである。2002 年、留学生は 1,500 人、88 カ国から来ていると

のこと。これは世界の約半数から来ていることになる。

　ハワイ大学に到着（1967 年 4 月）早々のオリエンテーションで、Foreign Student Adviser（FSA）が発した言葉は胸を打った。「あなた方が困ったときは。いつでも電話をください」と言った後、「24 時間 OK です」と名前と自宅の電話番号を板書したのである。携帯電話のない時代だ。このひと言に、みんな感激。ノートしたものである。これがプロだ。プロたる資格だと。プロフェッショナルは、24 時間、業務終了後も仕事のことを考えているのだ、と。

　現部長（女性）は、中国系アメリカン。名刺に博士号（教言学）とあった。部長以下、アドバイザー（男 1）、アシスタント・スペシャリスト（女 1）、部長秘書（女 1）、クラーク（女 1）、コンピューター・スペシャリスト（男 1）及び学生アシスタント（女 2）が全て。

　9 月の新学期前で大変多忙な時期であったが、部長に面会できた。「1,500 人の留学生をこんな少ないスタッフの人数でやっているのか」と質問。「そうです」と即答。大変驚いた。事務処理能力が大変高いのであろうか。このオフィスにコンピータ・スペシャリストを特別に配置しているからか。サービスの内容を調査すべき課題となった。

　それにしてもこのオフィスに限らず、学生センターには女性スタッフが多かった。新学期の忙しい時には前部長（1967 年当時には在職し、旧知の方。後、部長に昇進）がフルタイムのボランティアで協力してくれるとのこと。他にもサポーターたちが、影で少ないスタッフを支えているのかも知れない。

㉒ STUDENT EMPLOYMENT AND COOPERATIVE EDUCATION（SECE）

　SECE は、学生を、一定期間、どこかに雇用してもらい、職業体験させるインターンシップの世話をするオフィスである。たとえば、将来、図書館で専門職として働きたいならば、学内の図書館を紹介し、インターンとして働く。パートタイムで図書館、寮のフロント、食堂、キャシャー

などでも学生がよく働いていたが、これはインターンではなく、アルバイトだったかも知れない。インターンを紹介する専門家がいる。なお、仕事を紹介するとき、無条件ではさせていない。単位をあまりとっておらず Grade Point が低いと許可しない。学業優先を管理監督する、専門スタッフが 9 名、配置されている。

　以上、ハワイ大学学生担当副学長が所管する部局のアウトラインを紹介したが、ここの部課の活動内容までは、深く踏み込めなかった。間違った理解をしているかも知れない。ご指摘により、さらに理解を深めていけるならばと願っている。

4．学習を支援する組織

（1）ハワイ大学カウンセリング・能力開発センターおける学習支援

　Counseling and Student Development Center（CSDC）は、最初にご紹介したが、筆者の体験を含めてもう少し説明しておきたい。

　　第 1 番目　　個人の相談とグループ相談
　　第 2 番目　　精神的問題のある学生に対するサービス
　　第 3 番目　　キャリア・カウンセリング
　　第 4 番目　　Learning Assistance

(2) 第 4 番目の学習支援（Learning Assistance）について

　この 4 番目の学習支援は面白い。最近日本でもリメディアル教育をする大学が増えているが、1960 年以降、ベトナム戦争後の世代が大学に殺到したときから研究が進んだという。例えば、時間管理（Managing Time）。勉強には時間管理が大切だと教える。読書法（Reading Skills）は、速読の方法、大意の掴み方を。聞き取りとノートの取り方（Listening

& Note taking Skills）もある。講義を聞いてノートをどう取るかの訓練である。リサーチ・ペーパーの書き方もある。第三者に読んでもらえないようなレポートは書くな、というわけである。Leaning Disability Support は、耳があまり聞こえなかったり、視力が弱かったりする学生に対してサポートや指導である。身体的に学習が遅れている学生だけでなく、その他の理由で学習能力の劣る学生にも対応している。ハンディキャップという言葉を使わなくなっている。

①ハワイ大学における 1967 年の体験

　英語の読解力の授業で、教材として『リーダス・ダイジェスト』の冊子が配られた。教卓にはメトロノームを置いてある。「最初はゆっくりと、チック、タック、チック、タックで一行ずつ読みなさい」。「読みなさい」といった後しばらくして、「口を動かさないで」・・・「目を動かさないで」。・・・・「センテンスの真中を読みなさい」と来る。

　読み終わってほっとしていると、文章の終わったあとのところに「クイズ」と書いてあるから、「何が書いてあったか答えなさい」といわれる。時限がきたら「冊子」は回収されて、次回の授業でまた同じ「冊子」が配付される。クイズが採点されている。よくできたときは「I am proud of you」のコメントまである。次の授業ではチック・タック、チック・タックが速くなる。あとの授業ではメトロノームなしになって、「何分で読みましょう」で、またクイズがでる。毎回採点されていた。3、40 人のクラスで、9 月からの新入生ではなかったかと思う。日本でも教授の経験のある教授であった。速読をしないと学部教育で要求される課題の本が消化できないからである。この速読法の授業は、希望する学生のために新学期前の夏休み中の特別授業であったと思う。

② UC,Berkeley の学習支援センター

　論文の書き方に悩む大学院の学生のためのオフィスがあった。論文の

テーマがみつからない、というような学生のための相談者がいた。論文の文章表現や誤り等に助言する人もいる。とりわけ留学生に対しては、英語表現力の問題があるから、英文を添削してくれる人がいる。論文の中身がよければそれでよい、との考え方のだろうか。アメリカの Ph.D 取得者は、研究者としての研究をはじめてよいとされている。日本も制度は同じようになった。

　今や、学生支援センター（Student Development Center）に類する組織は、どこの大学にも置かれているようである。日本の国立大学には、この種の組織が生まれている。その内容に違いがあっても、大学における授業法、よい教育のための「研究・支援」組織が増えている。私学では、研究はされているが、専門的な人を配置できているだろうか。財政上の問題から、分かってはいるけど・・・かもしれない。

③教師のための学習支援センター

　このラーニング・センターは、単に学生のためのセンターではなく、教師に対するセンターでもある。どういう授業の方法をするのがよいのか。どういうカリキュラムを組んだらいいかなど、授業法の研究開発と実践指導である。

④ハワイ大学の Faculty Handbook を読んでみた。

　教場に入って最初に学生に向き合った5分間が勝負だ、とある。5分間で学生は教師の力量をみんな評価する、と書いてある。だから、講義の課題にどう接近していくかをはじめに説明しなさい、など、など。手取り足取りのハンド・ブックである。

　教授陣に活用されているらしい。あなたが担当する科目は、この学科のカリキュラムに従い、こういう内容を、こういう方法で、教えてください、と教える教授法の専門スタッフがいるから、と新任教師に学部長（Dean）は助言すると言う。手取り、足取りである。かくして教師もま

た成長していく。日本ではどうか。こころもとない。

　カリキュラム編成をいつも考えている専門スタッフもいることも驚きだ。どういうカリキュラムを組んだら、学生の能力を一番向上させることができるか、を考え、実践することを教師に要請するのだ。教師たちはそれを受容して教える。また、新任の教師には、何を教えたいか、を聞いた上で、講義時間の管理、セメスター内の授業計画を順序立ててを考えてくれる人がいる、というから本当に驚く。もっともカリキュラムで事前に示されたシラバスとは違う内容の講義はお叱りを受けるらしい。カリキュラムからの脱線は厳禁という。学生もそれには文句を言うらしい。

　要するに、1セメスターの授業シナリオを作成してくれる専門家がいるのである。新任の教師にとってこれほど強い味方はないであろう。始めに助言・支援サポートしてくれるわけであるが、教師も偉い。専門の学問のことは知っているだろうが、教え方については素人であると自覚しているところ、専門家に教えを請う姿勢はえらい。専門家の研究成果を教育で実践していくためには1人ではできないことを理解しているのだ。

　すなわち教場は教師一人の時代ではなくなっている。教場のバックには多数の教育支援者がいるのである。このように考えると、教場は教師にとって演劇の舞台に立つ演者のようではないか。そう考えると授業は共同作業の現場であることに気が付く。だから、教師以外の専門家が多数いることは理解できる。

⑤日本の、特に私学の学習支援体制の欠如

　このように考えると、日本の正課の授業も、エクストラの、正課外の教育サービスも米国の制度は導入されたが、堂々と見過ごしてきたのか、立ち遅れてしまったのか、あるいは、日本の場合は、問題ない、との立場にあるのだろうか、分からない。我が国日本の、とりわけ大多数の大学教育を担ってきた私学の、教育方法は今までどおりの方法でよいのか。変えることができるか。難しい問題だが、人を新たに雇用すれば相当の

コスト増大が必要となるから、別の道を考えることはできないか。

　もしこの分野の需要が必要であるならば、職員組織の見直しをして、新しい職位の人材の採用、在職中の人材研修により、新しい仕事にシフトしていく。学生部が進むべき1つの方向は、この分野ではないか、と考えるこの頃である。

（3）新しい学生部の創造のために
① IT化と学生部〜今の学生部業務は必要か

　2000年初等に見た米国大学は、IT化の進歩、発展がめざましい。教育も研究も大学経営管理も、すべて、IT化されているようにみえる。図書館はもうかつての図書館ではない。完全に学術情報センターである。オフィスも、研究室も、教場も、全部ラインではなく、面としてある。網としてある。これを実感したのは、大学のホーム・ページにアクセスすると、どんどん深みに迷うことが多い。検索の力量不足もあろうが、IT化時代の学生部を調べる時に迷ってしまう。

　今や、米国大学の、見ず知らずのAさんに、メールが出来る。これはすごいことである。Aさんの給与がいくらかは分からないが（学会・協議会のメンバーであれば分かる）、どういう仕事をしているか分かる。プロフェッショナル・スタッフは、自らの履歴を堂々と全世界に開示しているからだ。

②日本の大学は、個人の顔が見えない

　日本の私学では大学組織の紹介程度で、情報公開は浅い。組織を実際に動かしている人の顔が見えないのだ。さらにいえば、箇所間の情報も共有できていないようにみえる。米国の大学情報公開は豊かである。個人の履歴を公開できたとき、はじめてプロフェショナルと言えるのではないか。

　そこで、IT化と学生部サービスのあり方について、いちど論議しておく必要があると思う。

③日本の私学、特に学生部の再編成と専門職によるサービスへ

　学生サービスについて1つの事例をご紹介したい。おまわりさん（Campus Police）が、安全確保のため、常駐している大学があった。ウィスコンシン大学マディソン校（州立）のホームページで調べてみると、キャンパス・ポリスが107人とある。1日3交代としても30人が、常時キャンパスの安全管理に当たっていることになる。州立の大学はとにかく広大で、だれでも構内に入れるから当然か。

　1967年、同大のスチューデント・ユニオンに宿泊したときに聞いた。夜遅くまで図書館で勉強した女子学生（女子限らないかも）が帰寮するとき、エスコート・サービスをするというのである。広大なキャンパス内を、徒歩では時間もかかるし、安全上からであった。

　これも全組織が、優れた学びの環境とするための取り組みである。そのために各部署間の役割分担を、学内外に公開しているのである。これがいわゆる、ジョップ・ディスクリプションの明示である。

　学生サービスとは、大学全組織が学生本位のサービスのように思える。キャンパス内のおまわりさんも学生サービスに関わっているこの一例として紹介した。

　日本の新制大学学生部は、米国の学生部の指導理念によるとされた、といく度も先にも述べた。だが、形だけであった。学生部を正課外の教育を担う組織として認めず、専門職スタッフ養成もせず、教師の片手間の仕事としてきた日本の大学。いわゆる厚生補導の意味について、特に私学の立場からの再検討が必要ではないのか。学生に関わる業務の、全学的な見直しと再編成による専門職によるサービス。これが21世紀に進むべき方向ではないのか。

④国際交流の進展は学生部を変える

　大学の国際化は錦の御旗、合い言葉である。だが、双方向の国際化か。

海外へ送り出しに対して、留学生受け入れは、各大学の教育力の問題に直面する。例えば、学部学生を海外の大学に派遣して教育を受けさせる。同時に先方からも学生を受け入れる、双方向の短期の学習プログラムがあるとする。単位修得に関係ないならば、海外体験として処理できるが、単位を認めることになると、俄然、交流は難しくなる。日本語のできない学生には、英語で教えることができるならば、可能であろうが、その負担は相当なものであろう。では、英語の堪能な教師をはじめから雇えばいいではないか、となる。しかし、これも簡単なことではない。日本人と同じクラスで、英語で授業をしたら留学生の評価は下がり、プログラムの継続は難しい。双方の大学のアカデミック・スタンダードの違いを認めての交流協定が必然になる。いわば短期の日本体験留学はよしとしても、単位を認めるプログラムは、大学力が問われる時代になっている。

　単位互換とはどういうことか。A大学での成績の評価をB大学でも同じ評価をしなかったら、原則単位の互換はできない。スポーツの国際試合が可能なのは、同じルールで競技するから可能なのである。協定は、双方の大学で、どのような方法で教育し、評価するか、事前の合意が必要とされる。

　欧州はEUになって、ワン・イヤー・スタディー等の短期留学プログラムが非常に盛んになり、アメリカ的になっているやに聞く。ひとり日本の大学が、蚊帳の外、になっていないか。

　学生部の将来は、国際交流の観点からも、考えておく必要がある。国際交流の進展は、学生部のあり方も劇的に変えるものと思われる。

（4）米国大学で受けた研修と自己啓発

　時代が大学も変革を要請しているとき、まず変わる必要があるのは誰か。多分、自分自身である。だが、自己を変えることほど難しいものはない。変えるため叱咤激励して自己啓発することはできる。言うは容易いが、凡人はすぐに挫折する。

　経歴に記したように、学苑の最初の職場が学生部。ここだけは希望した職場であった。ところが、なぜ大学の事務職員としてここで働くのか。学生紛争の時代、学生に罵倒もされたから、その意義を問うた。その思いの一端を以下に述べておきたい。

　学生部には 4 年と少し。大学の職員研修制度によりハワイ大学構内に設置されている国務省が 1960 年に設立した East-West Center（東西センター）に 5 カ月余派遣され、その内の 2 カ月は、米国本土の大学で学生部業務の研修調査であった。

　まず驚いたことがある。本土のキャンパスの広大さ。夏でも、お湯が出る。施設・設備の格差。最近の日本は、建物は改築されて相当よくなっているが、当時は、その質、豊かさに圧倒された。そして大学の歴史の重さ。これが大学なのか、との思いの 2 カ月であった。学生が、いつでも、どこでも、勉強できる環境の大学が、ここにある。中央図書館は、試験前から非常に遅くまで開館し、終日のところもある。学ぼうとする学生の希望は、なによりも優先して応えるその勉学環境、研究環境。

　よく、大学は「都市の中の都市」といわれる。学生、教職員、市民のために、大学の施設をフルに活用できるよう整備している。それは職員自らが、労働加重となると反対するのではなく、それができる態勢を提案し、変えていく。それが学生に対してサービスのあり方のようである。

（5）大学とは何か、を学ぶ動機になった「学生会館（Student Union）」

　大学紛争で、学苑の学生に「おまえは、誰のお陰でメシ食ってんだ」と罵倒されたことは先に述べた。衝撃を受けた。学苑創立 80 周年事業の 1 つに、第二学生会館（現在はない）の建設があり、学生部に配属されての最初の仕事であった。一体、学生会館とは何だ、と。当時の学生は、学生会館だから学生のものだ、と主張した。寝泊まり自由の学生会館が外部にあったこともある。だがそういうところは、いわゆる過激左翼学生の巣窟といわれた。東京大学駒場の学生会館を見学に行ったこと

がある。当時の学生部長が自治会委員長に、「お客さんを施設案内したいがよいか」と断りの電話をしたものである。大学当局者は立ち入っていけない「不可侵の城塞」だったのである。敗戦後の東京の住宅事情は悪く、特に上京してきた学生も貧しかった。住まいは、雨、露を凌げれば我慢した、といわれた時代だった。貧しかった学生たちが、北の丸公園にあった寮の建物を学生会館と称していた。そこの学生は「学生会館はわれわれ学生の自治で運営されるものだ」、と強行に主張し、取り壊しに大反対した時代があった。

　米国の大学には Student Union がある。一応、学生会館と訳しておくが、行ってみれば、これは日本の学生会館とは全く別物であった。これを学生会館と称したところに誤解が生まれたと思う。ネイミングは重要だとつくづく思う。

　もともとは英国のケンブリッジ大学の Student Union に由来している。これは Debating Society の組織のことを称した。学生は各 College 別の学寮に住むので、カレッジ間の交流はなかった。各カレッジの学生を連合する組織がなかった。そこで、カレッジを超えてディベーティングする組織（College Union）をつくったのが始まりという。ここのオフィスを訪ねたときに、学部学生のユニオンと、大学院生のユニオンが別々にオフィスがあると、秘書から聞いた。ケンブリッジのユニオンは、建物、施設ではなく、組織を称している。この組織を学生の代表が自主的に運営し、秘書も雇用しているという。

　その考え方がアメリカにわたり、現在のような建物も持つ Student Union に変わった。

（6）米国大学訪問時は最初にユニオンへ

　ユニオンの総合窓口に立寄り、キャンパス・マップを頂戴したものである。学生がボランティアだったか分からないが、窓口で対応していた。ここでは、キャンパスの案内だけでなく、学内外の有料のチケットも販

売していた。このサービスは、最初に訪問した 1967 年も今も基本的に変化していないと思うが、今は、マップは配付していないと思う。事前に PC あるいは携帯で検索できるからだ。

1967 年の訪問時においても、どの大学も、立派な、食堂、カフェ、複数の会議室、ボールルーム、演劇・映画シアター、そしていわゆる生協とも言うべき場所には、ブック・ストア（学生が売ったと思われるユーズド教科書もあった）、衣服、文房具、スナックが販売もされていて、ここへ行けば、生活に困らない。

スポーツのサービスをするプログラムもある。大学によっては温水プールがあり、陶芸等のクラフトセンターがある。これは卒業後のソーシャル・ライフを豊かにするためだと宣言し、その道の専門家を配置して、必ず学生を指導していた。

それだけでない。ユニオンの運営・管理の委員となってガバナンスを学び、実践する学生もいた。会議の進め方等も学んでいた。この分野は、学生たちにアドバイジングするのは課外活動課長の責任とのことであった。

時代とともに活動施設が変わり、今はボウリング・レーンがスポーツ・ジムや水泳プールに変更しているところも少なくない。

ユニオンはキャンパスの便利な場所に、中央図書館と相対してあるようである。全学生も、教職員も、毎日そこに、立ち寄りやすいように設計されている印象がある。

(7) 米国のスチューデント・ユニオンを教えてくれた方

スチューデント・ユニオンなるものが米国にあることを知り、Association College Union, International（ACUI）に入会したことは前に述べた。日本人 2 人目のメンバーとなった。1960 年代は、まだ為替が変動しない 1 ドル 360 円（固定）の時代。年会費 20 ドル。学苑の学生部学生生活課の雑費予算が 10 万円。年会費を即決してくれた、課長のことを忘れはしない。

　この ACUI 加入がアメリカの学生部活動を知る切っ掛けで 1967 年 East-West Center に派遣された。27 歳だった。

　ハワイ大学学生部の Foreign Student Adviser のコーディネイトにより米国本土の 2 カ月のユニオンを中心とする学生部研修プログラムを組んでいただいた。本土の 23 大学を視察後、ハワイ大学でハワイ大学学生部と語学研修を 3 カ月余受けた。思えば、海外研修は、大学を広く学び、育ててくれた、最高の教師であった。

　先に述べた E・G・ウィリアムソン博士は、ミネソタ大学の心理学（カウンセリング）教授で学生部長であったが、SPS の啓蒙、普及に尽力され、教育、とりわけカレッジの学部教育は、理論だけでなく、実践が伴ってこそ身に付く、との考えから、正課外の教育実践の大切さを説かれた。日本から留学して日本で帰国後、大学の教師になる方は、学部は日本で、大学院は米国のパターンが多いと思う。だから、戦後に、リベラル・アーツの学部教育を実際に体験した日本人は、極稀れだった。また、学部教育を実際体験したものは、帰国しなかった。

(8)　留学生の仕事に異動と大学問題研究会に関係する

　1967 年 9 月 10 日帰国。ほどなく、留学生の仕事をする課に異動した。だが、1970 年の日米安全保障の延長反対で、大学紛争の嵐が吹き荒れた。学苑ではストライキが 165 日続き、この間、教員、職員からなる学苑の将来を考える全学的な「大学問題研究会」が設置された。その事務局を担当して、大学に関して無知を知った。大学で、事務職員として働く意味を自問自答した。途中から研究員となり、「大学職員論」を書くはめになった。だが、委員会で「大学の理念」「大学の使命」「大学のガバナンス」などいわれても、そも言葉が何もわからない自分があった。

　大学の意義について、なにも知らないで、学生サービスができるか。この問いがいつも離れないようになったのである。

　正直に言おう。大学で働くことの面白さを本当に実感したのは、退職

してからだった。学生がいる大学だから面白いのだ。学生に接すること
は非常に意味があることだった。が、同時に、恐ろしいことでもあった
のだ。

　学生は何気ない言葉に傷つき、喜びもする。だからこそ日常的に、学
生に接する学生部職員は、大学の本質を、自らまず勉強し、この大学を
よい大学にしよう、いい教育機関にしよう、とのミッションがなくて、
学生の信頼を得ることができるか。職場の配属が、一時的、短期間であっ
ても、大学にあるわけであるから、どこの職場にあっても、もっとレベ
ルの高い仕事をしよう、との生き方が、学生のためになると信じるよう
になった。どこにあっても学生に信頼される職員。それが理想とする職
員像ではないかと。

(9) 韓国の大学事情調査で日本の立ち後れを実感

　お隣の国だからといって、よく知っているわけではない。近い韓国の
大学を知りたいと、1995 年に、日本私立大学連盟（私大連）の職員研修
で 70 人とともに訪問した。ところが計画の段階で、「どうして韓国に行
くのか」と、反対意見があったらしい。欧米ではないところで、「何を学
ぶのか」とも。韓国の大学が劇的に変化していることを聞き及んでいた
ので、「やはり韓国に行こう」と、2 年続けての計画を一度にして決行した。
百聞は一見にしかず、である。大学業務の IT 化が相当進んでいたのである。

　延世大学という有名な私学の大学カタログを頂戴した。みんなハング
ル。だが、教授陣の肩書きの Ph.D. は理解できる。実に多数だった。日
本の博士号はほとんど見当たらない。

　台湾もそうだ。近隣諸国の学生から、いまや、日本留学は回避されて
いたのである。日本の大学になぜ来ないのか。教育のあり方が問われて
いるのではないか。

　香港に「ASIA WEEK」という英字雑誌（現在休刊中）があった。アジア・
大洋州地区の大学ランキングを毎年春に発表してきたが、日本の大学も

いくつかランクされてはいるが、上位ではない。とくに東南アジアの人々にとって、大学は自国でなくても英語で授業を行う大学であれば、どこにでも行ってしまう。そんな状況になっている。日本語の問題もあろうが、日本は、除外されているように見える。

　大学教員はいざ知らず、大学職員は、日本の大学はもとより、世界の大学の、現実の姿を理解して仕事をしているか、である。大学にいるのであるから、教授陣にも、留学生が在学していれば、教えを乞うことは出来る。調べる図書館もある。他大学の方々からも会っても勉強できる。自己の力を付けて、学びがいのある大学にするには、そこに働く職員力も高める必要があることは、間違いない。学生に報いを求めることなく、将来、母校に喜んでで帰って来てくれる日のために仕事をしたい。人間の成長には、時を必要とするが、生涯見守りたいと願っている。

（10）学生部ミッションの構築は自らしよう

　学びたい時、学びたいところで学ぶ学生を、受け入れる大学環境を創りたい。

　職員は、まずは自己大学の現状を知ろう。そして日本の他の大学をも知ろう。そうして、さらに世界の大学を知るとによって、比較し、自己の大学の、どこに弱みがあり、強みがあるか、を知ろう。

　これが、自分の大学の在り方、教育の在り方を考える基礎になるからだ。そうして初めて、自分がなすべき、新しいミッション（任務）を、明確にできる、と考える。その上で、新しい学生部のミッションとしていく。

　もとより大学全体のミッションは必要である。しかし、そのミッションの創り方をどういう方法にするかである。下部組織の意向を聞かないトップ・ダウンで、大学組織はうまく動くか。そうは思わない。それは各下部組織がボトム・アップしていくべきだと思うからだ。学生部のミッションは、自ら創り、全組織とすり合わせ、大学のミッションとしていきたい。

　なぜボトム・アップか。学生の現場のことは、学生部が一番知ってい

るではないか。それを承知して、提言できないならば、学生部職員といえるか。それには、学生部スタッフ全員が学生部のミッションに関わり、上に提言していく力が必要であることは言うまでもないからだ。

今の日本の大学組織で、トップ・ダウンで大学のミッションが下ろされたとしよう。たぶん、それでは現場の組織は動かない。空回りする。ボトム・アップであれば、自分たちが提言したのであるから、出来ません、と言えない。むしろ積極的に対処するだろう。

学生部のミッションは、他部署とのミッションともすり合わせ、大学全体のミッションとしていきたい。そうするのは、教職員の理解を深める時が必要だからだ。時間はかかるが、その過程が重要なのだ。それを踏まないと、暗黙の了解とすることが出来ない。

よい大学にしようとする、自らのエネルギー。情熱。これが涸れることのないミッションになると信じている。これ無くして学生に選ばれる大学になるとは思えない。

国際的にも堪えうる学生サービス。考え方の異なる学生にも、サービスする学生部職員。学生部のミッションを自ら創造し、働く職員が、21世紀は普通になっていることを、願っている。

補遺
以下に、講演等でよく質問されたことを書き漏らしたので補記する。

1 Director という言葉について

Vice Preside for Student Affairs の組織下にいる Director を部長と呼ぶべきか、課長と呼ぶべきか、正直、わからない。だが、部下になる人材を、人材開発部ではなく、自らスカウトする権限があるから、部長とする。

部長には所管のスタッフを外部からのスカウトと人事異動が認められている。専門職人材の能力判断は、部長が一番、知っているからである。ここが日本の大学と大きく違う。増員が必要と認められるならば、人件費は予算化される。

なお、Director は、修士号以上が常識になっていて、最近は博士号が普通とされているかも知れない。

2　米国大学専門職員大学間で異動する

　通常、専門職員は、Association(学会・協議会)に加入しているから、大学間を異動する。もっとも Tenure（終身雇用権）を保有すると、異動は少ない。組織の新しいミッションは自ら創造し、その達成に邁進する。すなわち、ボトム・アップである。

3　米国学生部スタッフの学位論文テーマの特徴

　最近では学生部の若いディレクターは、多くが博士である。1967 年当時は、「Dr. ○○」の木製卓上名札があった。2002 年に会ったハワイ大学のInternational Student Services（ＩＳＯ）のディレクターは、卓上名札はなく、名刺にドクターとあった。

　1967 年当時から、年配者は在職中に上位学位を取得のため勉強していた。大学の人材開発部はこれを奨励。上司も、同僚も、仕事の合間に授業に出ることに協力していた。いわゆるスタッフ・デベロップメントである。ただ論文テーマは、在職している部署の仕事に関わるものであるから、容易に研究データは揃えることができる。かくして業務内容が広く公開され共有されていく。

4　日本の私学における学内人事異動の理由と新規キャリヤ開発の必要性

　日本の私学で異動と言えば、学内での異動であるから、前の仕事に関係はなくなる。ある領域の仕事の専門性を買われて、いわば他大学からスカウトされての異動は現在でもあるが、少数である。一般会社からの中途採用は、これは転職というべきだろう。

　ところで、なぜ定期的に学内異動をするようになったのか。長期間一つの職場に配属されると、保守的になり、不祥事を生じさせる。これが組織の現状維持の支配から脱し、時代の変化に対応するため、定期的に、いわば強制的にでも、学内人事異動がされるようになった。特に、事務の機械化以降が顕著である。

　大学業務は、ソロバン、電卓から機械化の時代に激変した。いわゆる断絶の時代が到来し、大学業務も競争の時代になった。給与計算・支払いや、入試業務は機械化を先導したが、まだこの時代は、機械化に関わるのは特別の担当者が担った。さらに機械化が進み、パーソナル・コンピュータ（ＰＣ）が一人１台になるとオン・ラインの時代になった。

　ＰＣで自分の業務を処理する時代になり、各部署のデータが一元化され、今まで出来なかった仕事が高度化した。とくに学生の情報は一元化により成長の歩みを追跡し、学生指導に役に立てる時代になった。だが、情報処理能力に個人差が生じ、職員の能力開発が一段と問われることになり、人事異動が難しい時代になった。そこで、職員の大学における新規のキャリヤ開発が課題となり、大学のより高度の専門的研修が必要になった。

5　スタッフ・デベロップメントの必要

　大学業務の高度化、複雑化は、いい教育をするための情報を提供できるデータがあることを意味する。では、その情報を活用しているか。これが問題である。解決力がなければ、それを再訓練する以外ない。

　もとより人材育成には、後方からの支援部隊が必要である。大学もまたシステム（制度）であるから、大学全箇所のデータが関係しているから、大学業務を俯瞰できるデータがあることを意味する。

　私学の異動は、学内での人事異動が基本であるから、職員一人ひとりが、大学を俯瞰する力を要請し、異動に備えたいものである。異動を積極的に受け入れ、新しい職場の業務に挑戦しよう。新しい血は、組織の成長を促すからである。

6　米国の専門職員（学生部）異動の事例

　米国での専門職のアソシエーション（学会・協議会）の訳は難しいが、ここでは、教育に関係する団体は学会、大学経営は協議会とする。

　米国には、ＮＡＦＳＡ（National Association for Foreign Student Adviser）として知られ留学生のための学会があるが、現在は、ＮＡＦＳＡ（Association of International Educators）に変更されている。

　この学会は、留学生の世話をする専門職員で組織されている。会員が自分の仕事の成果を学会発表するのは、売り込みをしたいからでもある。同時に、スカウトされる機会でもある。したがって、異動は大学を超えて同じ専門職分野で動くことになる。

　ハワイ大学での経験だが、1967 年当時のＦＳＡ（Foreign Student Adviser）は、修士号を持ち、前職は、法務局出入国審査オフィサーだった。後、ハワイ大学からスタンフォード大学の留学生センター部長に転任 (これを異動と言えるか？)。この間、ＮＡＦＳＡ会長に就任された。

　ミネソタ大学ＦＳＡは、ハンガリー動乱で米国に移民。その体験から異文化研究をして、博士号を授与されたという。

　学生部分野のディレクターを「部長」と訳すべきか「課長」と訳すべきか難しい。が、予算の範囲以内で、実質的に部下の採用人事権を持つから、部長が妥当と思う。日本の私学では、専門分野を問わず一般事務職員として人事担当部署が採用する。ここが違う。もっとも、国際交流分野では、語学力の問題で、スカウト人事が見られる。

　専門職ディレクター等の学歴は、高等教育の専門分野の修士以上の学位である。アシスタント・アドバイザー、アシスタント・ディレクターとされる専門家も同様である。専門職のサラリー（給与）は年俸契約である。テニュアー（終身雇用権）を持てば、自分の意志で、生涯、同一職場でその道を歩む。給与が

より高く提示されれば自分の意志で動く。

　もっとも資金調達専門家（Fund Raising Officer）であるシラキュース大学オフィサーが、「この仕事も、この大学も、好きだから。給料は増えないけれども、この大学で終わりたい。」と話した言葉は忘れがたい。仕事に生涯をかける専門職員が米国には多数いる。これからも分かることだが、テニュア取得後の異動は少ないと思われる。これも日米の大学力の差となっているかも知れない。

7　日本の私学での学内定期異動

　ソロバン、電卓の時代は異動が少なかった。特に経理畑は生涯動かない人がいた。ところが、事務の機械化が進むと、人を変えてでも組織改革が必要になり、活性化のために定期的に学内でローテーション異動するようになった。その後、機械化が一層進むと、ルーティンの仕事は外部委託する考え方に変わった。

　現在の私学は、猶、生涯雇用を原則としている。有能な人材を確保するため、公開採用試験をして採用するが、時代の変化に対応できない管理職もでてきた。

　1996 年に、大学行政管理学会を仲間と立ち上げようとしたのは、特に私立大学業務を高度化するためには、内に籠りがちな管理職職員に、先ずは外の空気を自発的に吸ってもらおう、との考えからだった。それ無しでは、学内異動も苦労するだろうからだ。

　大学職員がプロフェッショナルと言われるには、大学内外で、第三者から認められる必要がある。これは学歴には関係ないから、プロの道は厳しい。

8　なぜ Professor というのか

　イギリス人、アメリカ人に聞いても知らないという。Pro の後の fess は、多分「告白する」とか「言う」の意だという。自分の考えを人の前で話す、告白する。質問に答え、しかもそのことに誰も反論できないときに Professor と認められたのではないか。それが教授職、職業という意味にもなったのではないか。その意味を知りたいところであるが、専門職員になるには、相当高い教養と専門性のある高い仕事を期待されていることは間違いない。そうでなければ、学生に相手にされないだろう。

9　アカデミック・スタッフ

　バークレーを訪問時に Learning Center に立寄った。Coordinator と称する人に質問したことがある。そのコーディネーターは英文学の研究者だったが、「どんな勉強の仕方をしたいか、そういったことをわたしは相談を受けている」。「あなたは、ファカルテ・スタッフか」と聞いたら「いや、ファカルティ・スタッフじゃないけれども、授業は持っている」と。コーディネイターが本業のよう

である。日本でいえば非常勤教員か。彼は多分、学生相手の仕事をしているから、アカデミック・スタッフと思われる。

　日本のように、教員か職員かで身分を二つに峻別していない。Office of Student Affairs のバイス・プレシデントは教育学博士号をもち、准教授として授業を持っていた。しかし、本務は学生担当副学長に 1987 年に就任したという。

　学びたい学生がいれば学科目を新設し、その能力のある人はいつでも教え、また実践もしている、ということであろう。ただし数学や、物理等は専門の教師がコーディネーターとして学生に助言する、とのことであった。

　Managing Time についてもう少し説明をしておく。対象は、もちろん新入生を中心にしているが、入学前の夏休休暇中に、希望者に、2 週間、大学講義の体験学習プログラムとのことである。また転入学学生のためにも夏休み中に講習会を開催。スムーズに学生生活に移行できるようにするオリエンテーション・センターがあった。

　大学院の学生に対しては、バークリー校の事例であるが、マスター論文で何をテーマにしたらよいとか、論文の書き方や学問研究のレベルに応じたアドバイザーがいるとのこと。驚くばかりである。

　しかし、ハワイ大学では、ある職業、例えば学部卒業後、医学、弁護士等々のキャリアを希望する学生のためには、学生部の仕事とは違う時限の問題のため、ハワイ大学に設置のアカデミック・サービス・ディパートメントで対応している。「それだったらあなたはこういう専攻をして、こういう科目をとったらいい」とアドバイスするそれぞれ専門に応じた 11 名の教授陣が任命されている。これは教員としての、いわば義務とされていて、これを果たさないと、学部長の評価が下がるとのことである。なお、この仕事だけのサポートスタッフとして秘書と事務職員 3 名を置いているとのこと。

10　正課課程と正課外の中継ぎサポーターの必要性

　以上のような学生支援を知ると、これからの日本の大学でも、教学分野のいわゆる正課課程と正課外の中継ぎをするサービスをしないでよいか、と思う。

　学生を中心にした教学組織の再編成が必要ではないだろうか。これまでは、縦割りの教育体制に応じて、事務態勢もそれに応じた組織にしてきた。

　ＩＴの時代、縦割り組織が必要であろうか。学生支援もワン・ストップの箇所で解決する体制。学生を盥回しをしない組織。この時代は終わりにできる時代になっているのではないだろうか。大幅な学生支援サポートの体制の構築。学生に関係する教学部門、学生サービス部門、学部等事務室部門を再編成して学生サービスする時代が 21 世紀は到来するように思われる。職員もそれに備えてほしい、と願っている。

X 随筆

「大学の底力～シカゴ大学図書館アーカイブス」

私高研『アルカディア学報』（教育学術新聞 2006 年 7 月 26 日号掲載）

　海外旅行をするとなぜか大学に足が向く。これは、私的に 37 年ぶりにシカゴ大学インターナショナル・ハウスと学生コモンズ（学生食堂・クラブ等がある）を再訪したあと、誰ともアポイントなしに訪ねた同大学図書館での体験記である。

　百年前に同大学神学部で修士号を取得後、明治 41 年に来日したバプティスト派の米国人ベニンホフ宣教師が何を学んだか、わかるかもしれないと思い立ち、急遽、図書館を訪ねることにした。師は来日して間もなく学生のためにアメリカの大学と同じような寄宿舎（現在、財団法人早稲田奉仕園となっている）を大学に近接したところに創設、34 年間学生のために奉仕した。師が在学した頃のシカゴ大学はどうだったのか。

　図書館玄関ホールの左にあるソファーに座って、入館許可証発行受付で待つこと約 10 分。入館目的と利用希望日を記した申請用紙を提出すると、パスポートの提示を求められる。すぐに端末に向かい、希望どおり 3 日間有効のパスカードを発行してくれた。

　多分、大学アーカイブスを訪ねればよいだろうと行き会った図書館員に聞く。「スペシャル・コレクションに行きなさい」と、同じフロアの奥の方を指差す。カウンターのコーディネーターの女性に来た理由を告げると、「スペシャル・コレクションに入室するには別に入室証が必要です。もう一度戻って、もらってきてください」と気の毒そうにいう。再発行してもらい、入室前にロッカーに私物を入れ、コーディネーターに調査

にきた理由を説明。聞くや否や誰かに電話を入れて「少し待ってください」
という。その間に調査目的を記す申し込み用紙に記入する。この用紙は、
スペシャル・コレクション・オフィスの誰が、何のサービスをしたか、
の評価資料になるらしい。

　「ドクター・メイヤー。この方がミスター・ムラカミ」と彼女が紹介し
てくれて、名刺を交換する。今ドクターと彼女はいったはずなのに、名
刺にはドクターの称号はない。アソシエイト・ディレクター兼ユニヴァー
シティ・アーキビスト（永久資料保存専門職員）とある。アソシエイト・
ディレクターともなれば、ドクターをもっているのは当たり前だから記
さないのだろうか。Ph.D とは研究者として第一歩を踏みだす証明であり、
図書館の専門家は誰でも持っているから記さないのかな、と頭を巡らす。
ここで聞いた訳ではないが、専門司書ともなれば Ph.D が今や常識のよう
である。日本の大学図書館とのサービスの質の差を思わざるをえない。

　「大学を退職し、37 年ぶりにシカゴ大学を訪ねました。早稲田大学を
知っていますか」と聞く。「知っています」というから、「日本に行った
ことがありますか」と聞くと「一度もありません」。

　そんな会話をしたあと、大学カタログを配架してあるコーナーに案内
され、百年前あたりの神学部のカタログを取り出してくれる。「ご希望の
カタログはこの辺ですから」といいながら、隣接する 12 帖は優にある個
室（貸出研究室）を開けてくれ、「ここを利用してください」という。個
室といってもガラス張りだから、内部が外から見える。何室もある。仕切っ
ているのは静寂を確保するためと資料の盗難を防ぐためか。室内への持
ち込みは鉛筆のみ。ボールペン、万年筆、マーカー、カメラ、ハンドコピー、
携帯電話の持ち込みは不可との説明を受ける。

　お願いのついでに、「イソオ・アベ教授※を知っていますか」と聞くと、
これまた「知っています」と即答である。しばらくして書簡の入ったボッ
クスを 4 つであったか持ってきてくれた。

　まずはカタログで神学部学科目の配当表をめくり、コピーしてほしいとこ

ろに紙をはさむ作業を続け、そのページを申し込み用紙に鉛筆で記入する。

　お昼時になったので、「食事にでかけたいが、資料はどうしたらよいですか」とコーディネーターに聞くと、「そのままで結構です。ロックをしておきますから」。食事を終えて戻り、5時近くまで作業を続け、明日また来ることにする。帰るときは、資料は机の上に載せたままロックしてもらって帰る。翌日来ると資料は当然昨日のままである。

※安部磯雄先生のことを少し紹介しておく。「日本野球の父」「日本学生野球の父」と呼ばれ、広辞苑（第3版）によれば、「政治家、同志社卒、アメリカ留学後、同志社・早大教授を歴任。キリスト教社会主義者で、（中略）社会大衆党党首。また野球の振興に貢献」とある。学苑では高等予科長、理事、政治経済科長を歴任。初代野球部長。団長となって日本初めてのアメリカ遠征を果たしている。早稲田奉仕園では初代理事長を務めた。

　この日は、安部磯雄先生がこのシカゴ大学の先生に書き送った手紙をボックスから取り出して読む。手書きの手紙は読みやすいようにタイプされて保存されてもいる。古いのは1920年。80年以上も前である。手紙の内容は野球部の学生をアメリカに連れて行くにあたっての詳細な打ち合わせである。全部コピーしてほしいところだが、手紙類は1箱50ページまでという。原資料を傷めないための配慮からか。どれをコピーするか選ばなければならない。時間との勝負となったが、希望のコピーリストとページ数を書き終えてカウンターに行く。

　「わかりました。コピーして後日航空便で送ります。コピー代金は51ドルです」。払おうとすると「いや、航空便で資料を受け取ってから支払ってください」。「払わなかったら困るのでは？」と聞くと、「リサーチできた方は必ず送金してくださいますから」。

　あとで送金するのは面倒とは思ったが、一見さんにもかかわらずこの信頼はうれしくもあった。果たしてこの種のサービスは日本の大学図書館ではどうだろうか。

　もう1つ、ドクター・メイヤーに会って頼みたいことがあった。かの宣教師の学生時代の学業成績である。頼むとすぐにレジストラーに電話

を掛けてくれ、別の建物にオフィスがあるので行きなさいとメモに書いてくれた。その労を感謝しつつ「あなたはこの仕事を何年しているのですか」と聞いたら、「25年ここにいます」。テニュアをもっている人は、大学間を異動せず在職期間が長いが、彼もそのひとりであろう。一大学に生涯をかける人も多く、彼はシカゴ大学の生き字引であり、語り部にちがいない。

　レジストラーとは、学生記録部長である。バーサー（財政部長）と並んで大学の歴史のなかでもっとも古くからあるアドミニストレーターのポジションである。オフィスに出向くと、L字型のカウンターに全員女性のクラーク？が卒業生、学部学生、大学院学生と担当別に6人端末に向かって座っている。そのなかのひとりに「レジストラーに会いたい」というと、黙って奥の部屋を指す。広い部屋にひとりブラック氏が座っている。挨拶をかわしていると、2年前にコーネル大学からここにきたという。そういえば3年前に就任した学長（プレジデント）もコーネルからだったと思い出す。学長が連れてきたのだろうか。

　「百年前の学生が何を学んだかを知りたいのだが、アカデミック・トランスクリプトをいただけるか」と聞くと、「OK」と即答である。「ただし、マイクロフィッシュで別のところに保管している。調査して後で航空便で送るが、いいですか」。後日、少し遅れたお詫びの手紙と一緒に送られてきた。すべて無料である。短い会話であったが、帰り際に、「この大学で最初にPh.Dを与えたのは日本人だった。名前は思い出せないが」という。2年しかいなくても百年以上も前の卒業生のことを知っているとは、さすがにプロフェッショナルだなと感心した。

　Ph.Dを大学で最初にもらった日本人。これも知りたくなった。スペシャル・コレクションに戻る途中、廊下でドクター・メイヤーに出会った。聞くと、これまた「ああ、エイジ・アサダ」と即答である。すごい。帰ってアサダエイジ（浅田栄次）なる人物を調べたら、東京外国語大学の前身、東京外国語学校の初代教務主任で、英語学科主任として同校の教育

体制の確立に貢献のあった人であることがわかった。博士論文は明治26（1893）年、旧約聖書研究に対して授与されたという。東京帝国大学の数学科を中退してノースウエスタン大学に留学。神学、言語学を学んだ後、創立早々のシカゴ大学に転じ、数ヵ国語を操る語学の天才であったらしい。その顕彰碑が平成13年、東京外国語大学構内に建てられている。

　シカゴ大学は私立である。1890年にバプティストのジョン・ロックフェラーの寄付金で創立され、授業開始は1892年、学部をもつ大学院大学の嚆矢のひとつであるが、浅田は翌年の学位授与である。歴史はまだ百年余にすぎない大学ではあるが、なんと79名のノーベル賞学者を輩出し、現役6名というのには驚く。

　驚くのはそれだけではない。ノーベル賞学者だけでなく、シカゴ大学の教育改革や各種事業に貢献のあった方たちの文書、手紙の類も個人別に蒐集、整理・保管して、大学の歴史を紡ぎ語り継ぐ懐の深さである。研究しようと思う者は誰でも受け入れる度量の大きさである。大学の底力を示す以外の何ものでもない。大学の研究サービスの一端を垣間見たにすぎないが、ほかも推して知るべし、であろう。大学のサービスはかくありたいと思ったが、このスペシャル・コレクションの仕事だけで14名のスタッフがいると知って、裾野の広さにまたまた驚いた。

「業務プロジェクト　40歳から50歳代頃の仕事」
「大学はどこからきてどこへいくのか」』（教育学術新聞2006年7月26日号掲載）

　初めて管理職になると、みんなに注視される。40歳を過ぎれば、それまで20年間の蓄積をどう花を開かせるかが問われることになる。同時に、この段階になれば、年輩の人は辞めていき、少なくなるから、後継者の養成についても取り組む必要がある。

　本書では、主に40歳まで、どのような仕事と学びをしてきたかを述べ

てきたが、特に仕事の成果が問われる42歳で管理職になってからは、プロジェクト・チームを組んでその責任者となった。

　教務事務システムの全学オンライン化については、本書　Ⅵ　大学経営のためのIRと全学的事務システムの開発で述べた。その後は、46歳の時に理工学部・理工学研究科事務長（のち部長職に制度変更）に異動。本部事務システム化に伴い理工系組織を再編し、同時に新しい学問動向に対処するため、理工系実験室を再編した。

　51歳の時、財務部長に異動。すぐに財務部組織の見直しをした。経常経費の対前年度予算5年間5％カットと、調達方法の見直し。中でも校友会給付奨学金・ワセダカード給付奨学金が実現できたことは、大きな喜びであった。もとより関係職員の尽力のおかげである。この給付の奨学生制度拡充は他大学に先駆けていたと思う。そして56歳の時、総長室を再興して初代室長に。200億円募金態勢を整えるなどのプロジェクトに関与してきた。もちろん当時の奥島孝康総長のリーダシップがあってのことであるが。

　以上、40歳代、50歳代のことについては詳細に述べることはできないが、ここでは自分の経験から大いに学んだことだけをお話しする。

　1つは、業務プロジェクトの取組みである。これを成功させるためには、例えば先輩を含めて周囲の人に、「あいつが言うのだったら、しょうがない」と思ってもらえるようになることである。だが、一般の教員にも納得してもらうためには、文書にしなければならない。会議体で説明しても、その意とすることは、出席していない教職員には伝わらないからである。これは会議体の限界である。書いたものを配付しておかないと、後になって「聞いていない」と言われたらもう終わりである。そうならないためにも、構想した企画案をしっかりと文章化する。そして批判を仰ぐ。反論が寄せられたときには有難く受け止め、それを乗り越える文章化が必要である。しかし、情けないことに、文章化するプロセスの中で、それまでの自分が如何にものを知らなかったかということも気づかされ

る。書くということは、自分の無知を確認することなのである。私の場合、それが学びのバネになっていったのである。

　ご参考になるかわからないが、業務プロジェクトを進める上で得られた気づきがあったので、以下にメモ程度であるが、「業務プロジェクト考」と題して8点にまとめたものがある。勉強を通じての教養を身につけていないと実行は難しいと実感したものである。

＜業務プロジェクト考＞

①全学的会議体の了解・同意を得たミッション宣言をすること。これがあってはじめて、部や課を越えた部箇所横断のプロジェクト・チーム編成が可能となる。

②プロジェクト・チームは、課を越えての協働作業であるから、別の角度から各箇所の仕事を評価することができる。

③プロジェクト・チームに参画することにより、自己の仕事を別の視点から評価できるようになる。それは自己の能力開発に役立つ。

④特に教育支援プロジェクトは、教員の意見も聞く必要があるから、教員・職員の協働開発となる。そうなれば、職員も教育の現場で何が必要とされているかを知らなければならない。すなわち、「教育とは何か」を学ぶことになるから、優れた自己啓発の機会となる。

⑤このボトム・アップの過程で、職員は「教育の難しさ」を学ぶ。

⑥教職協働で問題解決すれば、職員はその後の運用にも積極的に関わっていくことができる。

⑦プロジェクトの節目、節目には、その到達成果を全学的に発表する舞台を用意したい。関係した職員を励ますためである。

⑧プロジェクト・チームが解散して実施・運用に入ると、次第に保守化していく。劣化防止のためには、再評価、改組が常態化することを当然とする態度を受け入れる必要がある。

「桜の木は知っている」

「理工学部報」74 号（2000.3.15）

　理工学部の中庭にある一本の桜の木は，もともと現 55 号館が建つ前の
グランドの一角にあった。伐採すれば事は簡単だったが，学生達の思い
出となるようにと願いを込めて移植された。これは当時教務主任であっ
た宇佐美昭次教授の発意によった。大久保キャンパス移転後に学んだ理
工の卒業生にとって，唯一共通する思い出はあの桜の木であろう。なぜ
なら，開設当時の大久保キャンパスはあの桜以外に一本の木もなかった
からである。

　桜の蕾が赤くなると理工の卒業生を送り出してきたのだ。あの桜の木
は，理工の友と語りあったよろこびと，苦しみを分かち合ったことを知
る大久保キャンパスの証言者なのだ。

　理工学部前，明治通りのユリの木の並木も美しい。明治通りは夜に通
ることが多いが，近くに来ると理工新棟のツウイン・ビルとその奥の 51
号館にちらっと目をやり，研究室の明りの数を確認している自分に気が
付く。数が多いと口笛を吹きたい気持になる。

　先日，大隈講堂で篠田正浩監督が「梟の城」の試写会の前に，コンピュー
タ・グラフィックでこの映画を製作された，と話をされた。2000 年度か
ら早稲田大学専門学校の客員教授となる氏は，早稲田の理工学部の機器
を見て，悲しくなるほど古い，と「寒心」されたことばが耳からはなれない。

　理事会には，各学部等の教員人事が諮られる。他箇所と理工との違い
は，ほとんどが博士号の取得者であり，他大学の出身者も多い。念のた
め調査したら，他大学の出身者は 10 年前に比し，10％は多くなってい
る。理工学部の開設時に，初代早稲田大学図書館長・随筆家の市嶋春城
が，大学の教育にはなによりも優れた教師陣が必要だと，竹内明太郎が
欧米に留学させていた俊英 7 名を理工学部に譲り受けたことをその著『背

水録』に記していることを想い出す。

　理工学部創設 80 周年記念事業でのツィン・ビルの建設後も，理工系の新しい先端研究のために，喜久井町キャンパス，本庄キャンパス，そして大久保キャンパスのテニスコート側に施設，設備が強化され，西早稲田ビルには，2000 年の記念すべき年に国際情報研究科が設置される。これらを思うとき，他の箇所とのスピードの違いに驚かされる。だが，この世紀末の世界の変化の速さに較べれば，まだ後追いの感がする。それだけに，資金があればと思う。

　それにしても，映画「梟の城」を観て感じたことは，コンピュータグラフィクスを駆使した映像に，21 世紀は，理工系の学問が限りなく文系に近づき，文系のそれもまた理工系に限りなく近づく大学になっているかもしれないと，夜のとばりの時計台を見上げた。

　我が理工学部に栄光あれ！

1999 年 10 月 21 日の創立記念日に記す

XI 記憶に残る著書

1. 記憶に残る大学に関する著書

(1)『**大学の使命**』オルテガ・イ・ガゼット著、井上正訳、桂書房、1968 年
　オルテガ（1883-1955）はスペインの哲学者。本書は 1930 年に書かれ、大学における一般教養の問題を説いた書として忘れがたい 1 冊である。

(2)『**大学革命**』（アカデミック・リヴォリューション）デイビット・リースマン／クリストファー・ジェンキンス共著、国弘正雄訳、サイマル出版社、1969 年
　リースマン（1909-2002）はハーバード大学教授で社会学者、『孤独な群衆』（1950 年）で著名。ジェンキンスは同大学講師で学生運動・教育学者。1960 年代は、技術革新と核戦争の脅威の前に、世界的に学生の抗議・反乱があり、その対象として大学のあり方が問われ、日本の大学も例外ではなかった。

(3)『**問われている大学**』G. ギュスドルフ著、片山寿昭・郡定也訳、法律文化社、1971 年
　ギュスドルフ（1912—2000）はフランス人で、パリ高等師範学校卒、ストラスブール大学教授・哲学者。第 2 次世界大戦中、4 年間ドイツで捕虜生活を経験した。
　1960 年代に「パリ大学は大学ではない。大学は初心に返れ」と説いたという。彼が大学問題に目覚めたのは、「ケンブリッジ大学の建築に目を瞠って、フランスの大学建築の貧困に気付いたことからだった」と、前書きに書いている。そして、「なぜ大学は存在するのか」の中で語られている、「高等教育は本来の意味において剰余である」「大学は一つのぜいたく物であり、そして、おそらく、あらゆるぜいたくのうちでもっとも正当なものの一つである」との言葉は実に忘れがたいものである。

(4)『**大学の起源**』C. H. ハスキンズ著、青木靖三・三浦常司訳、法律文化社、1970 年
　ハスキンズ（1870-1937）は 16 歳でジョンズ・ホプキンズ大学を卒業後、パリ、ドイツで学び、弱冠 19 歳で博士号を取得した英才。ウィスコンシン大

学で 12 年教えた後、ハーバード大学で没するまで生涯教職にあり、文理学部大学院院長を務めた。『大学の起源』に関する見解は、1923 年、ブラウン大学での 3 つの講義（大学制度／大学教育／大学生の生活）を要約したもの。その説明の簡潔さにおいてわかりやすく、大学職員必読の書といえよう。「ハスキンズは真に合衆国における中世研究復興の中心人物であった」と F・ジュオン・デ・ロングレはまえがきで讃えている。

(5)『大学の起源 〜ヨーロッパ中世大学史〜』改訂版（上・中・下）H. ラシュドール著、横尾壮英訳、東洋館出版社、1966 年

原書名 "The Universities of Europe in the Middle Ages, 3 vols, A new edition by Powicke, F. M. and Emden, A. B. 1936, Oxford" の全訳。ラシュドール（1858-1924）はオックスフォード大学教授、哲学者、歴史家、神学者。

本書の前書きを要約すれば、「本書を著すにあたり、デニフレ神父（1844-1905、オーストリアのカトリック神学者、歴史家）の著書である『中世大学の成立』（1885 年）に多くを負っている」こと。「当初はエッセイとして書いていたものだが、1883 年、1 年余りの間に書きためたイングリッシュ・エッセイが総長賞を得てから、書物の改訂版の形にするには、結局 12 年かかった」という（p.174）。

本書の上巻に、中世大学の学生団がもっていた大学職員について触れられていることは特筆に価するでしょう。それによれば、大学職員は「中世の時代から存在し、（教師と）同じ権利をもっていた」とある。大学職員の先駆者としてそういう人たちがいたことを忘れてはならないと思う。

本書の特に「第 4 章　ボローニャ」「第 4 節　学生団の構造」（pp.173-180）は抜群に面白いので必読である。

・総会（p.173）

　大学最高の管理機関は、2 つの大学団、つまり、「他人の金」で生活した貧困者を除く学生全員による総会であった。大学はその初期には、固有の建物をもたなかった。この事実は、大学の特質と歴史を理解するのに、根源的な重要性をもっている。大学の機能は全く、町から町へと移動できるそのお手軽さに起因し、ひとたびその全体ないし大部分がある町を引き払えば、もはや、町の当局者にそれを引き止める手はなかったのである。

・写本係（p.174）（図書館司書の先駆者か）

　大学の組織の中でも最も珍しいものの 1 つは、「写本係り」（Peciarius）の制度。彼らの役目は、本屋（Staitionarius）の監督であった（大学は、本屋への本の賃貸によっても収入を得ていました）。本屋は定期的にその写本（本屋が雇った筆記者による写本）を写本係りに監査してもらい、誤写（書き間違い）1 ヶ所につきボローニャ貨幣 5 ソリディ（solidi）の罰金が科された。学生にも、書き誤りを発見した場合は告発する義務があり、違反すれば偽証罪に問われた。

　訂正は、「写本訂正係り」（Corrector Peciarius）が担当した。後に本屋は古書の

販売をするようになり、いわば、今日のチケット販売に伴う手数料を受け取った。「大学団の係りは、高すぎる手数料を取らないように彼らを監視した」というから、ごまかしが相当あったに違いない。

- **家賃評価係り（p.175〜176）（学生支援の先駆者か）**

　次に重要な役職は、家賃評価係り（Taxatores pospiorius）であった。彼らは、都市の指定した仲介人とともに、学生の借りる家屋の使用料を決定。違反すると5年間、“学徒への禁制”が科された、と。その他、大学団と都市の規約はともに、大学団が学生に金を貸す特権を持つ4人の認められた商人、金貸し、質屋を指定することも認めていた、と記している。

- **その他の役職（p.176）**

　「大学の雇用者で、学生団によらなかった役職」に、以下の役職があった。

　会計係り：2人のマッサリウス（Massarius）

　公証人：ノタリウス（Notarius）

　共通弁護人：シンデックス（Syndicus）。学頭の法律顧問も兼ねた。

　公ビデル：ビデルス・ジェネラリウス（Bidellus generalius）。大学団ごとに1人置かれ、その役割は、「われわれの大学（オックスフォード）でも同じ名で呼ばれる、厳粛で華やかな役職者の勤めに似ている。例えば、公の場で学頭を先導する、総会で投票用紙を集める、各教場を歩き回って総会で決定した規則の布告、学生に対する講義関係の公示、本屋や学生個人の売る書物のリスト、その他、一般に読み聞かすのが仕事だったが、その報酬は、全学生が慣例によって拠出する特別の拠金（Collecta）であった」。

- **ビデルの古さ（p.176）**

　「ビデルは、大学の役職の中でも、おそらくは学頭職と同じくらい、最も古いものの一つであった。それは例外なしに、どの中世の大学にも存在した。実際、ビデルへの言及は一般に（一定不変ではないが）、その学校が本当に大学、つまりストゥディウム・ゲネラーレ（Studiumu generale）であったことを信頼させる、十分な証拠なのである」。

- **特別ビデル（p.177）**

　「教授は各々自分の特別ビデル（Bidellius specialius）を持っていた。彼は、その教室を管理し、（教授の出入りに際して、その）ドアを開閉し、月に2度清掃し、冬には床にわらを敷き、またそこに、教授の書物を選ぶ者であった。彼の報酬は、その教師の弟子による拠金であった。葬式、その他大学の行列に際しては、公ビデルと特別ビデルが一緒に学頭を先導するのであった」。

- **教授の学生団への隷属（p.179）**

　「学生たる身分を保つ条件として、週に最低3回は聴講しなければならなかったが、教授は一日の欠勤でも許可を仰がなければならず、先ずは学生から、次に学頭、代議員の許可を必要とした。町を離れるときは、定額のお金を供託する必要があった。彼の学生もまた、無断欠勤に対してはそれを報告する義務があり、怠れば儀誓罪に問われた。また、都市の規則でも、教授は正講義で5人、特殊講義で3人の聴講者がなければその日は欠勤とみなし、それに応じて一定の料金を徴収することになっていた」。

- **教授の時間厳守（p.179）**

　「（教授は）ミサの鐘が鳴り出すともに講義を開始する義務があり、違反すれば20ソリティの罰金が科された。講義の方法も規制されていて、ある章やある法令を読み抜かすと罰金が科された」。今日でいうシラバスどおりの授業をしないと、「教授たちは学年初めに両替屋に供託していたお金を学頭に支払った。遅刻した場合も一定額が預金から差し引かれた。教授たちにそうした罰則を遵守させるために、学頭は教授を告発する学生委員を任命し、違法があった場合は、学頭に報告させた」。

　中世ボローニャの大学の教師にとっては実に厳しい任務の時代だったようですが、裏を返せば、教師が学生との約束を守らなかったからとも推察される。

2. 読んで心打たれた本

　お勧めの本があったら教えてほしい、との声を時に聴く。本を書評するほどの力はない。だが、以下の1）2）3）の中から、何冊かはある。思い出の古い順に上げてみたい。
　1）読んで心打たれた本。2）何かを書く前に読んだ本。3）仕事の必要上読んだ本、である。

1）『**自由と規律―イギリスの学校生活―**』：池田潔著 1949.11、岩波書店・岩波新書・青版 C -141。1963.06 改版＞。

　低廉の本で若い頃に読んだ、記憶に残る本である。これは非常に面白い。パブリック・スクールの思い出の記である。パブリック・スクールが私立学校であることを知った。

2）『**チップス先生さようなら**』：ジェームズ・ヒルトン著 James Hilton 'Good-bye, Mr.Chips' (1934)。菊池重三郎・訳（1956.08、新潮社・新潮文庫。改版あり）。（映画は 1969 製作。アメリカ）

　これは映画もある。疲れたとき、この映画を見ると癒される。

3）『**木のいのち木のこころ**』（天）　西岡常一著　草思社 1993 ／新潮社・新潮文庫 2001

　20 世紀末に亡くなられた法隆寺の棟梁・西岡常一（文化功労者）さん。この人の口伝による『木のいのち　木のこころ』（天）の、ひと言、一言が、重い。彼はまさに教師、優れた指導者だった、と思う。大学でいえばトップ・ア

ドミニストレイター。ただこの棟梁は弟子に何にも教えない。弟子に自らやって見せたことは、1回だけ。カンナで削って見せたという。法隆寺参道の入り口に西岡記念館、小さな木造の小屋だが、2002年の春に訪ねた。あった。薄い、薄いカンナくずが。その中に棟梁の手にしたノミ、カンナ等の宮大工道具が陳列されていた。この棟梁は一人だけ弟子を育てた。その教育方針は自ら考えさせ、なぜか、を分からせるものだった。

　薬師寺西塔の再建に当たり、ヒノキを全国探し回ったが、今の日本には一本もないというのだ。万葉時代から日本人は植林したそうである。だからそれは駄目だ、と。棟梁は台湾に行き、原生林のなかに樹齢2000年、3000年の木を見て感動する。北側に生えた木は北向きに使うとか、木を見ながらその木を塔のどこに使うかを考え山林ごと購入したというのだから、すごい。樹齢2000年の木は切ってから2000年は持つと彼は語っている。その端材から作った文鎮を買った。こすったら、2000年の檜か分からないが、今もあの檜の、人の心を静める香りがした。

　「一本の木は百人の教師に勝る」とよくいわれる。教育の仕事は、木の生涯を思わせる。孫、子たちの将来、学生の10年、20年、60年後の姿を思い描いてする事業なのか。この事業の一部を学生部職員も分担しているのでは。

4）『大学経営と社会環境〜大学の効用』クラーク・カー著　箕輪成芳・鈴木一郎訳1963／同書増補第3版1994 玉川大学出版部＞

　マルティバーシティ（Multiversity）の言葉を初めて使ったのはクラーク・カー（Clark Kerr）。彼はカリフォルニア大学システムの総長だった。カリフォルニア州高等教育システムは、カリフォルニア大学バークレー校のほかにロサンゼルス校（ＵＣＬＡ）、サンディエゴ校、アーバイン校、サンタクルツ校、サンタバーバラ校、サンフランシスコ・メディカルスクール校等8校か9校の研究総合大学システムをいう。日本と同じくらい面積のカリフォルニア州に、旧帝大ともいうべき研究大学を創設。その下に4年制のState College システム（今はState University）、もともとはティーチャーズ・カレッジが母体。また、その下に2年制のJunior College システムがある。この高等教育システムは1960年に策定された州高等教育マスタープランによる。なぜ1960年か。意味深い。彼自身、このプランに深くかかわる。

　本書は、世界的に影響を与えた新しい大学論であった。このような高等教育システムが、ニューヨーク州、イリノイ州と各州にひろがった。バークレー事件で時のレーガン州知事（元大統領）に罷免された。総長退任後はカーネギー高等教育振興財団の責任者となり、高等教育関連本を精力的に出版。彼自身も多数の著書を世に問うた。

　ところで、州立大学創設の経緯にふれておく必要がある。私学と違って学生を多く受け入れたことである。ここのところは、日本の私学は学んだに違いない。米国の州立大学は Land Grant College（後、University）といわれ、モリル議員が 1862 年に提案した法律（the Morrill Act・1862 年成立）により、広大な土地を供与され、それを活用して州立大学を設立したのである。欧州大学との違いは神学部がないことである。代わりに農・工学の大学にしたことだ。Cow University とも称されるが、農業生産を農業機械でするためで、いわゆる粗放農法を目指した。以来、州立大学は農・工学を中心におおいに発展する。

　なお、州立大学には、コミュニティー・サービス、すなわち社会貢献がある。タック・スペイヤーである州民に対するサービスで、これは州立大学の大きな任務とされている。

5）『**イギリスと日本〜その教育と経済**』森嶋道夫著　岩波新書　1977

　　『**続・イギリスと日本〜その国民性と社会**』森嶋道夫著 岩波新書 1978

　森嶋道夫のこの 2 点は、英国教育のすごさを活写して面白く読んだ。

6）『**大学の使命**』オルテガ・イ・ガゼット著 井上正訳 桂書房 昭和 43 年

7）「**ニューヨークの一人の日本人わが師角田柳作先生のこと**」

　　ドナルド・キーン著『文藝春秋』昭和 37 年 5 月号（1962 年 5 月 1 日）

　若き日のキーン氏の故角田先生（1877 〜 1964 年）への追悼文である。学苑に就職する直前に読んだと思うが、教師の教育に対する姿勢が実にすがすがしいものだった記憶がある。その一文（pp47, 48）は、『私と 20 世紀のクロニクル』（2007 年 10 月発行　中央公論新社）に所収されている。

　また、ドナルド・キーン著作集第十巻新潮社（2014 年 6 月 25 日発行　自叙伝決定版の 40 ページの箇所にも角田先生のことが同様に書かれている。たった一人のための授業だったにもかかわらず、・・・・

8）『**阿Ｑ正伝・藤野先生**』魯迅著　講談社文芸文庫、

　　　　『**阿Ｑ正伝**』角川文庫　『**阿Ｑ正伝・故郷**』偕成社文庫

　藤野厳九郎先生の思い出を書き残している。なぜこれに感動したかは、やはり、たった一人の留学生のノートに朱筆で訂正してくれた藤野先生の思い出の記は心打つ。

3. 〜仕事で利用した〜
『高等教育ハンドブック』と『高等教育百科事典』

1）HANDBOOK OF COLLEGE AND UNIVERSITY
ADMINISTRATION（GENERAL AND ACADEMIC）
Asa S. Knowles, Editor- in-Chief
President, Northeastern University
McGraw-Hill Book Company 1970（古本約 5 千円自費購入）
GENERAL 編（第 1 巻）B5 判　寄稿者・序文・目次 24 頁／本文 1343 頁／索引 25 頁
　ACADEMIC 編（第 2 巻）B5 判　寄稿者・序文・目次 24 頁／本文 1434 頁／索引 25
　頁 GENERAL 編（第 1 巻）目次（1 章〜 8 章）
　　1 Regal Aspects of General Administration (1-1p 〜 -85p)
　　2 Governing Boards (2-1p 〜 3p)
　　3 General Administration (3-1p 〜 183p)
　　4 Planning,SpaceRequirements,and Institutional Research(4-1p 〜 123p)
　　5 Public Relations. Development .and Alumni Relations (5-1p 〜 250p)
　　6 Nonacademic Personnel Administration (6-1p 〜 87p)
　　7 Physical Plant Administration (7-1p 〜 161p)
　　8 Business and Financial Administration (8-1p 〜 451p)
　Index（25p）
　ACADEMIC 編（第 2 巻）目次（1 章〜 11 章）
　　1 Regal Aspects of Academic Administration (1-1 p 〜 129 p)
　　2 Academic Affairs Administration (2-1 p 〜 299 p)
　　3 Admissions (3-1 p 〜 133 p)
　　4 Learning Resources-Library and Instructional Resources(4-1 〜 117 p)
　　5 Adult Education (5-1 p 〜 105 p)
　　6 Academic Personnel Administration (6-1 p 〜 120 p)
　　7 Student Personnel Administration (7-1 p 〜 247 p)
　　8 Athletic Administration (8-1 p 〜 47 p)
　　9 Health Programs and the College Community (9-1 p 〜 103 p)
　　10 Religion of the Campus (10-1 p 〜 26 p)
　　11 Campus Community Facilities and Enterprises (11-1 p 〜 108 p)
　Index (25 p)
1

2）THE INTERNATIONALENCYCLOPEDIA OF HIGHER EDUCATION
　　　　（Volume 1 —Volume 10）
Jossey-bass 1977　A4　各巻約 570 ページ
ASA S. KNOWLES editor-in chief （1909 〜 1990）

Chancellor, Northern University　　（自費 13 万円購入）

　全 10 巻の中で利用価値が高いのは VOLUME 1 である。
第 1 巻は、その冒頭に、第 2 巻から第 9 巻までのアルファベット順の主題別・主要用語によってエントリーする利用法の説明をしている。

　例えば、Academic Dress, History of を調べたかったら、第 2 巻の 20 ページを見よ、と。また、Institutional Research を調べたかったら、第 5 巻の 2193 ページをみよ、とある。この第 1 巻のエントリーは 19 ページから 118 ページまであって、知りたい事項項目で引けば比較的短い文章の説明に遭遇する。

　CONTRIBUTORS（寄稿者）欄には、名前と所属（当時）の記載があり、寄稿者の総計は 518 名である。そのなかで、新井郁夫（東京工業大学）、浅野次郎（東京大学図書館）、金子元久（アジア経済研究所）、喜多村和之（広島大学）、箕輪茂（国際大学広報センター）、中山茂、新堀道也（広島大学）等の寄稿者氏名と当時の所属が記載されている。

　ACRONYMS（略語集）は便利である。例えばＡの 6 番目にある略語ＡＡＣＲＡＯは、American Association of Collegiate Registrars and Admission Officers
　と確認できる。Acronyms は 181 ～ 267 ページまであり、全世界の教育関係の略語に当たることができる。

　そして、もっとも活用したのは、GLOSSARY（用語集）で，269 ページから巻末の 568 ページまである。
高等教育用語の日本語訳がいまひとつ腑に落ちないときは、必ずここでどう説明されているかを確認してきた。もっともそれでもまだよくわからないことが少なくないが。

　例えば、Academic personnel はどう説明されているか。
「Member of a university or college with the teaching and research functions of the university, including administrators whose responsibilities center on the academic functions of the university. (Administrator and staff concerned with the business operations of the university usually are not accorded academic rank and title） See also nonacademic personnel.」
最後の第 10 巻は全部が INDEX である。この巻も利用価値が高い。

　インターネットの時代になり、この間、時代は大きく変化、新しいことばが出回っているが、大学用語の基本は変わっていないとおもわれる。国際化の時代、なおその有用性は生きていると考えている。　　　　　　　　　（以上）

XII　あとがきに代えて

　人生とは分からないものである。第2回大卒職員公開採用試験に内定し、身柄を全部、学苑に委ねることになって、あっという間の大学職員生活。この38年間に仕事を進める上で心がけてきたこと、経験から学んだことを退職時に15項目にまとめていたので、これをあとがきに代えたい。どんな時代になっても、人の生き方はそう変わるものではないと思うからである。

①ミッション（与えられた任務）は何かを自問すれば、自分が無知であることを知る。

②ひとに聴き、教えを乞うことを厭わないようにしたい。なぜなら、理解し、共感するという過程があって、ひとは成長していくからだ。

③知らないことは上司に問いかけ、自分が仕事の当事者であると確信して仕事をしたい。これが情熱を継続させる。

④職員の仕事は、同僚との協働の作業であるからして、ひとりでは何もできないことを自覚したとき仕事は進む。

⑤自分も、同僚も、組織も成長する目標を立てたい。成長するのは自分だけではない。

⑥この仕事は私にしか出来ないという誇り高い職員、自分は専門家と思っている職員。これはおおいに問題だ。そのひとが欠けたとき、業務は停滞し、改革の妨げになる。

⑦大学のデータは全て他箇所と関係している。だから横断的プロジェクトが必要になる。

⑧自・他箇所との同時並行の仕事の遂行は、大学組織を俯瞰する力を養う。

⑨自己を改革することは難しい。ましてや他を改革することはさらに難しい。だから、あきらめない力が必要だ。

⑩なにごとも改革するには、自大学の現状を示すデータの開示が第一歩だ。

⑪直接説明を聞いていないと、「聞いていない」と反対するひとが大学にいる。だから、データに基づいて説明する文章力が必須だ。

⑫新規事業や改革は、通常、年配の管理職者の反対は不可避である。だが、それを当然と受容し、反対意見を尊重すれば、提案はより強固になる。

⑬すぐに賛成する人は、あとで反対に回りやすいものだ。権力に弱いから要注意である。

⑭新しい仕事は引き受けよう。そして自己の新しい能力開発に役立てよう。

⑮年齢や地位に関係なく、誰が何を知っているかを観察しよう。知ることは自分の成長を促す。

　38年間の職員生活を今から振り返ってみると、幸せなことに諸先輩や同僚だけでなく、先生方はもとより、学生たちからも多くを教えられ、みんな私の先生だった。とくに敬愛する3人の先輩は忘れられない。

　その1人目は矢澤西二氏。氏は日本の私立大学職員の在り方を先導され、のち学苑の初代常任理事（副総長）に。2人目は山代將氏。氏は日本の国公私立大学受け入れ留学生の諸問題に対応するためJAFSAを組織、大学の国際化を先導。矢澤氏の後、常任理事に。3人目は関西学院大学の田中基展氏。氏は、学生の課外活動に全生涯を捧げられ、高等教育百科事典（THE INTERNATIONAL ENCYCLOPEDIA: Asa S. Knowles）第4巻（p1604）に名を残されている。

　ともあれ共に働いた方々に教えられ、助けられ、仕事をしてきたことを顧みるとき、「大学ほど面白いところはない」と。これが実感である。

　最後に、職員である皆さんにお願いしたいことがある。どうか後継者

を育ててほしい。そのためには、自ら学び続ける覚悟が必要だと思う。時代の変化が速い時代になれば、むしろ若い人に教えを乞う姿勢。逆に教えを乞われたとき、何も答えられなければ存在理由がない。だから、いくつになっても学び続ける必要があると思っている。

とりわけ JUAM 会員の皆さん。どうか日本の大学職員を先導する人になってほしい。そう願っている。

そんな皆さんを思い浮かべると、晴れやかな気持ちになるからである。

この速い時代変革のとき、未来を予測するなどの力は持ち合わせていない。だが、大学の事務の相当の仕事はなくなってきているように思う。

特に本部の仕事とされてきたルーティン業務はなくなり、ごく少人数が管理する時代になる気がする。そして職員の仕事は、学生支援サービス、教育支援サービス、研究支援サービスというような高度の仕事にシフトするであろう。

したがって、考えることをしない、「仕事待ち・指示待ち」職員は不用になるであろうし、考え続けて仕事を遂行するには、やはり教養が必要となる。

教養（culture）という言葉は、ラテン語の "colere"（「土地を耕す」の意）が語源である。

「教養とは心を耕すこと」といわれるのは、心を耕さなければ花は咲かない、ということなのであろう。

これからも無理せず、晴れやかな気持ちで、耕していきたいと思う。

追記：本書作成するにあたり、NPO 法人学校経理研究会の矢島美知子氏には格段の手助けを頂戴した。ここに心より、御礼申しあげます。

ダイジナコトをワスレテイタ。カミさん、いつも自由にオヨガセテクレテありがとう。

● 職 務 経 歴

村上　義紀（むらかみ　よしのり）

【20代の職務経歴】（「海外訪問大学から学ぶ」）

1963 年（昭和38）4月　学校法人早稲田大学（以下学苑）に就職／大学本部の各課等で3ヶ月研修

1963 年（昭和38）7月　学生部 学生生活課 学生会館事務所 勤務／第二学生会館建設に従事
／（学生会館とは何か（Student Union）」を学び始める）／課外活動担当

1966 年（昭和41）9月1日から6ヶ月　日米会話学院昼間コース

1967 年（昭和42）4月1日〜9月10日　米国務省所管のハワイ東西センターＩＴＩで研修
（4月〜5月の2ヶ月は米国本土の大学調査／4月ＡＣＵ—Ｉの国際会議に出席）

1967 年（昭和42）11月15日　教務部外事課（私費外国人留学生担当）／ JAFSA設立準備支援

1969 年（昭和44）7月18日〜 1976 年5月31日　教務部企画調査課兼務（総長特命学生紛争対策
広報チーム）／大学問題研究会事務局員・研究員（「大学職員論」を執筆するも、
「大学とはなにか」について無知を知る／この後約10年、私的勉強会を開催）

【30 代・40 代前半の職務経歴】

1974 年（昭和49）6月1日〜 1982 年（昭和57）5月31日　学苑商議員（計8年）

1975 年（昭和50）6月1日　企画調整部（学苑の「基本諸統計」作成／大学問題研究資料室
の資料収集と管理運営／雑誌「早稲田フォーラム」（年2回発行）の編集／育林事業
推進／創立100周年（1982年）記念事業の企画調査と事業計画立案／教務事務システ
ム答申（案作成）

1982 年（昭和57）5月1日　総長室教務事務システム開発室調査役

1984 年（昭和59）5月1日　事務システム開発室（初代）課長（全学オンライイン事務シス
テム構築に1982年から4年6ヶ月従事）／全学各箇所事務所に端末機100台を設置

【40 代後半から 50 代前半の職務経歴（部長職の時代）】

1986 年（昭和61）11月1日　理工学部事務長 兼 大学院理工学研究科 事務長：副部長待
遇（理工系実験各課と学部・研究科事務処理体制 見直／理工学部創立80 周年（1988
年）記念事業推進／理工系の将来計画構想に事務長として初めて参画）

1988 年（昭和63）6月1日〜 1997 年年11月30日　学苑商議員（計8年　合算16年）

1990 年（平成2）11月8日〜 1998 年11月8日　学苑評議員（計8年）

1990 年（平成2）12月1日　組織変更し 理工学部・研究科事務部長（初代）（4年7ヶ月）

1991 年（平成3）6月1日〜 1996 （平成8）5月31日　財務部長（学費以外の資金である
校友会費を給付奨学金に振り替える／寄付者の銘板を考える）（5年）

1992 年（平成4）12月1日〜 1998 年（平成10）11月　（株）キャンパス代表取締役（非）

1993 年（平成5）〜 1999 年（平成11）3月 財団法人パブリックヘルスリサーチセンター 監事

【50 代後半から退職までの職務経歴（理事・常任理事：副総長の時代）】

1996 年（平成8）6月1日 再編後の初代総長室長／5月13日に孫福氏、山本氏と大学行
政管理学会創設をつくることで一致。／学苑の創立125 周年（2007 年）のためにミ
ニプロジェクト・チームを組織、学苑早々期から多大な財政支援があった学苑を支
えた恩人たち75 名を調査。小伝分担執筆：大倉喜八郎・森村市左衛門・竹内綱・高
取伊好・竹内明太郎・原富太郎・森村開作・大原孫三郎・大川功を村上担当。『校賓
名鑑』として、7 年後に発刊。（非売品）

1996 年（平成8）12月1日〜 1998 年11月8日　学苑理事（総長室長兼務）

1997 年（平成 9）1 月 11 日　大学行政管理学会（ＪＵＡＭ）創設　初代副会長となる。

1998 年（平成 10）4 月〜2005 年 7 月 31 日　財団法人早稲田奉仕園評議員

1998 年（平成 10）11 月 8 日〜2000 年（平成 12）11 月 7 日　学苑常任理事（副総長）

1998 年（平成 10）11 月 20 日〜2000 年（平成 12）12 月 14 日　学校法人早稲田実業学校評議員

1999 年（平成 11）4 月〜2001 年（平成 13）3 月 31 日財団法人パブリックヘルスリサーチ評議員

1999 年（平成 11）12 月 1 日〜2005 年 3 月　株式会社キャンパス取締役（非）

2000 年（平成 12）3 月 17 日〜2011 年 10 月 31 日　財団法人早稲田奉仕園理事

2000 年（平成 12）2 月 1 日　学苑創立 125 周年（2007 年）事業募金実行委員会副委員長

2000 年（平成 12）6 月 1 日〜11 月 7 日　同上募金事務局長

2000 年（平成 12）3 月 31 日〜2001 年 6 月　早稲田大学ラーニングスクエア取締役会長（非）

2000 年（平成 12）4 月 1 日〜現在　日本私立大学協会付属私学高等教育研究所 客員研究員

2000 年（平成 12）11 月 8 日〜2001 年 5 月 31 日　総長室参与

2001 年（平成 13）4 月 1 日〜5 月 31 日　財団法人私立大学退職金財団非常勤理事

2001 年（平成 13）5 月 31 日　学校法人早稲田大学退職（在職 38 年 2 ヶ月）

【60 代 学苑退職後】

2001 年（平成 13）6 月 1 日〜2009 年 3 月 31 日 財団法人私立大学退職金財団常務理事(7 年 10 ヶ月)

2001 年（平成 13）7 月 19 日　学苑の稲志賛助員

2002 年（平成 14）5 月 24 日〜2012 年 3 月 29 日　財団本庄国際リサーチ研究推進機構理事

2004 年（平成 16）3 月 19 日　学苑の評議員会「名誉賛助員」贈呈決議

2004 年（平成 16）4 月 1 日〜2016 年（平成 27）3 月 31 日　国立大学法人　筑波大学
　　　大学研究センター 客員研究員

2005 年（平成 17 年）4 月〜2011 年 1 月 11 日　（株）キャンパス保険センター取締役

2005 年（平成 12）8 月 11 日〜2010 年 9 月 2 日　財団法人 早稲田奉仕園 常務理事 /
　　　『早稲田奉仕園創立 100 周年（2008 年）記念誌』評伝分担執筆
　　　（基礎を固めた創設者ベニンホフ・初代理事長安倍磯雄・第 2 代理事長山本忠興）

2011 年（平成 23）7 月 27 日〜2017 年（平成 29）7 月 26 日　学校法人 川口学園 監事

2017 年（平成 29）7 月 27 日〜現在　学校法人 川口学園 理事

2012 年（平成 24）6 月 1 日〜2020 年 6 月　学苑 商議員（合計 24 年）

● 著　書・編　書

『みんな私の先生だった　―ミネルヴァの杜の学生たち―』（非売品）
　　　村上義紀　著　　　　　　　　　　2001 年 9 月 21 日　発行　㈱霞出版社刊

『大学職員は、どこからきて、どこへ行くのか
　　　―過去から、現在を解き明かして、未来を予測する―』（非売品）
　　　村上義紀・大工原孝　共著　　2020 年 6 月 1 日　NPO 法人学校経理研究会刊

『早稲田大学　校賓名鑑　―早稲田大学を支えた人々―』編著（非売品）
　　　編集委員　村上義紀　　　　　　　2001 年 7 月 31 日発行　早稲田大学刊

●著書・編著書

『大学国際交流事始　―パイオニア達から次世代へのメッセージ』第2集（非売品）
　　西原春夫　奥島孝康　村上義紀　編著　　　　　　　2005年5月25日発行　JAFSA刊

『早稲田奉仕園創立100周年（2008年）記念誌』（非売品）
　　「早稲田奉仕園の創立者　ベニンホフと安部磯雄・山本忠興」評伝
　　　分担執筆　　　　　　　　　　　　　　　　2008年発行　財団法人早稲田奉仕園刊

「元常任理事（副総長）　村上義紀氏に聞く」（非売品）
　　『早稲田大学史紀要』第50巻（通巻54号）
　　　　　　　　　　　　　　2019年2月28日発行　早稲田大学大学史資料センター刊

「大学職員はどこへいくのか」「続　大学職員はどこへいくのか」
　　『SDが変える大学の未来　大学事務職員から大学経営人材へ』
　　　第1章第4節、第2章第6節　執筆　　　　　　2004年2月26日発行　文葉社刊

「新時代の大学経営人材　―アドミニストレーター養成を考える―』
　　山本眞一・村上義紀・野田邦弘　編著　　　2005年6月発行　ジアース教育新社刊

　★所収しきれなかった本書の索引並びに『みんな私の先生だった』の調査報告の一部を下記URL
　　から読めるようにしましたので、ご活用いただければ幸いに存じます。

　　　　　『大学職員とは何か』索引
　　　　　『みんな私の先生だった』一部抜粋

● 大学職員とは何か　〜桜の木は知っている〜

　　発　行　2023（令和5）年9月1日
　　著　者　村上　義紀
　　発　行　特定非営利活動法人　学校経理研究会
　　　　　　理事長　小野　元之
　　　　　　〒102-0074　東京都千代田区九段南4-6-1-203
　　　　　　TEL 03(3239)7903　　FAX 03(3239)7904
　　　　　　e-mail gaku@keiriken.net　http://www.keiriken.net

　　　　　　　　ISBN 978-4-908714-49-8　C3034
　　　　印刷・製本　精文堂印刷株式会社　落丁・乱丁はお取替えいたします。

　　　　　　　　　　　　　　　　　　　　　　　表紙デザイン：村上　宇内